# 破解"富饶的贫困"悖论
## ——煤炭资源开发与欠发达地区发展研究

程志强 著

商务印书馆
2009年·北京

图书在版编目(CIP)数据

破解"富饶的贫困"悖论——煤炭资源开发与欠发达地区发展研究/程志强著.—北京:商务印书馆,2009
ISBN 978-7-100-05920-6

I.破… II.程… III.①煤炭资源—资源开发—研究—中国②不发达地区—经济发展—研究—中国 IV.F426.21 F124.7

中国版本图书馆 CIP 数据核字(2008)第 104737 号

所有权利保留。
未经许可,不得以任何方式使用。

## 破解"富饶的贫困"悖论
### ——煤炭资源开发与欠发达地区发展研究

程志强 著

商 务 印 书 馆 出 版
(北京王府井大街36号 邮政编码 100710)
商 务 印 书 馆 发 行
北京瑞古冠中印刷厂印刷
ISBN 978-7-100-05920-6

2009年5月第1版　　开本787×960　1/16
2009年5月北京第1次印刷　印张17

定价:34.00元

# 序

　　长期以来,广袤的中西部地区作为基础能源和重要原材料的供应地,为我国经济社会发展作出了突出贡献。但这些地区在发展过程中却积累了诸如经济结构失衡、失业和贫困人口较多、接续替代产业发展乏力、生态环境破坏严重、维护社会稳定压力较大等深层次矛盾和问题,处在尴尬的"富饶的贫困"之中。近年来,学术界针对上述矛盾和问题,掀起了对资源枯竭型城市(地区)转型的研究热潮。这些研究对资源型产业结构现状、问题及原因进行了深刻剖析,并因地制宜提出了转型思路和对策,不仅丰富了区域经济理论体系,而且具有重要的实践指导价值。

　　需要指出,资源开发地区要走出"富饶的贫困"的"怪圈",首先要研究清楚两个问题:一是资源开发为什么没有很好地带动当地经济发展;二是资源开发怎样才能带动地区经济可持续发展。程志强同志作为我指导的博士生,在学习期间,对资源开发地区特别是煤炭资源型地区进行了深入调查研究并取得重要成果,这本书就是在调查研究的基础上完成的,为此,我感到十分欣慰。纵观全书,具有以下几个鲜明的特点:

　　一、**研究视角新颖**。该专著不是就转型论转型,而是运用经济学、环境科学等基本理论,从煤炭资源开发地区经济社会发展的全局和战略高度出发,从煤炭资源开发与地方发展关系的角度,对煤炭资源开发与地方经济增长、煤炭资源开发与地方产业发展、煤炭资源开发与地方投资环境、煤炭资源开发与人民生活的相互影响、相互作用进行研究,揭示出煤炭资源开发地区"资源诅咒"的发生机制,并提出合理的操作性强的对策建议，以期构建煤炭资源开发地区可持续发展的模式。可以说，这项研究具有开创性。

二、具有实际运用的价值。比如，本书在分析理顺中央政府、地方政府、煤炭企业及当地农户在煤炭资源开发及加工过程中利益分配关系时，从体制机制方面（如资源产权安排、资源管理体制、资源价格改革、财税政策调整等）进行分析并提出一系列改进建议，我认为这真正抓住了矛盾的症结。这些合理建议将对构建煤炭资源开发地区可持续发展模式具有指导意义。

三、论据翔实。作者长期在大型国有煤炭企业工作，对煤炭资源开发对地区经济的影响有切身体会，使研究能够在较深的层次上展开。而且，在将近两年的时间里，作者四次亲赴我国第一产煤大市——鄂尔多斯，深入当地政府、工矿企业、农户家中就煤炭资源开发与投资环境变化、煤炭资源开发对人民生活水平的影响等进行专题调研，收集全面的、最新的第一手资料，这就增强了研究的针对性和结论的说服力。

基于以上特点，我相信本书有助于推进学术研究者、政策制定者以及资源型企业领导对煤炭资源开发地区可持续发展问题的深入探讨。同时，我更希望本书能对中西部资源型地区实现经济快速发展、生态环境良好、人民生活富裕的协调并进有所贡献。

# 目 录

导 言 ································································· 1
 第一节　选题的背景和意义 ···································· 1
 第二节　国内外研究现状 ······································· 5
  一、国外研究现状 ············································ 5
  二、国内研究现状 ············································ 9
  三、资源开发与地区经济增长的关系研究："资源诅咒"假说······ 11
 第三节　本书的思路及主要内容 ································ 26
  一、本书的写作思路 ·········································· 26
  二、本书的主要内容 ·········································· 27
  三、本书的创新之处 ·········································· 29

第一章　中国煤炭资源开发地区发展概况：欠发达 ················ 31
 第一节　煤炭资源开发地区的界定及类型 ····················· 31
  一、煤炭资源开发地区的界定 ································ 31
  二、煤炭资源开发地区的类型 ································ 35
 第二节　煤炭资源开发地区的经济发展概况 ·················· 37
  一、煤炭资源开发地区总体经济实力不强，发展能力较弱 ······ 37
  二、煤炭资源开发地区的产业结构不合理，产业层次低 ········ 38
  三、煤炭资源开发地区的经济外向度低，出口商品层次低 ······ 40
  四、煤炭资源开发地区人民生活水平不高，贫困问题突出 ······ 42

第二章　煤炭资源开发地区经济增长研究 ························· 45

第一节　煤炭资源开发地区的经济增长 …………………………… 45
　一、资源开发与区域经济增长——一个简单的文献回顾 ………… 45
　二、我国煤炭资源开发地区的经济增长表现 …………………… 47
第二节　煤炭资源开发地区长期经济增长相对滞后的
　　　　原因分析 ………………………………………………… 53
　一、我国的资源产权安排决定了煤炭资源开发地区
　　　从煤炭开发中获益较少 ………………………………… 55
　二、长期以来我国煤炭价格十分低廉 …………………………… 59
　三、现行的税制政策极不合理,地方利益得不到保障 …………… 65
　四、我国大多数煤炭企业资源回采率极低 …………………… 68
　五、煤炭资源开发地区自然环境恶劣,导致资本大量外流 ……… 70
　六、煤炭资源开发地区基础设施建设严重滞后 ………………… 71
　七、煤炭资源开发地区容易陷入产业低级化恶性循环的怪圈 …… 73
　八、煤炭资源开发地区人们普遍存在依赖思想 ………………… 74
第三节　煤炭繁荣对煤炭资源开发地区的经济影响 ……………… 74
　一、方法介绍及数据说明 ………………………………………… 76
　二、回归结果及其说明 …………………………………………… 78
　三、结论性评述 …………………………………………………… 86

第三章　煤炭资源开发地区产业发展研究 ……………………… 88
第一节　我国煤炭资源开发地区产业结构的现状与特征 ………… 88
　一、产业结构现状 ………………………………………………… 88
　二、产业结构的特点 ……………………………………………… 96
　三、煤炭资源开发地区产业结构对地区经济发展的影响 ……… 99
第二节　煤炭资源开发地区产业结构的形成与演进 ……………… 102
　一、煤炭资源开发地区产业结构的形成与演进机制 …………… 102
　二、煤炭资源开发地区产业结构演进的实证研究

——以鄂尔多斯市为例 ………………………………… 105
　第三节　我国煤炭资源开发地区主导产业的选择…………… 109
　　一、主导产业的概念 ……………………………………… 110
　　二、主导产业的选择基准 ………………………………… 111
　　三、煤炭资源开发地区主导产业的选择——以鄂尔多斯市为例 … 115
　第四节　煤炭资源开发地区非煤产业的发展………………… 121
　　一、煤炭资源开发地区发展非煤产业具有历史必然性 …… 121
　　二、煤炭资源开发地区发展非煤产业应遵循的原则 ……… 123
　　三、煤炭资源开发地区的非煤产业类型 ………………… 125

第四章　煤炭资源开发地区投资环境研究 …………………… 127
　第一节　区域投资环境与煤炭资源开发地区的发展………… 127
　　一、区域投资环境的概念 ………………………………… 127
　　二、优化区域投资环境在煤炭资源开发地区发展中所起的作用 … 128
　第二节　煤炭资源开发与区域投资环境……………………… 131
　　一、煤炭资源开发对区域投资环境优化的促进作用 ……… 132
　　二、煤炭资源开发对区域投资环境优化的消极作用 ……… 133
　第三节　煤炭资源开发地区投资环境评价…………………… 137
　　一、基础性因子 …………………………………………… 137
　　二、激励性因子 …………………………………………… 144
　　三、创新性因子 …………………………………………… 148

第五章　煤炭资源开发与居民福利水平的相关性研究
　　——以鄂尔多斯市为例 ………………………………… 154
　第一节　鄂尔多斯市人民福利水平概况……………………… 154
　　一、总体经济发展情况 …………………………………… 154
　　二、收入情况分析 ………………………………………… 156
　　三、消费情况分析 ………………………………………… 158

四、煤炭业对经济发展的贡献 …………………………………… 162
第二节 煤炭资源开发、非农参与和农户收入
　　　　——以鄂尔多斯市准格尔旗农户为例 ………………… 165
一、煤炭资源开发与非农收入 …………………………………… 166
二、非农收入与农户收入：已有研究回顾与统计描述 ………… 167
三、煤炭资源开发与非农就业机会的供给：企业数据 ………… 172
四、农户特征、非农参与和农户收入：计量分析 ……………… 175
第三节 煤炭资源开发与矿区农民社会心态的变迁
　　　　——基于村庄微观角度的分析 ………………………… 182
一、煤炭资源开发对矿区农民社会心态的影响机制：
　　一个理论分析框架 ………………………………………… 183
二、煤炭资源开发对矿区农民社会心态影响的经验研究：
　　以鄂尔多斯市B村为例 …………………………………… 187

# 第六章 煤炭资源开发带动欠发达地区发展的对策 …………… 198
第一节 构建煤炭工业循环经济体系 ………………………………… 198
一、煤炭工业发展循环经济的总体思路及应遵循的原则 ……… 199
二、煤炭资源开发地区循环经济模式的建立与分析 …………… 201
第二节 中央政府应采取的对策 ……………………………………… 207
一、要把采掘业纳入第一产业的范畴 …………………………… 207
二、成立"煤炭资源开发与地区发展领导小组"，
　　统筹煤炭资源开发与地方发展 …………………………… 207
三、改革煤炭资源管理体制 ……………………………………… 209
四、完善我国对煤炭工业的税费政策 …………………………… 211
五、完善煤炭价格形成机制 ……………………………………… 215
六、建立煤炭资源开发地区发展的动态监控系统 ……………… 218
第三节 地方政府应采取的政策 ……………………………………… 220

一、根据经济发展阶段制定相应的发展战略 ………………… 221
二、积极营建良好的投资环境 ……………………………… 227
三、努力优化煤炭资源开发地区产业结构 …………………… 232
四、提高人民的收入水平,尽可能避免贫富差距的进一步扩大 …… 238
五、煤炭企业应当肩负起企业的社会责任 …………………… 243
六、关于征收各类煤炭基金的思考 …………………………… 243

参考文献 ……………………………………………………… 250
后　　记 ……………………………………………………… 259

# 导　言

## 第一节　选题的背景和意义

我国的煤炭资源主要分布在广袤的中西部地区(山西、内蒙古、宁夏、新疆、云南、贵州等),这些地区地处内陆,是我国重要的能源原材料输出地。煤炭资源的丰富程度和组合状况,在很大程度上决定着这些地区的产业结构和经济优势,资源状况对地区国民经济和社会发展的影响非常突出。但长期以来,煤炭资源的输出并没有很好地带动地方经济发展,这些地区的发展仍处于全国中下游水平。这种"资源富裕"与"经济滞后"的强烈反差,即"富饶的贫困"这一悖论,不得不引起人们深思。煤炭资源开发为什么没有很好带动地方发展,我们应该采取什么对策,成为摆在人们面前的重大课题。

在这里,我们有必要对当前煤炭资源开发地区面临的国际、国内环境作个分析:

首先,中国进入重工业时代引发的能源紧张使得煤炭资源开发地区赶上了前所未有的发展机遇。

进入21世纪以来,中国经历了向重工业化迈进的重要转折点,重工业在工业增加值中的比重逐年上升,2001—2004年分别达到60.6%、62.6%、65%、68%,原来依靠轻工业、一般加工业的地区,如广东、江苏、浙江都出现了明显的不可阻挡的重工业化增长势头。而且,这一轮的重工业化不同于新中国成立初期的重工业优先发展阶段,被有的学者称之为中国的"重新重工业化",主要是由消费结构的升级、轻工业的优化、城镇化进程的加快、国际制造业的转移等市场因素推动,具备了必要的资金、技术、市场需求条件,符合工业化发展的一般规律(简新华,2005),如厉以宁教授等学者所说,是不可跨越的。建材、冶金、钢铁、电解铝等高耗能产业的迅速扩张造成煤电油运全面紧张,"电荒"以及背后的"煤荒"一直从东部沿海蔓延至全国。由于我国富煤、少油、缺气的国情,巨大的需求缺口使得国家对煤炭资源开发更加重视,加大了这方面的投入,提出建设13个亿吨级的大型煤炭基地。因此,对于煤炭资源开发地区而言,这是一个十分重要的时代背景。

其次,市场化的体制改革尤其是煤炭资源管理体制改革的深化,为煤炭资源开发地区提供了新的制度背景。

第一,《矿产资源法》(1996)的修正制定了探矿权、采矿权交易制度,资源产权的可交易行为对于资源型地区来说是非常有利的外部条件。第二,煤炭价格市场化程度的不断提高,在煤炭价格双轨制运行了十多年之后,随着电煤价格的进一步放开,最终将形成市场化的煤炭价格决定体系,真正体现煤炭资源的价值。定价机制的市场化改革避免了因计划价格过低形成剪刀差,导致资源型城市在资源输出过程中受损。但是,目前的资源价格仍未体现其在开发过程中产生的大量负外部性。第三,在煤炭资源开发的利益分配上,从税费结构来看,返还力度加大,为地方实现经济增长提供了必要的资本积累。但是,还没有形成一个合理的分配比例。最后,不容忽视的是,二十多年的市场化改革造就了大批极为活跃的微观市场主体,其充分利用了资源开发的市场机会,成为推动资源型地区经济增长的重要主体。

再次,国际能源价格持续攀升是造成我国煤炭价格与需求量上升的重要国际经济环境。

2000年以来,我国原油价格开始与国际价格接轨,国际原油价格的持续上涨对我国能源的价格和消费结构形成了一定的冲击。作为石油的非完全替代品,根据微观经济学原理,煤炭的需求量随着国际石油价格的走高而增加。这种替代效应引起的需求增加拉动了煤炭价格的上涨和供给的增加,这是目前煤炭资源开发地区所面临的有利的国际环境。

最后,落实科学发展观、构建和谐社会对煤炭资源开发地区发展提出新的要求,也指明了其发展的方向。

我国煤炭资源开发地区主要分布在中西部欠发达地区,发展水平不高,自然环境承载力较弱,而且这种不可再生的资源在开发过程中会带来大量的负外部性,因此,在资源开发的过程中一定要注重处理好人与自然环境的关系、短期增长与长期可持续发展、地区繁荣与人民富裕等众多问题,这些都有赖于科学发展观的落实和和谐社会的构建。

在这样的时代背景下,研究煤炭资源开发如何带动地区发展就具有重要的理论和现实意义。

第一,对于构建煤炭资源开发、地区经济社会发展及人民生活水平提高之间的和谐关系具有重要的意义。

在计划经济体制下,煤炭资源开发地区的功能就是为国家提供产品及其初级加工品,扮演着煤炭资源供应基地的角色。这样,煤炭企业只关心挖出煤炭用于国民经济的建设,对于资源开发对地区发展有何影响则缺少关心。事实上,计划经济体制下的煤炭资源开发给地区经济发展带来的负面影响远大于正面影响。因为,在计划经济时期,中央对企业从原材料到产品销售实行了高度集中的计划控制,企业的利润大多上缴中央,这虽然在一定程度上保证了国家财富的积累以及集中力量办大事,但对煤炭资源开发地区来说是一笔巨大的欠账。而且,煤炭资源开发占用耕地、破坏生态环境和造成地面塌陷等,严重影响了当地人民的生存环境和生活质量。这些影响从近年来多数煤炭资源开发地区(如辽宁的阜新与抚顺、河南焦作、江西萍乡等)的艰难转型就可透视一二。

改革开放以来,随着市场经济的逐步推进,地方政府有了发展经济的自主权。在地区经济利益的驱动下,20世纪80年代以来,在许多煤炭资源开发地区,乡镇煤炭企业①(现在很多已经转为民营企业)异军突起,极大地带动了地方经济发展和当地人民生活水平的提高。但由于资金、技术水平的限制,乡镇煤炭企业资源回采率低,导致资源浪费严重。而且这一时期法律、法规、政策不完善,对煤炭企业应承担的生态保护、土地复垦以及塌陷区治理没有明确规定。这样,在很多的煤炭资源开发地区,一方面是由于煤炭开发带来经济的高速增长;另一方面却是生态环境的严重破坏,煤炭资源开发与地方发展之间存在诸多矛盾。

近年来,国家提出要建设13个大型煤炭基地。在大力开发这13个煤炭基地的进程中,如何协调好中央、地方、煤炭企业和当地人民生活水平提高之间的关系,如何实现在资源开发的过程中尽可能地保护生态环境,如何在促进地区经济繁荣的同时带动人民共同富裕,就成为摆在我们面前的重大课题。

第二,对于构建煤炭资源开发地区可持续发展模式具有重要的理论意义。

一个地区的煤炭资源禀赋状况对该地区经济发展和人民生活水平会有很大的影响,尤其是在区域外部对其资源具有很强需求的情况下,煤炭资源开发地区就能够通过资源的出售获取较多的货币回流,从而为该地区的居民提供较多的财富,为其经济发展提供丰富的资本。但是,一个具有规律性的问题是,煤炭资源是不可再生的,资源赋存再多,也有枯竭的一天。因此,资源禀赋好的地区依靠资源销售来支撑居民较为富裕的生活水平和较高的经济发展水平总是具有时间限制的,过了这个时期,资源

---

① 很多都是小型煤炭企业。

就会慢慢枯竭,如果没有非资源因素代替资源因素的支撑,地方经济发展速度和人民生活水平就会逐步降下来。不仅如此,由于资源的过度开采以及随着资源的开采而带来的人口过分聚集,在资源枯竭的过程中还会带来一系列的社会问题,从而给该地区的生活和生产造成更大的困难。从理论上说,根本解决这些问题,唯一出路就是发展接替产业,直到完全可以不依赖煤炭产业而实现经济的良性发展。然而,要实现这种转型却是一件十分困难的事情。究竟应该如何解决煤炭资源开发地区的可持续发展问题,应该如何创造良好的投资环境以留住本地资本和吸引非煤产业投资,避免此类地区滑向难以自救的境地,就成为当前迫切需要研究的重大问题。

## 第二节 国内外研究现状

### 一、国外研究现状

早在20世纪30年代初,加拿大著名地理学家英尼斯(H. A. Innis)便对矿业资源城市进行了开创性的研究。而对资源型城市的系统研究是从20世纪60年代开始的,代表人物有卢卡斯(R. A. Lucas)、布拉德伯里(J. H. Bradbury)和马什(B. Marsh)、沃伦(Warren)、欧费奇力格(C. O'Faircheallaigh)、霍顿(D. S. Houghton)等。焦华富、陆林、齐建珍等对这一领域的研究进行了较为系统的归纳和总结。①

1. 资源型城市社会学研究

马什研究了美国宾夕法尼亚州东北部的煤炭城镇居民的归属感

---

① 焦华富、陆林:"西方资源城镇研究的进展",载《自然资源学报》2000年第3期;齐建珍:《资源型城市转型学》,人民出版社2004年版,第10—18页。

(sense of belonging)后指出:①采矿业产生的财富随着煤炭大量外运而大部分流到了纽约和费城等地。现在这些矿区经济衰退,人口大量外迁,但是还有一些人口居住在这里。他们认为这里是与众不同的生活的乐园。但以通常的景观美学的标准来衡量以及经济和人口学普查结果都表明,这里是宾州最不具吸引力的地方。从时间上来看,煤炭城镇经历了两个不对称的阶段:早期的工业化阶段,这一时期环境向新来的居民提供了物质财富,但此时的精神财富贫乏;进入衰退阶段,环境向人们提供了较多的精神财富,但物质财富短缺。兴盛期和衰退期之间是几十年的稳定期,这一时期对今天的煤炭城镇具有强烈的影响。这种影响既表现在自然景观上,也表现在人们对自身所处地位的认识上。这些地区在形成居民社区归属感方面获得成功的原因是,这里根本没有原先存在的人文景观,更重要的是这些人需要这里为其提供利益和财富,同时他们又积累这些财富用以构筑一个新环境。

社会互动(social interaction)是资源型城市研究的又一个重要方面。沃伦指出,②社会互动可分为垂直和水平两个方向,垂直互动是指社区单位与区外单位的联系,水平互动是指社区内不同单位间的联系,如果一个社区中的社会单位没有很强的水平互动,那么社区对区内生活环境的控制力较弱,而且那些具有较强垂直互动的社会单位将难以适应当地的传统和生活方式。以规划为手段来加强资源型社区的社会互动,将特殊的社会和自然特征融入城镇规划用以强化社会互动,已成为加拿大一个重要的规划理念。

2. 资源型城市人口特征研究

---

① Marsh, B., "Continuity and Decline in the Anthracite Towns of Pennsylvania," *Annals of the Association of American Geographers*, 1987, 77(3).

② Warren, R. L., *The Community in America*. Chicago: Rand Mcnally College Publishing, 1963.

资源型城市人口的迁移和结构特征都不同于其他城镇。欧费奇力格1981年的人口普查资料对澳大利亚北部的资源型城市——艾利安格拉(Alyangula)的人口特征进行了详尽的阐述。布拉德伯里则从人口迁移的角度,对加拿大魁北克—拉布拉多地区资源型城市的人口特征进行了研究,他指出,采掘业有强烈的周期性,对矿业城镇的人口具有深刻的影响。兴盛期,就业岗位多,劳动力迁入;衰退期,劳动力迁出,以寻求新的工作或等待衰退期的结束。如果没有这些弹性的、机动的、零散的和具有一定技能的劳动力存在,采矿业将难以运作和生存。

3. 矿区发展生命周期研究

在此领域最有影响的就是卢卡斯资源型城市发展的四个阶段理论[1]。其具体表述如下:第一阶段,建设阶段。第二阶段,雇用阶段。在这两个阶段,人员变动很快,很多不同种族背景的年轻人和家庭先后来到,性别比例扭曲,出生率很高。第三阶段是过渡阶段,聚居地从依附一家公司变成独立的社区。公司不再独立经营城镇的日常事务,而由居民自己管理,社区稳定感与参与意识逐渐形成。第四阶段是成熟阶段,表现在成年劳动力流动率降低,退休比率增加,而一些年轻人被迫离开。布拉德伯里对加拿大资源型城镇进行了深入的理论和实践研究,并对卢卡斯的单一资源型城镇生命周期理论进行了发展,提出了五、六阶段理论[2]。第五阶段即衰退期,这一时期有可能导致矿山或工厂的关闭,也可能导致城镇的衰退甚至消亡。他进一步指出,一个城镇的完全废弃应是第六阶段。

---

[1] 姚睿、胡兆量:《北美澳洲工矿城镇发展研究》,载《城市发展研究》1997年第1期。Lucas, R. A., *Minetown, Milltown, Railtown: Life in Canadian Communities of Single Industry*. Toronto: University of Toronto Press, 1971.

[2] Bradbury, J. H., St. Martin I., "Winding Down in a Qubic Town: a Case Study of Schefferville," *The Canadian Geographer*, 1983, 27(2).

**4. 资源开发企业与地方关系研究**

20世纪70年代末到80年代中期,加拿大著名地理学家布拉德伯里对加拿大资源型城镇进行了深入的理论和实践研究,他使用了依附和欠发展理论来解释资源型城镇的兴起和衰落及在此过程中表现出来的社会经济特点。[①] 布拉德伯里的一个基本论点是,在目前的资本主义阶段,资源开采部门和相关城镇是处于垂直一体化大公司的控制之下。个别城镇或区域由于在某一具体时刻上相对成本较低而对资本家有利可图就得到了发展;一旦形势变化了,生产就会转移到其他国家或地区,而使原来生产单位的工人和政府承受巨大的负担。这种情况即使在自然资源未采尽的时候也有可能发生,这就使资源型城镇极度依赖单一的经济活动,而这种经济活动随时都可能被停止。跨国公司管理人员只效忠于本公司,而绝不会为某一具体的资源产地或国家的利益服务。

布拉德伯里的另一个观点认为,资源型地区或城镇与其服务的工业中心之间是剥削关系。人力资源、自然资源和资本从前者流向后者,使资源型地区或城镇本身欠发达,经济结构扭曲,在空间、部门、时间上都表现为极度的不平衡。同时,这却使资本在工业中心得到积累。由于资源开采部门本身就业规模小,产品大多是未加工或半加工,大量的附加值在工业中心实现,所以资源型城镇也没有创造更全面、更广泛的经济增长能力。这样,资源型城镇和地区表现出对不稳定和危险的经济活动的高度依赖,但又无法减少这种依赖性。

国外关于矿业城市的研究成果还有一些:霍顿研究了"长距离通勤模式"(long-distance commuting)在澳大利亚的发展历程,并分析了对社会

---

[①] O'Faircheallaigh, C., "Economic Base and Employment Structure in Northern Territory Mining Towns," *Resource Communities: Settlement and Workforce Issues*. East Melbourne: Commonwealth Scientific and Industrial Research Organization (CSIRO)(In Australia), 1988.

和区域发展的影响以及该模式的利弊;①基恩(John L. Keane)从自然景观与社区演化的角度研究了美国南科罗拉多州的煤炭城镇,指出煤炭城镇实现可持续发展的几个条件②。

## 二、国内研究现状

1. 对资源型城市的研究

改革开放前,我国资源型城市(镇)作为原料基地的职能受到重视,并进行了相关的重点建设,而作为中心城镇的职能未能得到应有的重视,使资源型城市(镇)出现了产业结构单一、企业经济效益低下、环境质量下降、资源枯竭等问题,迫切需要加以研究。这一时期,对资源型城市的研究滞后于资源型城市迅速发展的现实。

改革开放以后,资源型城市的发展才逐渐受到学术界和当地政府的重视,除了以前传统的学术组织(如经济地理界)外,一些行业性学术团体(如中国煤炭城市发展联合促进会等)的介入,加强了资源型城市的研究。1978年,李文彦率先对我国煤炭城市进行了开创性研究③,提出了界定煤矿城市的四个指标:(1)煤矿职工占全市职工的比重;(2)全市工业总产值构成中煤炭工业的比重;(3)煤炭生产规模;(4)煤炭开发应是城市兴起的主要原因。1983年,有关部门组织了"全国工矿城镇建设学术座谈会"。1987年,以煤炭部门(城市)为主,召开了"全国煤炭城市经济社会发展研

---

① Houghton, D. S. ," Long-Distance Commuting: A New Approach to Mining in Australia," *Geographical Journal*, 1993, 159(3).

② Keane, J. L., *The Towns that Coal Built: The Evolution of Landscapes and Communities in Southern Colorado*. University of Hawaii Press, APCG Yearbook. Vol. 62, 2000.

③ 李文彦:"煤矿城市的工业发展与城市规划问题",载《地理学报》1978年第1期。

讨会"并出版了论文集。同年,煤矿城市政策科研组出版了《煤矿城市有关政策的研究》报告。这期间,对单个资源型城市最全面、系统的研究是由李秀果等主持的《大庆区域发展战略研究》系列报告,其成果由中国社会科学出版社出版。

进入20世纪90年代以后,随着可持续发展原则在全球范围得到认可以及我国政府的决策,资源型城市的发展在区域经济和城市经济研究中占有愈来愈突出的地位。1990年,李秀果、赵宇空在国家自然科学基金的资助下,对资源型城市持续发展和结构调整进行了探讨。[①] 中国科学院自然资源综考会工业室沈镭[②]等,自1995年开始,就"资源型城市优势转换战略"开展研究,其成果具有很强的现实针对性。与此同时,有关矿产资源行业、资源型城市、矿产资源企业、学术组织和群众社团都加强了对资源型城市发展的研究。1990年,中国矿产资源行业协会的成立,标志着我国矿产资源行业和资源型城市研究进入了一个新的阶段。中国资源型城市发展论坛、《中国矿业报》等机构、团体为促进资源型城市研究的深化起到了推波助澜的作用。

近些年来,很多资源型城市面临资源枯竭的危机,对资源型城市转型的研究成为热点。先后出版了于立主编的《资源枯竭型国有企业退出问题研究》、王青云主编的《资源型城市经济转型研究》、张耀辉主编的《衰退地区经济振兴战略》等著作,还有很多关于资源型城市转型的论文问世。研究的内容主要有:(1)对资源型城市基本理论的研究。包括对资源型城市的界定、划分、现状、特点、机制等的研究。(2)对资源型城市转型的研究。包括对转型的成本、转型的制约因素、转型模式及对策的研究。

---

① 赵宇空:《中国矿业城市:持续发展与结构调整》,吉林科学技术出版社1995年版。

② 沈镭、程静:"论矿业城市经济发展中的优势转换战略",载《经济地理》1998年第2期。

(3)对国外资源型地区转型的经验和政策研究。这类文献按区域大体可分为欧盟、美国、加拿大、澳大利亚等,其中以欧盟尤其是德国为研究对象的文献数量最多。(4)针对具体资源型城市的个案研究。包括对石油、煤炭、有色金属等资源型城市的研究。

2.对煤炭城市的研究

煤炭资源型城市既有一般资源型地区的特征,又有其特殊的发展规律。由于近年来对煤炭需求的激增,我国对煤炭资源开发地区的研究也逐渐升温,先后出版了齐建珍、张龙治的《区域煤炭城市转型研究》,朱德元的《资源型城市经济转型研究》,李延江的《煤炭资源型城市可持续发展研究》,李成军的《中国煤矿城市经济转型研究》等著作。研究内容主要集中在以下几个方面:(1)对煤炭资源开发地区产业转型的研究,包括对接续产业(延长产业链和发展煤化工)和替代产业(非煤产业)的研究。(2)对煤炭资源开发地区土地复垦、生态保护和塌陷区治理的研究。包括对方案设计和资金筹措方式的研究。(3)对中央政府、地方政府、煤炭企业税费结构的研究。包括对各种税率、财政收入分配的研究。(4)对煤炭资源整合的研究。主要是对13个大型煤炭基地规划建设和关闭小煤窑的政策研究。(5)对煤矿安全生产的研究。近年来,矿难频发,引发了对这一问题的关注。主要是对安全生产的投入和保障机制的研究。(6)案例研究。

综上所述,我国对资源型地区的研究主要集中在转型方面,关于资源开发与欠发达地区经济发展、人民生活水平提高之间的关系,资源开发对矿区人民社会心理、行为的影响,资源开发怎样才能更好带动地方可持续发展等方面则较少研究。本书正是以此为切入点作些探索。

## 三、资源开发与地区经济增长的关系研究:"资源诅咒"假说

二次大战后绝大多数资源丰富的发展中国家或地区并没有因为这些

"神赐天粮"(manna from heaven)飞速发展起来,尤其是经历资源繁荣(resource boom)后,其发展速度反而低于很多缺乏自然资源的国家和地区,如"亚洲四小龙"。奥蒂(Auty,1993)将这一悖论总结为"资源诅咒"假说。萨克斯和沃纳(Sachs and Warner,1995)对资源充裕程度与经济增长之间关系作了实证研究。这一重要且具影响力的研究表明,在控制初始人均收入、贸易政策、政府效率和投资率等影响经济增长的多种变量后,自然资源充裕度与经济增长速度成反比。自奥蒂提出资源诅咒假说和萨克斯与沃纳的经验研究之后,关于资源诅咒假说的文献如汗牛充栋,一方面说明这一问题的重要性;另一方面也表明需要对这一问题作必要的梳理,而且,结合我国当前煤炭资源开发地区的发展而言,也很有现实指导意义。因此,我们在国内外研究综述中将其单列出来讨论。关于资源诅咒假说的研究可以分为理论分析和经验研究两大类。理论分析主要讨论资源充裕尤其是资源繁荣阻碍资源充裕地区经济增长的各种机制;经验研究则根据国别数据验证两大问题:一是资源充裕度和经济增长的关系,二是资源诅咒发生机制的存在性。本部分致力于给出上述两方面研究的基本概况并作相应的评述。

1. 资源诅咒的发生机制:理论解释

关于资源诅咒发生机制的理论研究文献颇多,因而提出的机制也比较多,大致有经济过调(Rodríguez and Sachs,1999)、荷兰病、工业化政策选择失败(Auty,1995)、制度弱化、人力资本挤出等机制。其中,第一种机制基本上是在新古典的框架下来解释资源诅咒,余下的几种机制则强调非新古典的因素。虽然新古典的假设与现实存在一定差距,但是可以给我们提供一个分析的起点或者基准,从而可以通过放松一些假设来更好地分析非新古典的因素。所以,在理论解释部分,我们将相关的机制分为两类来讨论:一是基于新古典模型的解释,另一类是来自于非新古典因素的解释。

(1) 基于新古典模型的理论解释：经济过调(overshoot)

罗德里格斯和萨克斯(1999)利用拉姆齐(Ramsey)增长模型在新古典的环境下发展了一个包含自然资源部门的一般动态均衡模型,假定自然资源部门的产出是固定的,而其他部门的产出则随资本和劳动力投入的增加而不断扩张。在短期内,自然资源繁荣外生性地提高了资源充裕地区的收入,在经常性账户平衡和国际信贷市场不完全的约束下,当这种收入足够高或者占当地经济的份额足够大时,会使该地区低于稳态水平的资本存量过度调高(overshoot)至稳态水平之上,降低了资本的边际产出,从而提高了未来消费的价格,进一步导致消费的繁荣,即表现为经济在短期内快速增长。拉美等石油出口国在20世纪70年代石油危机发生期间的经济增长状况也支持这一点(Sachs and Warner,1995)。但是,由于自然资源尤其是矿产资源的枯竭性,自然资源开发特别是资源繁荣所带来的收入增长不同于制造业等其他部门,难以在长期内保持一定的正的增长率,最终必将趋向于零,因此,在其他条件都相同的条件下,资源丰裕地区的稳态水平和简单的拉姆齐经济是相同的。过度调高的资本存量水平在转移动态这一较长时期内趋向于稳态水平,即表现为经济增长速度的下降。该模型对资源充裕地区经济增长滞后的原因解释,基本上是建立在新古典假设的基础上。通过对委内瑞拉的模拟研究,基本上证明了这一模型的预测力。但是,该模型有一个很强的假定,即自然资源充裕的经济体的稳态水平在资源繁荣期和动态转移期内均保持不变。尽管稳态的资本存量可以利用可计算一般均衡模型(CGE)来获得,但是我们可以根据新古典的生产函数发现,全要素生产率(TFP)水平影响一个地区的稳态资本存量:在其他条件相同的情况下,TFP水平越高,稳态的资本存量也愈大。委内瑞拉的TFP水平在1972—1992年间基本上没有增长,只是在石油危机开始阶段(1973—1976年)有暂时性的上升,随后出现持续下降的趋势。他们通过模拟发现,如果该国TFP的年均增长率达到1.1%,即可避免人均产出下降的尴尬。

该模型有两个重要的问题是在新古典框架下难以解释的。一是关于经常性账户平衡假定的成立,必须求助于政治经济学的解释。二是新古典的框架难以回答 TFP 增长和稳态水平变化的问题,我们在该模型的基础上转向讨论资源诅咒模型所强调的非新古典的因素,而这些因素影响 TFP 和稳态水平,即长期增长水平。

罗德里格斯和萨克斯(1999)在新古典框架下提出的建议是,这些地区应该将资源繁荣所得投资于外国,从而避免本国过度调高资本存量、进而引起经济萎缩。显然这一建议会引发大量争议,笔者也不赞同。如同所有代表性个人模型的缺陷,该模型并没有注意到经济主体间的不一致性,资源开发的收益分配是不均的,往往集中在少数人的手中,对外投资的收益往往不能流回本地,至少不能惠及本地所有民众,甚至会因为这些所有者的迁移形成所谓的"资本外流",可能导致这些地区资本存量长期处于稳态水平之下或者导致稳态水平的下降。而且,任期正好处于资源繁荣期的地方政府自然也无法拒绝经济增长速度提高的诱惑。所以,这一建议基本上没有实施的可能性。

(2)非新古典的理论解释

A. 工业化与资源诅咒:荷兰病模型和工业化政策失败

早期的荷兰病模型(Corden,1982;Corden and Neary,1984)是完全依赖于新古典假设的。资源繁荣带来的收入的增长增加了非贸易品的需求,而这些需求只能依赖于本地非贸易品部门的扩张;同时外汇收入的增加导致汇率高估,影响非资源贸易品部门(non-resource tradable sector,主要指制造业部门)的产品在国际市场上的竞争力,生产要素配置从制造业部门转向非贸易部门,导致本国制造业的萎缩。但是在新古典的假设下,这一过程是最优化的选择,并没有揭示无效率或者福利损失以及对整体经济增长的负效应。

为了证明荷兰病问题对经济增长的负效应,松山(Matsuyama,1992)引入非新古典的假设,建立一个两部门的内生增长模型,假定制造业部门因为"干中学"效应等正外部性而整体上具有规模收益递增的特性,而农业部门(资源部门)则是规模收益递减,并引入非齐次偏好,农产品的需求收入弹性小于1。在封闭经济中,农产品部门生产效率的提高和经济增长呈正相关;但是在开放经济中,较低的农产品部门生产效率则使得更多的资源配置于制造业部门,有利于经济增长。该模型虽然解决了荷兰病对经济增长负效应的问题,但是,该模型关注于农业部门和制造业部门的关系,关于农业部门的假定不适用于矿产资源部门,后者对劳动力的需求很少。萨克斯和沃纳(1995)在此基础上发展了一个世代叠交的内生增长模型,引入自然资源、制造业和非贸易品等三部门和人力资本、物质资本两类生产要素,但是核心假设依然遵循松山(1992)的传统:人力资本只有在制造业部门就业才能产生知识积累的副产品,也得到了类似于松山(1992)的结论,暂时性的资源繁荣在一定条件下(如非贸易品部门的资本密集度高于制造业部门)可以提高即期的GDP水平,但是因为资源繁荣引致的非贸易品部门的需求扩张导致制造业部门人力资本就业比重下降,尽管这一比重最终会回到稳态水平,但是在这个转移动态过程中,与资源贫乏的经济体相比较而言,经历资源繁荣的资源充裕地区知识积累的速度和存量较低,从而导致全要素生产率水平偏低而不利于经济长期增长。

但是,也有学者(Hausmann and Rigobon,2002)运用经验事实对上述解释提出质疑,一是根据该类模型的预测,资源萧条反而有利于经济增长,但是在1980—1998年的资源萧条期,资源充裕地区的经济增长速度更为滞后,另如我国的煤炭工业长期处于萧条中,但煤炭资源开发地区的经济增长仍然滞后;二是对模型中的核心假设,即只有制造业部门内部才能产生正外部性从而形成内生增长的怀疑,没有充分的证据表明资源部门不存在"干中学"的外部性或者技术进步偏慢(Hausmann and Rigobon,2002)。托维克(Torvik,2001)对这一核心假设作了修正,假定"干中学"效应存在于贸易部门和非贸易部门,且部门间也存在学习的溢出效应,资源繁荣在短期内导致本国货币升值,但是因为贸易部门和非贸易部门处于稳态水平时的相对生产率的变动,在长期中本国货币将贬值,而两个部门的生产率和产出水平上升还是下降取决于具体的条件,但是稳态水平的增长率不受影响。因此,资源繁荣对于资源充裕地区而言,结论就没有萨克斯和沃纳(1995)等描述的那么悲观了。

充裕的自然资源,尤其是资源繁荣所引致的工业化政策的失败是资源诅咒的发生机制之一(Auty,1995)。相对于资源贫乏的发展中国家和地区来说,资源充裕的发展中国家和地区,尤其是处于资源繁荣期,更倾向于选择重化工业发展战略(Auty and Kiiski,2001)。首先,资源贫乏的发展中国家和地区,发展初期资本非常稀缺,没有政府强制性的进入几乎不可能发展重化工业战略;而资源充裕地区依靠资源输出而有更多的初始资本,且随着20世纪五六十年代以来的国有化浪潮,这些资源租金相当一部分掌握在政府手中,从而放松了政府的预算约束,提高了其集中力量发展重化工业的能力。其次,受普雷比施(Prebisch,1950)的贸易条件恶化论的影响,认为初级产品和制成品的相对价格在长期中趋于下降,完全依赖于初级品的经济在长期中会遭受价格"剪刀差"的损失。因此,结合赫希曼(Hirschman,1958)强调的产业关联效应,看到资源行业深加工的巨大利润,这些国家和地区的政府试图发展资源行业的深加工,而对于能源、矿产资源而言,这些产业的前向产业几乎都是重化工业。再次,资源繁荣激发了这些国家和地区借此机会振兴经济的雄心壮志,也提高了其自信心,甚至是达到膨胀的程度,很多政府试图以此为机会实行"蛙跳"式发展。显然发达国家的产业结构和水平自然成为其效仿的对象,重化工业方面的巨大实力促使这些试图"蛙跳"的国家和地区以此为目标,跳过劳动密集型产业的发展阶段,积极发展重化工业。

由于对私人部门而言,基本上不存在发展重化工业的市场激励,且这些产业难以应对国际竞争,因此,这些国家和地区往往通过限制对外贸易、高估汇率、政府支出刺激等措施给本国或本地区幼稚产业以大量激励,选择进口替代的内向型重化工业发展战略。奥蒂(1995)通过与"亚洲四小龙"竞争性工业化发展战略(Kuznets,1988)的对比,把资源充裕国家这一工业化政策选择对经济发展的不利影响归纳为五点:第一,由于资源充裕所引致的对发展前景的过度乐观导致政府放弃了谨慎的宏观政策,转向松弛的宏观政策,膨胀的公共支出和汇率高估导致国际收支失衡和外债积累,政府的过度干预引发严重的激励扭曲;第二,进口替代的内向型工业化政策倾向于鼓励更多的幼稚产业发展,产业的成熟需要几十年时间(Auty,1995),偏长的保护期导致保护成本可能高于未来的赢利,远超过主流经济学家估计的所允许的五到八年的最长期限(Kruger and Tuncer,1982);第三,偏长的保护期容易形成攫取相应的保护租金的利益集团,其实力很强且能够阻止致力于开放经济参与国际竞争的改革;第四,成熟缓慢的幼稚部门的扩张使得自然资源等初级部门的负担不断增加,最终难以支持,导致财政赤字和经常性账户亏空,不利于经济增长;第五,企图跨越劳动密集型制造业发展阶段的重化工业政策推迟了劳动力市场转折点的到来,不利于解决剩余劳动力问题,延缓了城市化进程,加剧了收入不平等问题。

B. 人力资本与资源诅咒

资源诅咒发生的一个重要机制就是资源繁荣可能会对资源充裕的国家或者地区的人力资本形成造成负面影响。吉尔法松(Gylfason,2001)认为,在资源繁荣的条件下,资源充裕地区的政府或者家庭过分自信而没有形成对高水平教育的需求,他们相信自然资本是最重要的资产,是一种安全的保障,而忽略了人力资本的积累。伯索尔、平克尼与萨博(Birdsall,Pinckney and Sabot,2001)首先构建一个人力资本和均衡增长良性循环的框架,在此基础上分析了资源充裕可能给这一良性循环带来的风险:荷兰病、进口替代的内向型重化工业发展战略、资源租金的高度集中、教育被视为消费品。上述讨论都是从宏观的角度出发,而人力资本投资的决策是由微观主体作出的。另外,目前和人力资本相关的资源诅咒机制的解释主要集中于人力资本的形成上,忽视了人力资本在部门间错误配置的问题。

程志强(2007a)根据人力资本投资的微观决策模型,结合吉尔法松(2001)、伯索尔、平克尼与萨博(2001)等人的论述,分析了资源充裕尤其是资源繁荣对人力资本投资的回报率、成本和决策者贴现率这三个人力资本形成关键因素的影响。首先,资源繁荣可能通过物质资本收益率、工资收入的提高而提高人力资本投资的机会成本,不过也放松了政府的预算约束,通过政府提高公共教育支出来降低人力资本投资的成本,从而有助于人力资本的形成。其次,资源繁荣通过多种机制诱导资源充裕的发展中国家和地区选择进口替代战略,发展资本密集型产业,这些产业的增长伴随着低技术水平和一般技术水平劳动力的需求扩张,经济增长自然很难惠及普通民众尤其是贫困阶层,且降低了人力资本投资的回报率。在这些地区,对于高技术水平的工人而言,在受保护的主导部门或者在资源部门担任管理人员可以获得很高的工资溢价(wage premium),绝大多数民众尤其是低收入家庭,面临着很低的就业需求和较低的预期教育回报率(Birdsall,Pinckney and Sabot,2001)。这样,中等教育水平的回报率偏低,高等教育水平的回报率高但是需求量极为有限,教育成为消费品而不是投资品,学校教育质量不高且教育投资需求较低,形成了"低教育回报率—教育成为消费品—教育质量低—教育回报率低"的恶性循环。最后,自然资源尤其是点资源(主要指能源、金属等矿产资源)的市场供求及价格波动较大,经济高度依赖于自然资源部门的国家或者地区,其宏观经济的波动性也较大,增加了对未来预期的不确定性,包括预期投资回报的不确定性。这种不确定性容易使行为人更重视当前,即其贴现率可能会较高。上述过程无疑会导致资源充裕地区的人力资本形成相对缓慢且水平偏低。结合人力资本与经济增长的关系,这一结果是资源诅咒发生的机制之一。

程志强(2007a)进而讨论了资源充裕地区人力资本部门间的配置问题。资源繁荣造成资源部门的经济租金迅速上升,进而表现为较高的工资溢价,吸引较高的人力资本持有者。但是,一方面,由于资源部门尤其是非再生的资源部门很难表现出规模收益递增的效应,且技术结构的专有性较强,对其他部门的技术溢出效应较弱,难以有效发挥人力资本对经济增长的促进作用;另一方面,制造业部门往往更能体现出规模收益递增的效应,且技术溢出效应在制造业部门之间较为明显(Matsuyama,1992),那么在人力资本存量给定的情况下,此消彼长的效应导致制造业部门人力资本的配置量较低,难以促进其长期增长。而资源部门为了维持其较高的工资溢价,一般更倾向于继续提高资本密集度,同时通过各种游说行动来尽可能地形成一定的进入壁垒,导致劳动力市场的分割和经济总体效率的损失。此外,如一些寻租模型中所强调的,由于资源租金比较容易获得且比较多,一方面容易导致行贿、公共政策扭曲;另一方面诱使大量有能力的人在寻租方面投入更多的精力,减少了生产性的投入,在提高他们自身收益的同时导致社会生产效率的下降(Torvik,2002),使经济产出能力处于生产可能性边界之内。

### C. 制度与资源诅咒

在资源诅咒发生机制的分析中,制度问题占据了相当重要的地位(Sala-I-Martin,Subramanian,2003),尤其对于市场制度不完善的发展中国家而言,更是如此,因此相关的研究成果颇丰。为了便于归纳和讨论,我们将制度解释问题分为以下两类:政治体制模型和寻租模型。

罗斯(Ross,2001)非常深入、细致地讨论了资源充裕尤其是资源繁荣对政治体制选择的影响机制。他认为点资源充裕的国家很难转向民主政治体制或者民主程度较低，具体有三种效应导致这一结果。首先是租金效应，点资源的开发尤其是资源繁荣带来大量资源租金，政府有足够的财力可以通过减少税收、增加支出、阻止独立于已有统治者的社会团体的形成等方式贿赂民众，维持独裁并减缓和降低民众对民主政治的需求。其次是镇压效应，资源开发带来大量的租金容易导致地区冲突，这些国家有能力也有激励去扩大军事和内部安全支出，也有实力镇压不同意见者，减缓了民主进程。最后是现代化效应，资源充裕可能会对城市化、民众受教育水平的提高、职业专业化等方面产生负面影响，不利于社会和文化结构的现代化转型，无助于民主政治体制的形成。

托维克(2001)构建了一个包含规模收益递增和寻租行为的静态模型，讨论资源开发或者资源繁荣对生产效率和福利的影响。这是一个四部门模型：自然资源部门、规模收益不变的落后部门、规模收益递增的现代部门和非生产性的寻租部门；有两种生产要素：企业家和劳动力，企业家分布在后两个部门。自然资源收入的提高导致寻租利润提高，而现代部门的利润保持不变，企业家则转移至寻租部门，这又因为需求外部性导致对现代部门的产品需求下降，使得现代部门的利润降低，同时，寻租部门的利润也开始下降且速度更快，这一过程持续至两部门利润相等为止，显然，具有需求外部性和规模收益递增的现代部门萎缩不利于生产效率的提高和福利的增进。穆尔希德(Murshed,2004)在拉姆齐模型基础上引入寻租行为，建立一个动态均衡模型，讨论资源繁荣、寻租和经济增长的关系。他假定产出中的一部分用于寻租活动并获取租金收入，且租金收入是外生。这一假定可以推导出寻租行为降低资本的有效边际产出和均衡的资本存量。资源繁荣尤其是点资源的繁荣形成大量的资源租金，刺激更多的人寻租，从而导致更多比例的产出用于寻租。这种为了获取资源租金而进行的浪费性的寻租博弈导致宏观经济增长崩溃。而且,这种在资源部门的寻租行为,往往在一个地区内有一定的扩散效应,扩散到其他产业的经营上,导致贪污盛行,从而直接影响了这一地区的行政效率和损害了政府形象,进而直接影响一个地区的生产率水平的提高(Leite and Weidmann,1999)。

### 2. 资源充裕与经济增长:经验研究

经验研究一直是关于资源诅咒假说的研究重点,学者们对于这一问题的关注就起源于经验证据,而对相关机制解释的验证也依赖于经验研究的结论。萨克斯和沃纳(1995)的工作是开创性的。他们构建了一个87个国家和地区的1970—1989年的数据集,以初级产品出口占GDP的比重反映各国的资源充裕程度,利用趋同模型的计量框架(Barro and Sa-la-I-Martin,1992)分析发现,在控制了初始GDP水平之后,初级产品出口比重提高一单位标准差,经济增长率下降近一个百分点。这一结论得到了莱特和韦德曼(Leite and Weidmann,1999)等的支持。在萨克斯和沃纳(1995)的开创性工作之后,这一问题的经验研究主要有以下两个方面的进展。

首先,仍然是关于资源充裕和经济增长之间直接关系的检验,这一方面的进展主要有四点。一是资源充裕度度量指标的选择问题。斯泰恩斯(Stijns,2005)认为初级产品的出口比重并不直接等同于资源的充裕状况,建议用人均的资源储量作为资源充裕度指标,研究其与经济增长之间的关系。但是,就结果而言,基本上也支持萨克斯和沃纳(1995)的结论。二是注重根据资源的不同分类讨论两者间的关系。如斯泰恩斯(2005)发现人均土地资源存量、人均石油和人均天然气储量与经济增长呈负相关,人均煤炭储量和经济增长之间没有明显的相关性,而人均矿物储量和经济增长则有一定的正相关。这种分类对于研究不同种类资源对经济增长的确很有意义,加深了人们对资源诅咒假说的经验认识。三是计量方法的进展,回归方程的动态框架可能存在不可观测变量和自变量之间具有相关性的问题。萨克斯和沃纳(1995)的截面分析难以解决这一问题,曼扎诺和里哥本(Manzano and Rigobon,2001)利用面板数据解决上述问题,根据固定效应模型发现,资源充裕度和经济增长之间并不存在负相关,而是通过某些机制降低经济增长率。萨拉—伊—马丁和苏布拉马尼安(Sala-I-Martin and Subramanian,2003)利用两阶段最小二乘法讨论了资源充裕和经济增长之间的直接关系,也没有发现这种负相关。程志强(2007b)根据煤炭产量将中国内地的地市分为煤炭资源丰富地区、较丰富地区和贫乏地区,以煤炭资源贫乏地区为参照组,以丰富区为处理组,并以2000年为界,将1997—2004年分为煤炭萧条期和繁荣期,利用difference-in-difference方法发现,煤炭资源丰富对煤炭资源型地区的经济增长有负面影响,煤炭繁荣则在短期内提高了经济增长速度,但是可能存在资源诅咒的机制。四是研究对象的进展。帕皮拉克斯和格拉夫(Papyrakis and Gerlagh,2004)首先将这一问题的研究从国别研究转移到一国内部地区间的研究,就一国内部各区域而言,在语言、制度、偏好、技术等方面的同质性较强,而这些变量在跨国研究中很难量化控制,因此一国内部的研究更易于验证资源充裕度的效应。他们的分析证明美国各州资源充裕度和经济增长之间呈正相关。上述关于资源充裕和经济增长之间直接关系的经验研究有的支持萨克斯和沃纳(1995)的结论,也有不支持的,但是这些不支持的经验研究基本上是在控制了相关的资源诅咒机制的影响之后得出的。因此,资源诅咒现象的存在性基本上得到经验研究的证实。

  第二方面的进展是经验研究更加关注于资源诅咒机制的验证,即对各种解释资源诅咒现象的理论假说进行验证。萨克斯和沃纳(1995)试图分析资源充裕和经济增长之间相关关系的潜在机制,却没有取得较大的进展(Sala-I-Martin and Subramanian,2003)。首先,在各类理论假说的验证结果中,制度质量这一传导机制是最稳健的,研究成果也最丰富。艾沙姆、伍库克和巴斯比(Isham,Woolcock and Busby,2005)对制度质量这一传导机制的验证非常细致,他们将制度质量量化为六个方面,分别是法制(rule of law)、政治稳定性(political stability)、政府有效性(government effectiveness)、非贪污水平(absence of corruption)、规制框架(regulatory framework)及产权和遵守规则的政府管制(property rights and rule-based governance),发现点资源充裕对上述制度变量的影响均为负,而上述变量通常被认为和经济增长是正相关的。萨拉—伊—马丁和苏布拉马尼安(2003)利用更为精细的计量手段也得出了类似的结论。第二,关于人力资本这一传导机制的研究,吉尔法松(2001)利用跨国截面数据发现,用教育公共支出比重、女孩的预期受教育水平、中等教育的入学率等衡量人力资本的指标和衡量资源充裕度的自然资本占国家财富的比重呈负相关。但是,戴维斯(Davis,1995)却发现,就平均而言,矿产国的人力资本积累高于非矿产国。斯蒂耶斯(2004)认为资源充裕和人力资本积累之间的关系取决于相关度量指标的选择,没有足够的证据表明两者呈负相关,并得到类似于戴维斯(1995)的结论。帕皮拉克斯和格拉夫(2004)根据美国各州的数据得出支持吉尔法松(2001)的结论。程志强(2007a)则根据来自我国鄂尔多斯市的微观数据,利用明瑟(Mincer)方程估计教育回报率,利用Probit模型和Logit模型分析了高人力资本持有者在部门间的配置,认为可能存在人力资本的部门间误配问题。第三,关于工业化政策失败的经验研究主要集中于个案研究,如奥蒂(1995)对巴西问题的剖析,而计量分析则主要关注资源充裕度对贸易开放度的影响,无论是萨克斯和沃纳(1995)等的国别研究还是帕皮拉克斯与格拉夫(2004)关于一国内部的研究,都得出负相关的结论,即资源充裕地区可能更倾向于保护和封闭。关于荷兰病机制的验证,在经验研究上相对而言比较薄弱,萨拉—伊—马丁和苏布拉马尼安(2003)根据尼日利亚相对有效汇率和贸易品与非贸易品的相对价格等指标的时序变化,认为没有足够的证据表明荷兰病问题是尼日利亚发生资源诅咒的主要机制。帕皮拉克斯与格拉夫(2004)根据萨克斯和沃纳(2001)的论述,认为制造业部门的创新性高于资源部门,荷兰病效应对制造业的排挤效应间接地降低了地区的研发支出,因此,他们通过分析资源充裕度和研发支出的相关关系来验证荷兰病机制的存在性,美国州级层面的数据支持荷兰病机制的解释。但是,麦金尼什和桑德斯(McKinnish and Sanders,2005)将美国肯塔基州、宾州等地划分成煤炭资源丰富的处理组和煤炭资源稀缺的对照组,利用交互项引入煤炭繁荣期和衰退期,分析了煤炭资源繁荣与衰退对地区经济的影响,发现资源繁荣对地方性部门就业有适度的促进作用,但没有证据表明存在对制造业部门的挤出或促进效应。因此,对于这一问题的研究还需进一步的深入。

### 3. 结论及评述

本部分分别从理论分析和经验研究出发对相关文献作了回顾。就理论分析而言,本书首先介绍了假设最贴近于新古典理论的经济过调解释,通过经济向稳态转移的故事解释资源充裕地区经济增长速度较慢的现象。但是,这个过程是一个经济短期或者中期演变的过程,在长期中,讨论影响经济增长的因素不得不求助于非新古典的假设,我们依次介绍了与工业化有关的荷兰病机制和工业化政策失败机制、人力资本机制、制度机制。目前,关于荷兰病机制和制度机制中的寻租问题基本上都在主流经济学认可的框架下讨论,而人力资本、工业化政策失败和制度解释中的政治体制问题很少见到严谨的模型,需要有进一步的发展。

就经验研究而言,尽管资源充裕对经济增长造成不利影响究竟是直接机制和间接机制共同作用的结果还是仅仅通过间接机制,目前还没有定论,但是资源诅咒这一现象基本上得以证实。这一领域的研究在指标选择的考量上、计量方法的选择上和研究对象的细分与拓展上都取得了一定的进展。在关于相关间接机制解释的经验研究中,制度机制解释的研究最为丰富且稳健,而人力资本与工业化机制解释还没有达成一致。在关于人力资本机制的经验研究中,除了验证入学率、教育投入等指标外,可以根据相关的理论分析进一步探讨教育回报率、人力资本部门配置等问题。在关于工业化问题的经验研究中,方法、方式多样但没有形成共识,结论也是多样,是整个经验研究最为薄弱的部分,也是需要重点突破的方向。

当然,资源诅咒现象也不是必然在所有资源充裕国家发生的,一些资源充裕的东南亚国家,如马来西亚、印度尼西亚比较成功地避免了这一诅咒。目前,关于这方面成功经验介绍的文献并不多见。而且,目前的研究主要集中在理论解释和经验研究上,相应的政策建议及其分析也比较薄弱,也是以后需要重点研究的。

最后,资源诅咒假说应用于分析我国资源开发地区经济增长时,切忌照搬照抄。根据上文的理论解释部分我们不难发现,资源诅咒假说相关的理论解释基本上都是在资源部门繁荣的前提下讨论。而且,艾沙姆等(2005)也指出,在第一次石油危机(1973年)之前,没有证据表明资源充裕的发展中国家的经济增长速度低于资源贫乏的发展中国家,而自1973年之后,两类国家在经济增长道路上才分道扬镳。萨克斯和沃纳(1995)的实证研究的数据集也取自于1970—1989年间,这段时期出现过一些重要自然资源部门的繁荣,且没有足够的证据表明贸易条件的恶化。因此,在考虑资源诅咒假说时,一定要注意其强调的资源繁荣的背景。考虑到我国的实际情况,以煤炭资源型地区为例,从改革开放到2000年的二十多年中,我国煤炭工业并没有经历过资源繁荣,长期处于全行业的亏损之中,因此,2000年以前的中国煤炭资源丰富地区经济增长滞后的原因,是无法用资源诅咒假说的现有理论来解释的。但是,2001年以来,中国的煤炭工业进入到了前所未有的繁荣期,这种繁荣却有可能通过一些机制导致在将来出现资源诅咒的现象。这样,一方面,可以结合我国这样一个体制转型的背景,发展新的关于资源诅咒假说的解释;另一方面,资源诅咒假说更适用于当前煤炭资源型地区经济增长的研究,很有必要利用这些理论去分析这些地区是否存在或者潜在相应的资源诅咒机制。

## 第三节 本书的思路及主要内容

本书将主要采用理论与实证分析相结合的方法,综合运用区域经济学、能源经济学、产业经济学、制度经济学、宏微观经济学等理论,结合中国的实际情况,分析资源开发如何带动地区经济发展和人民生活水平提高。

### 一、本书的写作思路

煤炭资源开发带动地区经济发展主要有两种路径:一是煤炭资源就地直接作为生产要素投入生产,使生产可能性边界扩张;另一种路径是通过直接向区域外输送煤炭获取收益,转化为其他产业的投资,从而促进经济增长。而对于我国的煤炭资源开发地区而言,主要分布在中西部欠发达地区,经济基础薄弱,在经济发展的初始阶段,主要依赖于资源输出这一路径。通过对区域经济理论的回顾,我们发现诺思(North,1955)的输出模型比较适合分析这种增长路径。该模型强调产品和服务的输出是经济增长的决定性因素,利用输出收入和乘数效应构建一个区域的收入循环。在这个循环过程中,资源输出对区域经济带动作用的大小有赖于输出收入与乘数的大小。前者和煤炭资源的产权问题、定价体系、收益分配比例等资源开发管理体制有关;后者关键在于如何尽可能使输出收入在本地消费投资,尤其是如何顺利转化为投资,这主要是投资环境建设的问题。同时,由于煤炭资源的不可再生性以及资源初级开发的低附加值性,这些地区实现高质量可持续发展不能仅停留在利用资源输出形成的收入循环阶段,而是需要不断提升这个收入循环的档次,这主要依赖于产业结构的升级,包括煤炭资源产业的深加工和非煤产业的发展,从而不断形成新的输出源和增长中心。最后,区域经济发展的根本目的在于提高人民的生活水平和质量,所以在煤炭资源开发带动地区发展的过程中,如何在实现地区繁荣的同时带动人民富裕是根本的落脚点。基于上述的理论与实证研究,我们将从中央政府、地方政府、煤炭工业等角度提出相应的政策建议。

本书的写作思路如下图所示:

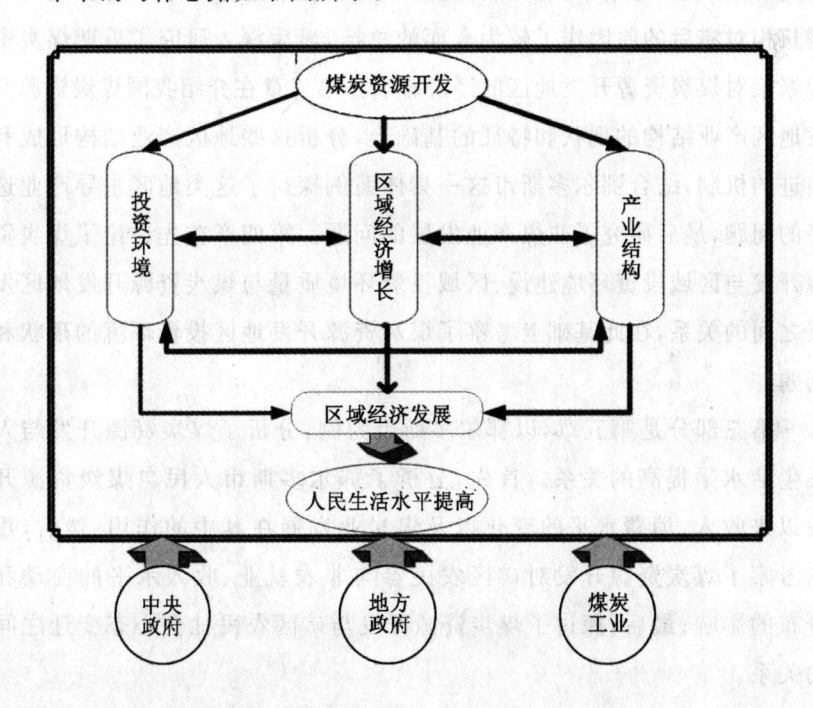

## 二、本书的主要内容

根据上述的写作思路,本书主要分以下四个部分:

第一部分是第一章,分析了煤炭资源开发地区的概况。首先根据各地区煤炭资源的产量和储量确定了煤炭资源开发地区,并根据地理位置、资源开发状况进行分类;然后,从总体经济发展水平、产业结构、经济外向度、人民生活水平这四个方面出发,分析了煤炭资源开发地区经济发展的概况,认为我国煤炭资源开发地区基本上都属于欠发达地区。

第二部分共三章,包括第二章、第三章、第四章,主要探讨了煤炭资源开发与地区经济发展之间的关系,并分析了我国煤炭资源开发地区发展滞后的原因。第二章在回顾国内外学者对资源开发与区域经济增长关系研究的基础上,考察了我国煤炭资源开发地区经济增长的表现,并对经济增长相对滞后的原因作了较为全面的总结,最后深入研究了近期煤炭资源繁荣对煤炭资源开发地区的经济影响。第三章在介绍我国煤炭资源开发地区产业结构的现状和特征的基础上,分析这些地区产业结构形成和演进的机制,结合鄂尔多斯市这一具体案例探讨了这类地区主导产业选择的问题,最后研究了非煤产业发展的问题。第四章首先讨论了煤炭资源开发与区域投资环境建设、区域投资环境质量与煤炭资源开发地区发展之间的关系,在此基础上考察了煤炭资源开发地区投资环境的现状和问题。

第三部分是第五章,以鄂尔多斯市为例,分析了煤炭资源开发与人民生活水平提高的关系。首先,分析了鄂尔多斯市人民自煤炭资源开发以来收入、消费水平的变化以及煤炭业发展在其中的作用;然后,重点考察了煤炭资源开发对矿区农民参与非农就业、收入水平的变动和分布的影响;最后,探讨了煤炭资源开发与矿区农民社会心态变迁之间的关系。

第四部分是第六章,着重探讨了本项研究的政策含义。分别从煤炭工业体系自身的发展、中央政府应该采取的对策、地方政府应该采取的对策三个方面出发,提出了对策建议。

## 三、本书的创新之处

本书在以下几方面有所创新:

（一）研究角度的创新

以前对煤炭资源开发地区的研究,主要是从地区发展的角度,对产业结构现状、产业转型进行研究,而本书主要从煤炭资源开发与地方发展关系的角度,对煤炭资源开发与地方产业发展、煤炭资源开发与地方投资环境建设、煤炭资源开发与人民生活水平提高的相互影响、相互作用进行研究,以期构建煤炭资源开发地区可持续发展的模式。

（二）研究内容的创新

1. 全面深入探讨了长期以来制约煤炭资源开发地区经济增长滞后的原因。本书认为,煤炭资源开发带动地区经济发展主要有两条路径:一是煤炭资源就地直接作为生产要素进入生产,使生产可能性边界扩张;另一种路径是通过直接向区域外输送煤炭获取收益,转化为其他产业的投资,从而促进经济增长。对我国大多数煤炭资源开发地区而言,主要以第二条路径为主,但这条路径并没有很好地带动地方经济发展。本书从煤炭资源产权安排、定价机制、财税政策安排、产业环境、自然条件、基础设施、人民的思维观念等方面对这一现象作了解释。最后,深入地研究了近期煤炭资源繁荣对煤炭资源开发地区的经济增长、经济结构、投资环境等方面的影响,发现我国煤炭资源开发地区存在着发生资源诅咒的机制。

2. 分析了煤炭资源开发地区的产业发展。从静态观点来看,资源结构、投资结构和需求结构促进了煤炭资源开发地区产业结构的形成;从动态的观点来看,三大结构的变化将引起产业结构的演进。煤炭资源开发地区的主导产业从长期来看应该是煤化工。煤炭资源开发地区尤其要注意适时发展非煤产业。煤炭资源开发地区发展非煤产业要遵循市场导向、经济效益、科技进步、发挥优势、环境保护、产业协调等原则,并采用市场化的非煤产业发展基金筹集办法。

3.深入地讨论了煤炭资源开发与区域投资环境营建之间的关系以及区域投资环境之于煤炭资源开发地区的特殊意义,并从基础性因子、激励性因子、创新性因子三个方面出发,通过与引进外资绩效突出的苏州和民营经济繁荣的台州对比,全面地分析了煤炭资源开发地区投资环境的状况,指出煤炭资源开发地区需要进一步优化基础性因子方面,尽快提高激励性因子和创新性因子方面的水平和质量。

4.以鄂尔多斯市为例,深入地讨论了煤炭资源开发作用于人民生活水平提高的机制。通过实地的问卷调研和计量分析,发现了不同所有制煤炭企业对当地就业的贡献情况、决定农民参与与煤相关就业的农户特征、收入的决定因素和分布状况等等。此外,还构建了一个煤炭资源开发影响矿区农民社会心态变迁的分析框架,利用典型访谈和问卷调查对这一问题作了实证研究。通过上述分析,我们可以得出一系列关于资源开发如何实现地区繁荣与人民富裕的政策含义。

5.煤炭资源开发过程中涉及的利益主体包括中央政府、地方政府、煤炭企业以及当地居民,因此,要使资源开发能很好地带动地方发展,更好地造福于当地人民,就必须协调好各利益主体之间的关系。本书分别分析了煤炭企业、中央政府及地方政府各自应采取的政策措施。

# 第一章 中国煤炭资源开发地区发展概况:欠发达

## 第一节 煤炭资源开发地区的界定及类型

### 一、煤炭资源开发地区的界定

(一)空间单位的确定

关于煤炭资源开发地区的界定,近年来国内外学者作了不少研究和探索。由于界定的对象是地区,也是进行煤炭资源丰富性比较必须的空间载体,因此首先要明确地区的范畴,如以行政区还是经济区为标准,以何种级别的行政区或经济区为标准等等。鉴于进一步经济分析的需要和考虑数据的可得性,我们将选择行政区为空间单位。但是,目前国内的研究如果从地质、矿藏的角度出发,则不是以行政区为单位划分的,这难以进行进一步的经济分析。而目前以行政区为单位的文献则主要集中于煤炭城市的界定,即以城市为载体,而且实际中往往以县级市以上的建制市为空间载体(国家计委宏观经济研究院课题组,2002;李成军,2005;等等)。这种划分结果实际上是建制市与煤炭资源丰富地区的交集,一方面排除了大量的矿业镇、县、旗、特区、盟等等,如内蒙古的准格尔旗,作为全国第一产煤大县,却不在上述两个研究所给出的煤炭城市之列,显然,我们不能将之从煤炭资源开发地区中忽略;

表 1-1　中国煤炭资源型城市

| 所在省份 | 城市名称 |
| --- | --- |
| 山西 | 大同、朔州、阳泉、长治、晋城、太原、古交、霍州、孝义、介休、高平、离石 |
| 河南 | 平顶山、焦作、鹤壁、义马、汝州、新密、登封、禹州、永城、荥阳 |
| 山东 | 济宁、枣庄、兖州、邹城、肥城、新泰、滕州、淄博、临沂、龙口 |
| 湖南 | 娄底、涟源、资兴、郴州 |
| 湖北 | 荆门 |
| 内蒙古 | 乌海、赤峰、霍林郭勒、满洲里、鄂尔多斯 |
| 辽宁 | 抚顺、阜新、调兵山、北票、本溪 |
| 四川 | 达州、广元、绵竹、宜宾 |
| 黑龙江 | 鹤岗、七台河、双鸭山、鸡西 |
| 江西 | 萍乡、乐平、高安、丰城 |
| 吉林 | 辽源、白山、珲春、舒兰 |
| 河北 | 唐山、邯郸、邢台、张家口 |
| 新疆 | 和田、哈密、乌鲁木齐 |
| 安徽 | 淮南、淮北 |
| 陕西 | 铜川、榆林、韩城 |
| 云南 | 宣威、开远 |
| 宁夏 | 石嘴山、灵武 |
| 贵州 | 六盘水、毕节、安顺 |
| 广西 | 合山、南宁、百色 |
| 江苏 | 徐州 |
| 福建 | 龙岩、邵武 |

资料来源：李成军《中国煤矿城市经济转型研究》，中国市场出版社 2005 年版，第 7—9 页。

另一方面，产生部分重叠，即县级市与其上一级的地级市同时出现。这就要求在选择空间单位时要选择同一级别的行政区且尽可能覆盖全部国土。选择行政区为单位,就面临选择何种级别的问题。一般而言,研究对象的单位越小,所得结论的精度越高,但是所面临的工作量和资料收集的难度也越大,我们试图以县级或地级行政区为单位作为研究的空间载体。

(二)指标的选择

确定比较的空间单位后就需要进入到采用合适的比较方法来确定煤炭资源开发地区的概念。由于目前的文献以煤炭城市的界定为主,因此相关指标主要集中在煤炭工业产值和煤炭工业就业两大方面,强调的是煤炭城市的形成与发展对煤炭资源开发的依赖程度,关注的是煤炭工业对本地区 GDP、工业产值和就业这些城市形成发展的关键变量的贡献,相对量显得尤为重要。而我们要界定的是煤炭资源丰富的地区,虽然煤炭资源的丰富程度与煤炭业就业之间有一定的相关性,但是这种相关性在不同的技术条件下会变弱,如一个机械化程度很高的煤矿与一个机械化程度较低的煤矿,即使前者煤炭工业产值的比重大大高于后者,也有可能前者的就业大大低于后者,所以,用就业指标来反映煤炭资源的丰富程度是有缺陷的。此外,一些发展较为全面的综合性的城市或者地区,虽然煤炭产量或煤炭工业产值在绝对量上有一定的规模,但其工业产值或者 GDP 相对偏大,造成比重这一相对量偏低,我们不能据此将其从煤炭资源丰富地区剔除。所以,我们应该强调地区间煤炭资源拥有的绝对量上的比较。因此,我们选择煤炭产量和煤炭可采储量为主要指标,煤炭产量以 1 000 万吨/年为临界值,可采储量以 3 亿吨为临界值。另外,考虑到部分地区处于煤炭资源枯竭期,煤炭产量达到 1 000 万吨以上,但储量不足,也将纳入本书的分析,如枣庄、阜新等;而对于一些煤炭资源基本已枯竭的、且通常在煤炭资源型城市分析中出现的地区因难以符合煤炭资源丰富之实,故不纳入到本书的分析中。

### (三)数据来源和界定结果

**表 1-2 我国煤炭资源开发地区** （单位:万吨）

| 省份 | 地区 | 煤炭产量 | 可采储量 | 省份 | 地区 | 煤炭产量 | 可采储量 |
|---|---|---|---|---|---|---|---|
| 河北 | 唐山 | 2 812 | 207 024 | 安徽 | 淮南 | 3 855.7 | 109 806 |
|  | 邯郸 | 2 060 | 156 111 |  | 淮北 | 2 328.9 | 71 672 |
| 山西 | 大同 | 9 014 | 349 197 | 山东 | 枣庄 | 1 786 | 21 185 |
|  | 太原 | 4 432 | 576 738 |  | 泰安 | 2 259.4 | 59 206 |
|  | 阳泉 | 5 175.6 | 387 496 |  | 济宁 | 6 500 | 254 311 |
|  | 晋城 | 6 642 | 337 235 | 四川 | 达州 | 1 181 | 27 108 |
|  | 长治 | 5 388.8 | 252 560 | 贵州 | 六盘水 | 2 798.2 | 161 624 |
|  | 朔州 | 5 852.7 | 819 010 |  | 毕节 | 1 549.1 | 74 454 |
|  | 临汾 | 4 805.5 | 358 642 | 云南 | 曲靖 | 2 741 | 138 204 |
|  | 忻州 | 2 818.7 | 478 858 | 陕西 | 铜川 | 1 567.7 | 108 045 |
|  | 晋中 | 2 547 | 444 287 |  | 榆林 | 8 495.7 | 479 833 |
|  | 吕梁 | 2 981.6 | 557 271 |  | 渭南 | 1 191 | 84 195 |
| 内蒙古 | 鄂尔多斯 | 12 072.8 | 706 717 | 甘肃 | 平凉 | 1 643.1 | 61 858 |
|  | 赤峰 | 1 708 | 104 310 |  | 白银 | 1 049.9 | 45 919 |
|  | 通辽 | 1 236 | 136 667 | 宁夏 | 石嘴山 | 1 272 | 46 492 |
| 辽宁 | 阜新 | 2 238.5 | 39 423 | 河南 | 平顶山 | 3 767 | 72 605 |
| 黑龙江 | 鸡西 | 2 113 | 122 945 |  | 许昌 | 1 248 | 32 642 |
|  | 鹤岗 | 1 987 | 91 673 |  | 鹤壁 | 1 007 | 30 959 |
|  | 双鸭山 | 1 704 | 85 866 |  | 三门峡 | 1 628 | 76 607 |
|  | 七台河 | 1 808 | 55 094 |  | 郑州 | 1 677 | 55 356 |
| 江苏 | 徐州 | 2 492 | 127 255 | 总计 |  | 131 014 | 8 406 460 |

数据来源:根据国家发改委所编的《2005 年全国煤矿核定生产能力》中的相关数据整理、计算而得。

近年来,由于煤炭需求的旺盛和煤炭价格的上涨,煤炭产量增长较快,因此,应采用尽可能新的数据。此处所用数据来自于国家发改委编的《2005 年全国煤矿核定生产能力》中所涉及的 2004 年各煤矿的实际产量和可采储量。另外,鉴于计算量和数据的可得性,选用地级行政区为区位单位。从界定结果(详见表1-2)来看,我国现阶段共有41个地级煤炭资源丰富地区,分布在15个省、自治区,其2004年煤炭产总量为13.1亿吨,占全国煤炭总产量的67%;可采储量为84.1亿吨,占全国煤炭可采储量的73%。

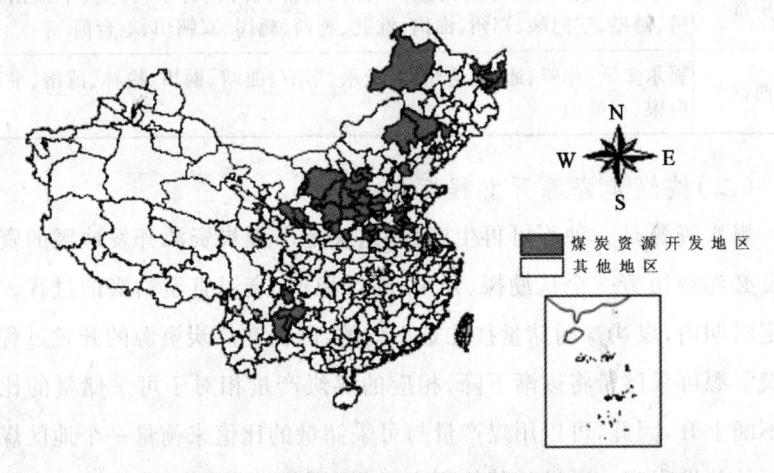

图1-1 我国的煤炭资源开发地区的分布

## 二、煤炭资源开发地区的类型

### (一)按东、中、西三大地带划分

首先,从地域分布上来看,按东、中、西三大地带[①]划分,中部地区比重最高,有21个,占总数的51.2%,主要集中在产煤大省山西和河南;西部地区次之,有13个,分布较为分散;东部地区有7个,集中在山东、河北。

---

① 东部地区包括北京、辽宁、天津、河北、山东、江苏、上海、浙江、福建、广东、海南,中部地区包括湖北、湖南、河南、江西、安徽、山西、吉林、黑龙江;西部地区包括内蒙古、宁夏、甘肃、新疆、青海、陕西、四川、重庆、广西、贵州、云南、西藏。

表 1-3 煤炭资源开发地区的地域分布

| 三大地带 | 煤炭资源开发地区 |
|---|---|
| 东部 | 唐山、邯郸、枣庄、济宁、泰安、阜新、徐州 |
| 中部 | 太原、大同、阳泉、晋城、长治、朔州、临汾、忻州、晋中、吕梁、平顶山、许昌、鹤壁、三门峡、郑州、淮南、淮北、鸡西、鹤岗、双鸭山、七台河 |
| 西部 | 鄂尔多斯、赤峰、通辽、达州、六盘水、毕节、曲靖、铜川、榆林、渭南、平凉、白银、石嘴山 |

（二）按煤炭资源开发程度划分

煤炭资源是一种不可再生资源，这决定了煤炭资源开发地区的资源开发必然经历着一个从勘探、开采、高产稳产、衰退直至枯竭的过程。在一定时期内，煤炭探明储量往往是不变的，因而在煤炭资源的开发过程中煤炭资源可采储量将逐渐下降，相应的煤炭产量相对于可采储量的比值将不断上升，因此，可以用煤产量与可采储量的比值来衡量一个地区煤炭资源的开发程度。通过与其他研究成果（国家计委宏观经济研究院课题组，2002；胡魁，2002；李成军，2005）的比较，我们把该比值在1%以下的地区称之为成长期，该比值在1%到2.5%之间的地区称为成熟期，该比值在2.5%以上的地区则称为衰退期。在这41个煤炭资源开发地区中，有6个处于成长期，占14.6%；20个处于成熟期，占48.8%；15个处于衰退期，占36.6%，且主要分布在山东、河南、安徽三省（详见表1-4）。

表 1-4 煤炭资源开发地区的开发程度

| 开发程度 | 煤炭资源开发地区 |
|---|---|
| 成长期 | 太原、朔州、忻州、晋中、吕梁、渭南 |
| 成熟期 | 唐山、邯郸、阳泉、晋城、长治、临汾、鄂尔多斯、通辽、赤峰、鸡西、鹤岗、双鸭山、徐州、六盘水、毕节、曲靖、铜川、榆林、白银、三门峡 |
| 衰退期 | 大同、阜新、七台河、淮南、淮北、枣庄、泰安、济宁、达州、平凉、石嘴山、平顶山、许昌、鹤壁、郑州 |

## 第二节　煤炭资源开发地区的经济发展概况

### 一、煤炭资源开发地区总体经济实力不强,发展能力较弱

为了衡量煤炭资源开发地区的总体经济发展水平,我们选择人均GDP、人均财政收入和人均固定资产投资三个指标。人均GDP反映了一个地区的经济实力,人均财政收入反映了一个地区的财力,人均固定资产投资则能体现一个地区经济发展的能力。

2004年全国煤炭资源开发地区的人均GDP为10 301元,低于全国的平均水平,且仅为东部地区的53.2%,但高于中、西部地区;人均财政收入为521元,低于全国平均水平300多元,且仅为东部地区的37.2%;人均固定资产投资为4 544元,为全国平均水平的77.9%,且仅为东部地区的49.6%。也就是说我国煤炭资源开发地区的整体经济实力和发展能力落后于全国的平均水平,与东部地区的差距非常明显。

从东、中、西三大地带来看,东部煤炭资源开发地区在各项指标上均落后于本地区的平均水平;中部煤炭资源型地区则正好相反,各项指标均高于中部地区的平均水平;而西部地区除人均财政收入高于所在地区的平均水平之外,另外两项指标则低于本区的平均水平。

从煤炭资源开发地区的内部比较来看,东部地区的人均GDP和人均固定资产投资额最高,人均GDP是西部地区的2.31倍;中部地区的人均财政收入最高的,是西部地区的1.74倍;西部地区在这三项指标中均是最低的。这表明就经济发展水平而言,在煤炭资源开发地区内部亦呈现出东、中、西三大地带的差异。

表 1-5　2004 年煤炭资源开发地区的经济发展水平　（单位：元/年）

| 指标＼地区 | 全国 全区 | 全国 煤炭资源开发地区 | 东部 全区 | 东部 煤炭资源开发地区 | 中部 全区 | 中部 煤炭资源开发地区 | 西部 全区 | 西部 煤炭资源开发地区 |
|---|---|---|---|---|---|---|---|---|
| 人均 GDP | 12 623① | 10 301 | 19 371 | 13 915 | 9 363 | 10 945 | 7 451 | 6 016 |
| 人均财政收入 | 821 | 521 | 1 402 | 562 | 415 | 595 | 473 | 342 |
| 人均固定资产投资额 | 5 828 | 4 544 | 9 158 | 5 444 | 3 401 | 4 391 | 3 969 | 3 610 |

注：各指标均以地区的人口为权重进行加权平均计算而得。
数据来源：相关各市的 2004 年统计公报；《山西省 2004 年统计公报》；《中国城市统计年鉴 2005》；《中国统计年鉴 2005》。

## 二、煤炭资源开发地区的产业结构不合理，产业层次低

区域产业结构是指特定区域内各经济要素之间的比例关系，产业结构的合理与否直接影响着区域经济的增长，而且基于技术进步的产业结构升级本身构成区域经济发展的重要内容之一，根据著名发展经济学家钱纳里、罗斯托等人的研究，产业结构的水平往往决定着一个地区的经济发展水平。而且，在大量针对煤炭资源开发地区（城市）的研究中，产业结构问题备受关注。因为在后文中将对煤炭资源开发地区的产业发展作详细研究，在此我们只分析煤炭资源开发地区的产业结构概况。

对于产业结构的分析，通常借助于三次产业的产值占 GDP 比重这一指标。根据该指标，我国煤炭资源开发地区的第二产业比重高于全国的平均水平。从东、中、西三大地带内部来看，各地带的煤炭资源开发地区

---

① 为了保持与后面东、中、西三大地带的数据的一致性，此处的全国人均 GDP 年均增长速度是根据部分省市的 GDP 和人口加总计算而得，因此与《中国统计年鉴》上的数据相比而言，数值偏高。

与本地区的平均水平相比,第二产业的比重均偏高,尤其是中部煤炭资源开发地区,比中部地区的平均水平高出7.5个百分点;而第三产业的比重均偏低,各地煤炭资源开发地区第三产业的比重比本地区低了近5个百分点,其中东部地区低了8.5个百分点。在一些依托于煤炭资源而兴起的地区,这一比重更高,如山西(除太原、运城之外)、陕西榆林、贵州六盘水、宁夏石嘴山等,其第二产业的比重都在60%以上。

表1-6　2004年煤炭资源开发地区的三次产业结构　（单位:%）

| 地区<br>指标 | 全国全区 | 全国煤炭资源开发地区 | 东部全区 | 东部煤炭资源开发地区 | 中部全区 | 中部煤炭资源开发地区 | 西部全区 | 西部煤炭资源开发地区 |
|---|---|---|---|---|---|---|---|---|
| 第一产业比重 | 12.2 | 15.7 | 8.4 | 14.5 | 17.1 | 14.2 | 14.7 | 18.9 |
| 第二产业比重 | 50.2 | 52.8 | 49.5 | 51.8 | 47.7 | 55.2 | 47.3 | 49.5 |
| 第三产业比重 | 37.6 | 31.5 | 42.1 | 33.6 | 35.2 | 30.6 | 38.0 | 31.6 |

注:中部煤炭资源开发地区不含郑州、太原两个省会城市。
数据来源:同表1-5页。

当然,三次产业产值的数量比例还不足以说明煤炭资源开发地区产业结构的失衡,需要进一步分析在这些地区占主导地位的第二产业的内部构成。工业在第二产业中占据绝对主导地位,我们从工业总产值的构成来分析煤炭资源开发地区的产业结构状况。从表1-7可见,在我国煤炭资源开发地区,煤炭采选业产值占工业总产值的比重偏高,尽管与1989年相比,绝大多数地区该比重都有所下降,但是,这16市的平均水平仍高达36.8%,晋城、朔州等地区的比重仍在50%以上。因此,煤炭资源开发地区第二产业比重偏高并不能表明这些地区工业化进程快、程度深,而是证明了这些地区的产业结构高度依赖于煤炭资源的开发,而且是集中于最初级的煤炭采选业,产业结构不合理且产业层次低。

表 1-7　部分煤炭资源开发地区煤炭采选业产值

| 指标 地区 | 1989年 工业总产值(亿元) | 煤炭采选业(亿元) | 占工业总产值比重(%) | 2001年 工业总产值(亿元) | 煤炭采选业(亿元) | 占工业总产值比重(%) |
|---|---|---|---|---|---|---|
| 大同 | 48.08 | 22.77 | 47.4 | 159.81 | 71.59 | 44.8 |
| 阳泉 | 18.46 | 7.27 | 39.4 | 83.03 | 33.63 | 40.5 |
| 晋城 | 9.39 | 5.66 | 60.9 | 71.88 | 37.45 | 52.1 |
| 朔州 | 12.51 | 7.01 | 56.1 | 71.39 | 37.77 | 52.9 |
| 阜新 | 24.62 | 6.93 | 28.2 | 54.2 | 17.56 | 32.4 |
| 鸡西 | 17.51 | 8.64 | 49.4 | 49.7 | 22.02 | 44.3 |
| 鹤岗 | 16.7 | 10.35 | 62.0 | 41.3 | 19.49 | 47.2 |
| 双鸭山 | 12.13 | 6.7 | 55.2 | 28.95 | 12.71 | 43.9 |
| 七台河 | 5.75 | 5.17 | 90.0 | 50.6 | 20.70 | 40.9 |
| 淮南 | 38.83 | 10.04 | 25.9 | 106.44 | 44.92 | 42.2 |
| 淮北 | 21.64 | 8.89 | 41.1 | 93.0 | 44.92 | 48.3 |
| 平顶山 | 41.26 | 11.67 | 28.3 | 191.46 | 53.61 | 28.0 |
| 鹤壁 | 9.19 | 3.16 | 34.4 | 88.9 | 16.98 | 19.1 |
| 六盘水 | 11.66 | 4.2 | 36.1 | 65.44 | 17.54 | 26.8 |
| 铜川 | 8.45 | 2.43 | 28.8 | 130.10 | 8.98 | 6.9 |
| 石嘴山 | 12.47 | 3.44 | 27.6 | 69.10 | 13.27 | 19.2 |
| 平均 | 19.29 | 7.77 | 44.4 | 84.71 | 29.57 | 36.8 |

资料来源：蔡昉主编《中国人口与劳动力问题报告 No.6》，社会科学文献出版社 2005 年版，第 131 页；李成军《中国煤矿城市经济转型研究》，中国市场出版社 2005 年版，第 10—15 页。

## 三、煤炭资源开发地区的经济外向度低，出口商品层次低

20 世纪 90 年代中期以来，不少国内外学者对中国的对外开放和经济发展之间的关系作了大量实证研究，发现对外开放政策是中国经济增

长的重要推动力(Shang-Jin Wei,1995;贺力平,2000;沈坤荣,2003;包群,2003;等等);而且认为对外开放水平的区域结构失衡是造成中国区域差距扩大的重要原因之一(魏后凯,2002;沈坤荣,2003;陈秀山,2004)。因此,在分析一个地区的经济发展状况时有必要关注这一地区的经济外向度。我们通常选用外贸依存度①和人均外商实际投资额来刻画一个地区的对外开放水平。

就外贸依存度而言,2004年煤炭资源开发地区的经济外向度均低于所在地区的平均水平。与外向度高的东部地区相比较而言,煤炭资源开发地区的差距更为明显,如东部地区的外贸依存度为110%,而我国煤炭资源开发地区仅为6.6%。同时,从外贸结构来看,我国煤炭资源开发地区的出口主要集中在煤炭资源型的初级产品。以第一产煤大省山西为例,2004年该省出口总额为40.3亿美元,其中煤炭出口额为6亿美元,占15%;焦炭出口额为18.5亿美元,占46%,两者合计为61%;而机电产品的出口额仅为4.1亿美元,所占比重不到10.2%。但是,从全国范围来看,2004年我国矿产品出口仅占总出口额的2.85%,而机电产品的出口占总出口额的41.76%。② 因此,我国煤炭资源开发地区的出口结构层次要远低于全国整体水平。

就人均外商实际投资额而言,我国煤炭资源开发地区的水平为全国平均水平的38.3%,且仅为东部地区的17.1%,因此,我国煤炭资源开发地区的整体引资水平落后于全国。而从煤炭资源开发地区的内部来看,呈现出明显的东、中、西三大地带的差异,东部煤炭资源开发地区的人均外商实际投资额是中部的2.74倍,是西部的7倍。

---

① 外贸依存度是指当年该地区(国家)进出口总额占GDP的比重。
② 数据来源:《2004年山西省国民经济和社会发展统计公报》,《中国统计年鉴2005》。

表 1-8　2004年煤炭资源开发地区的经济外向度

| 地区<br>指标 | 全国 全区 | 全国 煤炭资源开发地区 | 东部 全区 | 东部 煤炭资源开发地区 | 中部 全区 | 中部 煤炭资源开发地区 | 西部 全区 | 西部 煤炭资源开发地区 |
|---|---|---|---|---|---|---|---|---|
| 外贸依存度(%) | 70.5 | 6.6 | 110 | 8.0 | 14.1 | 10.0 | 14.5 | 3.8 |
| 人均外商投资额(美元) | 43.3 | 16.6 | 97.1 | 30.1 | 15.6 | 11.0 | 4.72 | 4.3 |

注：因数据不全，本表中的煤炭资源开发地区不含毕节、赤峰、白银、平凉。
资料来源：同表1-5。

## 四、煤炭资源开发地区人民生活水平不高，贫困问题突出

人民生活水平的提高是区域经济增长的最终目的之一，也是区域经济发展的重要内容之一。生活水平的提高主要表现在物质文化产品的消费上。随着市场化体制改革的不断深入，人们的消费逐渐货币化，自给自足率不断降低，因此，我们可以选择人均社会商品零售额来近似反映各地区人民的消费水平，选择人均收入来近似反映各地区人民的消费能力。

从表1-9可见，我国煤炭资源开发地区的人均社会商品零售额要低于全国的平均水平，为全国平均水平的79.2%，且不到东部地区平均水平的50%。从东、中、西三大地带内部来看，中部煤炭资源开发地区的人均社会商品零售额比本地区平均水平高出33%，且高于全国的平均水平；而东部煤炭资源开发地区和西部煤炭资源开发地区均比本地区的平均水平低，分别为本地平均水平的57.2%和64.7%。因此，我国煤炭资源开发地区人民的消费水平要低于全国平均水平，相对而言，中部煤炭资源开发地区的消费水平相对较高。

就城镇居民人均收入而言，无论是从全国范围内看还是从东、中、西三大地带内部来看，煤炭资源开发地区都要比本地区的平均水平低。与

东部地区的平均水平相比,我国煤炭资源开发地区的城镇居民人均可支配收入不到其63.2%,且比城镇居民人均可支配收入最低的中部地区还要低出543元。所以,我国煤炭资源开发地区的城镇居民的消费能力不够强。

就农村居民人均收入而言,同全国的平均水平相比,煤炭资源开发地区亦比较低,为全国平均水平的87.3%,且仅为东部地区平均水平的60.4%。按三大地带划分,东部煤炭资源开发地区的农民人均纯收入最高,且高于全国的平均水平,但仅为东部地区的78.4%;而中、西部煤炭资源开发地区的农民人均纯收入则要高于本地区的平均水平。从整体而言,我国煤炭资源开发地区的农村居民的消费能力也是较低的。

表1-9　2004年煤炭资源开发地区人民的生活水平　　（单位:元/年）

| 地区<br>指标 | 全国<br>全区 | 全国<br>煤炭资源开发地区 | 东部<br>全区 | 东部<br>煤炭资源开发地区 | 中部<br>全区 | 中部<br>煤炭资源开发地区 | 西部<br>全区 | 西部<br>煤炭资源开发地区 |
|---|---|---|---|---|---|---|---|---|
| 城镇居民人均可支配收入 | 9 204 | 7 286 | 11 523 | 8 526 | 7 829 | 7 221 | 7 996 | 6 681 |
| 农村居民人均纯收入 | 3 161 | 2 758 | 4 565 | 3 581 | 2 770 | 2 845 | 2 136 | 2 236 |
| 人均社会商品零售额 | 4 207 | 3 160 | 6 445 | 3 685 | 3 207 | 4 266 | 2 399 | 1 551 |

资料来源:同表1-5。

此外,部分中、西部煤炭资源开发地区还存在着不少国家级的贫困县,如贵州的毕节、六盘水,陕西的榆林,山西的忻州、吕梁等地区。而现在讨论较多的城市新贫困现象在煤炭资源开发地区也表现得十分突出,2004年8月,我国非资源型城市的贫困发生率为4.58%,而煤炭资源型城市的这一指标为7.93%,其中东北地区的煤炭型城市这一指标值更高,为15.71%,如阜新、鸡西、鹤岗的贫困发生率分别是25.32%、

16.74%和10.8%。①

以上从经济发展水平、产业结构、外向度、人民生活水平四个方面来分析我国煤炭资源开发地区的经济发展状况,我们可以得出如下结论:煤炭资源开发地区的经济实力不强,发展能力较弱;产业结构不合理,产业层次低,工业产值过于集中在煤炭采选行业;经济外向度很低,外贸依存度和出口商品结构层次低,对外资的吸引力极弱;人民的消费水平不高,体现消费能力的人均收入较低,贫困问题突出。从数据上的比较来看,我国煤炭资源开发地区的经济发展状况远落后于东部地区;与中部地区相比,亦无优势可言,因此,从整体而言,这些地区在我国的经济发展中属于欠发达地区,"富饶的贫困"这一悖论依旧存在(王小强、白南风,1986)。同时,我们也可以发现,在煤炭资源开发地区内部,也存在着东、中、西三大地带的差异,相对而言,东部地区的发展程度最高,中部次之。

---

① 数据引自蔡昉主编:《中国人口与劳动力问题报告 No. 6》,社会科学文献出版社 2005 年版,第 161—164 页。

# 第二章 煤炭资源开发地区
# 经济增长研究

依上文分析可见,我国煤炭资源开发地区的经济发展程度甚至不如中部地区的整体水平,属于欠发达地区,从 20 世纪 80 年代以来就备受关注的"富饶的贫困"现象依然存在。而且,近年来资源诅咒(resource curse),即资源丰富的国家反而有更低的增长速度和更高的贫困发生率,成为国际学术界关注的热点话题。煤炭资源的开发与地区经济发展之间的关系到底如何呢?为什么煤炭资源开发没有很好地带动地方经济发展?经济增长是经济发展的内容之一,是经济发展最基本、最重要的组成部分,经济增长是实现经济发展的手段和前提,特别是对于落后的发展中国家而言,生产力水平低,没有较快的经济增长就不会有较好的经济发展。因此,本章试从煤炭资源开发与地区经济增长之间的关系来探讨这一问题。

## 第一节 煤炭资源开发地区的经济增长

**一、资源开发与区域经济增长——一个简单的文献回顾**[①]

在新古典经济学的分析框架中,资本、劳动力与自然资源是一个地区

---

① 我们在本书的导言部分对这一领域的文献作了详细的回顾。

的基本生产要素,对经济增长有着正的边际贡献,因此,在其他情况相同的条件下,相对于资源贫乏的地区,资源丰富的地区有着更高的生产可能性边界,带来更快的经济增长,如美国、加拿大、澳大利亚等。这一观点在20世纪60年代以前被认为是一个确定不疑的结论。但是,近几年绝大多数资源丰富的发展中国家或地区并没有因为这些"神赐天粮"飞速发展起来,即使在经历了资源繁荣(resource boom)后,发展速度反而低于很多缺乏自然资源的国家和地区,如"亚洲四小龙",广大民众并没有从资源开采中受益(蔡昉、吴要武,2005)。因此,丰富的资源到底是促进经济增长的福音(bless)还是阻碍经济增长的诅咒的争论引发了大量的相关研究。

最新一轮关于这一问题的讨论始自萨克斯和沃纳(1995,1997,2001)关于资源充裕程度与经济增长之间关系的实证研究。这一重要而有影响力的研究表明,在控制初始人均收入、贸易政策、政府效率和投资率等影响经济增长的多种变量后,自然资源的繁荣并没有带动资源丰富地区经济的长期增长,自然资源充裕度与经济增长速度成反比,而随后引发的大量相关研究也都证实了这一观点(Erwin H. Bulte,Richard Damania and Robert T. Deacon,2004),即所谓的资源诅咒(Auty,1993)。

20世纪50年代的结构主义学者主要从贸易条件恶化,即自然资源的相对价格趋于下降(Prebisch,1950)和自然资源开采产业缺乏与其他产业的关联性(Hirschman,1958)两个角度来解释,但这两个观点都缺乏相关的实证分析的证明(Fosu,1996)。尤其是贸易条件恶化论,其理论假设缺乏实证基础,如萨克斯和沃纳(1995)的实证研究的数据集取自于1970—1989年间,这段时期出现过一些重要自然资源部门的繁荣,且没有足够的证据表明贸易条件的恶化。所以,关注这一问题的经济学者们提出了不少新的理论来解释,如我们在导言中提及的模型等。

但是,也有学者持不同的意见,如让—菲利普·C.斯泰恩斯(Jean-Philippe C. Stijns,2005)对萨克斯和沃纳(1995,1997)用自然资源出口密集度(资源出口值占出口总额的比重)来度量资源充裕度的方法出了异议,利用人均能源、矿产的储量数据,发现资源充裕度与经济增长在20世纪七八十年代呈正相关。他认为在验证这种关系时要注意经济增长模型的选择,不同的模型可能会导致不同的结果,如在荷兰病模型中,存在一个假定,即只有制造业部门内部存在"干中学"效应从而产生正外部性和规模收益递增效应,若将这一假定扩展至部门间,则会产生不同的结论(Torvik,2001)。而且,斯泰恩斯(2001)在关于自然资源充裕度与人力资本积累之间相关性的研究中,认为没有足够的经验基础去断定两者之间存在着负相关,是否负相关取决于这两者的度量指标的选择。

由于从各国经济发展过程来看,资源开发对于经济发展的作用有正有反,因此至今这方面的讨论也仍莫衷一是,资源是祸水还是福音仍未有定论。对于部分国家和地区所存在的自然资源开发阻碍经济增长这一现象,荷兰病模型所描述的机制是一个直接的过程,因此其政策建议往往是反对资源开发,相对而言比较极端,因而颇受争议。而制度解释则认为自然资源开发导致制度层面出问题从而阻碍经济发展,是一个间接的过程,并不反对自然资源开发,而是强调应该何时、如何开发,且如何形成相配套的制度环境,这一点比较容易被接受。

## 二、我国煤炭资源开发地区的经济增长表现

(一)煤炭资源开发地区与其他地区的比较

周德群、汤建影(2004)的研究发现,1990年到2001年间的人均GDP,煤炭城市增长了2.73倍,而石油类城市增长了3.73倍,金属类城市和综合类城市增长了3.22倍,而同期全国城市的人均GDP增长了近

4.42倍,经济增长速度依照全国、石油、金属、综合、煤炭的次序递减,煤炭城市垫底。

蔡昉、吴要武(2005)通过比较1989—2002年、1995—2002年这两个时期各类城市的人均GDP年均增长速度发现,煤炭型城市都有更低的增长速度。与其他类型城市比较来看,1989—2002年建制煤炭型城市的经济增长速度为6.72%,除了略高于冶金型城市之外,低于其他类型的城市,与东部地区9.2%的增长速度相比,差距更为明显;1995—2002年间,煤炭资源型城市的增长速度为6.38%,除高于少数"其他资源型城市"之外,也低于其他类型的城市。此外,考虑地区差距、条件趋同等因素,引入东、中、西三个地区作为控制变量,通过回归分析,他们发现,资源型城市仍然有着较低的经济增长速度,煤炭型城市的增长速度要比非资源型城市的增长速度低1.7个百分点。

表2-1　不同类型城市的人均GDP增长速度　　(单位:%,个)

| 城市类型 | 1989—2002年 | 城市数量 | 1995—2002年 | 城市数量 |
| --- | --- | --- | --- | --- |
| 非资源城市 | 8.32 | 355 | 7.23 | 519 |
| 煤炭型城市 | 6.72 | 61 | 6.38 | 72 |
| 冶金型城市 | 6.36 | 20 | 6.83 | 23 |
| 石油型城市 | 9.14 | 9 | 7.54 | 9 |
| 森工型城市 | 7.34 | 11 | 8.72 | 21 |
| 其他资源城市 | 7.77 | 4 | 5.7 | 7 |

资料来源:蔡昉主编《中国人口与劳动力问题报告No.6》,社会科学文献出版社2005年版,第82页。

上述研究的数据期限在1989—2002年之间,这一段时间是煤炭市场疲软的时期,而2002年以来,煤炭价格迅速上扬,呈现煤炭供求两旺的局面,这对于煤炭资源开发地区来说,无疑是一个利好信息,因此有必要分析在2001—2004年间煤炭资源丰富地区的经济增长状况。从表2-2可见,我国煤炭资源丰富地区在2001—2004年间人均GDP的增长速度为14.82%,比全国的平均水平高出0.74个百分点。这一现象出现的原因主要在于:自2000年以来,中国经历了向重工业化迈进的重要转折点(徐康宁、王剑,2006),住宅、汽车、钢铁、石化产品的需求急剧上升,能源的过度需求与有限供应一直呈紧张状态,直接导致资源产品的价格直线上升,这一方面直接拉动了既有产业的产值,同时也吸引了大量的资本、劳动投入这些行业,经济增长速度有了较大的提升。对于资源型地区而言,中国重工业化时代的重新到来(这不同于改革开放前期的重工业化,现在的重工业化时代的到来是我国经济发展到这一阶段的必然要求,主要是由市场主体来推动的)和自然资源价格的市场化改革,是这些地区加快经济增长的一个极佳的机会。从东、中、西三大地带内部比较来看,东部煤炭资源开发地区的增长速度比东部地区的平均水平高出2.82个百分点,西部煤炭资源开发地区则比西部地区的平均水平高出1.59个百分点,两地均

表2-2 煤炭资源开发地区的经济增长状况(2001—2004年)

| 地区<br>项目 | 全国<br>全区 | 全国<br>煤炭资源开发地区 | 东部<br>全区 | 东部<br>煤炭资源开发地区 | 中部<br>全区 | 中部<br>煤炭资源开发地区 | 西部<br>全区 | 西部<br>煤炭资源开发地区 |
|---|---|---|---|---|---|---|---|---|
| 2001年人均GDP(元/年) | 8 502 | 6 805 | 13 021 | 8 693 | 6 418 | 7 713 | 5 045 | 3 908 |
| 2004年人均GDP(元/年) | 12 623 | 10 301 | 19 371 | 13 915 | 9 363 | 10 945 | 7 451 | 6 016 |
| 年均递增速度(%) | 14.08[①] | 14.82 | 14.16 | 16.98 | 13.42 | 12.37 | 13.88 | 15.47 |

数据来源:相关各市的2004年统计公报、《山西省2004年统计公报》、《中国统计年鉴2005》、《中国城市统计年鉴2002》、《中国统计年鉴2002》、《贵州省统计年鉴2002》等。

---

[①] 为了保持与后面东、中、西三大地带的数据的一致性,此处的全国人均GDP年均增长速度是根据分省市的GDP和人口加总计算得到,因此数值偏高。

高于全国的平均水平,而中部煤炭资源开发地区的增长速度则仅为 12.37%,不仅比全国的平均水平低 1.71 个百分点,且比中部的平均水平还低 1.05 个百分点。因此,即使在煤炭市场形势一片大好的 2001—2004 年间,煤炭资源丰富地区的经济增长并没有出类拔萃的表现,相比较而言,东部和西部地区受益较多,而煤炭资源相对集中的中部地区的经济增长速度依然垫底。这一现象值得深究。[①]

### (二)煤炭资源开发与煤炭资源开发地区的经济增长

与其他地区的比较来看,没有足够的证据表明我国煤炭资源丰富地区具有较高的长期的经济增长率,反而要低于其他地区。那么在煤炭资源丰富地区内部,煤炭资源开发对其经济增长是否具有正的影响呢?

尽管同属于煤炭资源丰富地区,但是因为所处的地理位置、所在地的人口数、所拥有的煤炭种类不同,煤炭资源的开发水平也存在着差异,从而可能会对经济增长有不同的影响。衡量一个地区煤炭资源开发水平可选取人均煤炭开采量(PLC)、人均煤炭采选业产值(PVC)、煤炭采选业产值占工业总产值的比重(PPC)等指标来衡量,而经济增长我们则选择人均 GDP 这一指标。

根据李成军(2005)年所整理的数据,利用计量经济学软件 Eviews 得到散点图,见图 2-1。从这三个分别以人均煤炭开采量、人均煤炭采选业产值、煤炭采选业产值占工业总产值的比重为横轴、以人均 GDP 为纵轴的散点图来看,难以直接得出煤炭开发有助于煤炭资源开发地区经济增长的结论,尤其是煤炭产业比重这一指标对经济增长基本上没有影响。

---

[①] 此处,仅讨论了煤炭资源开发地区在煤炭资源繁荣期的经济增长速度,在本章的第三节将详细讨论资源繁荣对煤炭资源开发地区的经济冲击。

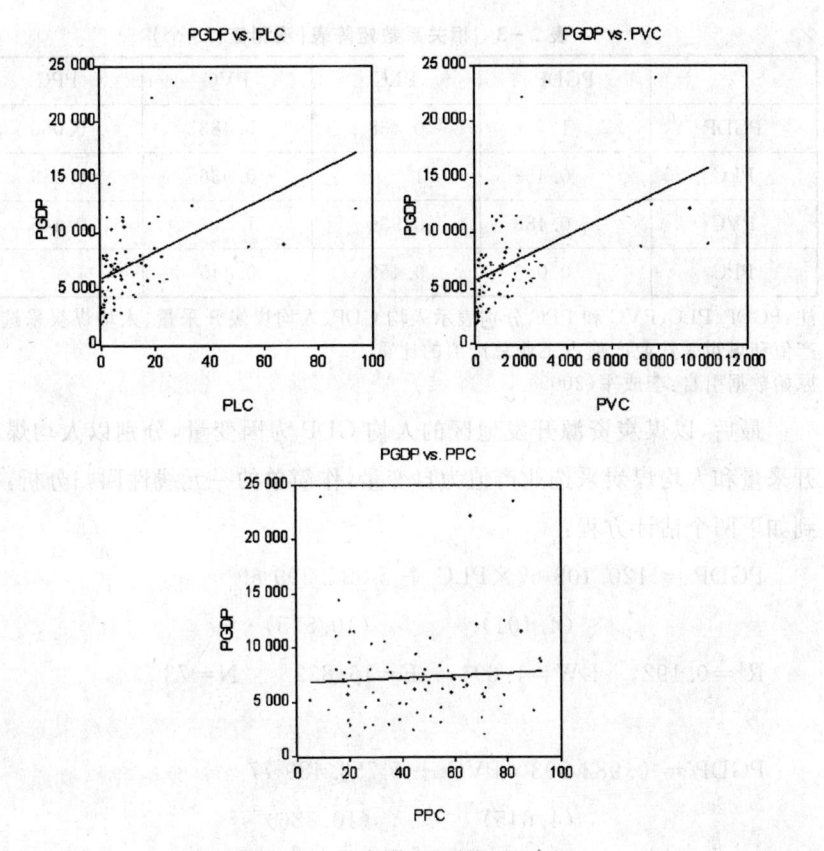

图 2-1 散点图(观测值:73个)

再由各指标的相关系数矩阵表来看,人均 GDP 和衡量煤炭资源开发水平的各项指标存在着一定程度的正相关。通常将相关系数在 0.3—0.5 之间的关系称为低度相关,0.5—0.8 之间的关系称为显著相关,在 0.8—1 之间的关系称为高度相关,而此处人均煤炭开采量和人均煤炭采选业产值与人均 GDP 的相关系数分别为 0.438 和 0.483,均低于 0.5 的临界值,因而属于低度相关;而煤炭采选业产值占工业产值的比重与人均 GDP 的相关系数仅为 0.063,基本上可以判断为无关。

表 2-3　相关系数矩阵表（观测值：73 个）

| | PGDP | PLC | PVC | PPC |
|---|---|---|---|---|
| PGDP | 1 | 0.438 | 0.483 | 0.063 |
| PLC | 0.438 | 1 | 0.936 | 0.459 |
| PVC | 0.483 | 0.936 | 1 | 0.445 |
| PPC | 0.063 | 0.459 | 0.445 | 1 |

注：PGDP、PLC、PVC 和 PPC 分别表示人均 GDP、人均煤炭开采量、人均煤炭采选业产值和煤炭采选业产值占工业总产值的比重。
原始数据引自：李成军(2005)。

最后，以煤炭资源开发地区的人均 GDP 为因变量，分别以人均煤炭开采量和人均煤炭采选业产值为自变量，作简单的一元线性回归分析，得到如下两个估计方程：

$$PGDP = 120.103\,67 \times PLC + 5\,931.399\,69$$
$$(4.101) \qquad\qquad (10.515)$$
$$R^2 = 0.192, \quad DW = 1.694, \quad F = 16.822 \quad N = 73$$

$$PGDP = 0.982\,593 \times PVC + 5\,753.489\,77$$
$$(4.645) \qquad\qquad (10.386)$$
$$R^2 = 0.233, \quad DW = 1.732, \quad F = 21.577 \quad N = 73$$

从这两个方程来看，人均煤炭开采量和人均煤炭采选业产值的 $T$ 统计量都比较高，这就意味着在煤炭资源开发地区，人均煤炭开采量、人均煤炭采选业产值与煤炭资源开发地区经济增长呈一定正相关性。但是，方程的拟合度偏低，这是因为缺失了一些对人均 GDP 有决定性影响的重要变量，这也表明决定煤炭资源开发地区经济增长水平的不是煤炭资源的开发程度，即煤炭资源开发水平对这些地区经济增长的影响不大。

综上所述，我国煤炭资源地区的长期经济增长水平低于我国的平均水平，丰富的煤炭资源并未有效地带动这些地区经济的长期增长。而对煤炭资源开发地区内部而言,煤炭资源的开发对经济增长有一定的正作用,但是这种作用并不具有主导性影响。

## 第二节 煤炭资源开发地区长期经济增长相对滞后的原因分析

重新回到新古典的分析范式,煤炭资源的开发促进经济增长大致有两条路径:一是煤炭资源就地直接作为生产要素进入生产,使生产可能性边界扩张;另一种路径是通过直接向区域外输送煤炭获取收益,转化为其他产业的投资,从而促进经济增长。但从我国煤炭资源开发地区的经济增长绩效来看,无论是何种路径,均没有获得比较理想的效果。

第一种路径实际上涉及煤炭资源的深加工,其产业链的衍生往往是重化工业,需要有较高的技术水平和发达的经济实力,为其提供足够的技术、资金的支持和市场需求。而我国煤炭资源开发地区集中在中西部地区,即使少数在东部省份的,也是处于东部省份的西部边界,没有足够的技术水平和经济实力去实现深加工,即其资源禀赋结构难以与重化工业相匹配。而在计划经济时期,我国实行的是积极的赶超战略,煤炭资源开发地区由于其特殊的要素禀赋而被中央政府安排了更多的重化工业,1991年非资源城市的重工业比重为45.59%,而煤炭型城市的重工业化率则达到73.92%,形成了一种人为的背离比较优势的产业安排。这种产业安排一方面导致了生产处于生产可能性边界之内;另一方面为了使得这样一种在自发状态下难以形成的产业安排成为现实,国家和政府依靠计划机制强力介入,通过扭曲宏、微观经济环境,形成一套僵化的体制。而我国1978年以来经济的快速增长很大程度上依靠计划经济向市场经济的体制转型和从背离比较优势的产业结构向符合比较优势的产业结构转型,而煤炭资源开发地区却因为在产业结构的畸形上积重难返,经济增长受阻,这可以归结为发展政策错误。蔡昉、吴要武(2005)在对资源丰富地区落后原因的分析中进行了少见的计量分析,验证了过高的重工业化程度是导致资源型城市(包括煤炭资源型城市)经济增长滞后的重要原因。

但是从实际情况来看,我国煤炭资源开发地区仍以第二种路径为主,即直接向区域外输送煤炭资源(包括焦炭、电力等初级产品)来获取收益,特别是实行市场化取向的改革以来,这一现象更为普遍。显然这并没有违背比较优势,但为什么这些地区不能在这一路径上获得经济增长呢?实际上这一路径分为两步:一是开发、输出资源并从中获利,这一过程实质上是这种收益在各类经济主体间的配置问题,涉及煤炭资源的定价机制和开发管理机制。如果这些机制有利于煤炭资源开发地区获得更多的收益并尽可能地降低负面影响,则将会为煤炭资源开发地区获得更多的投资提供前提条件。二是将煤炭收益转化为各类产业投资,促进经济增长,这实际上就取决于煤炭资源开发地区的投资环境,包括产业环境、自然条件、基础设施等硬环境和政府管理水平、民众的思维观念等软环境。若这一地区的投资环境不好,无法将资源收益有效地转化为投资,则依然难以促进本地区经济的增长。这一看法我们实际上可以从近几年来煤炭资源开发地区的经济增长状况来加以佐证。从表2-2不难看出,煤价的上涨的确有助于煤炭资源开发地区经济增长速度的提高,但是这种经济增长的红火程度和煤炭市场的红火程度却相去甚远,而且东部煤炭资源开发地区尽管在煤炭工业产值和煤炭产量上并不具有优势,但是却在这一轮煤价上涨中获益最多,原因在于其自然条件、地理位置、人文环境等投资环境较好,能将这种资源收益转化为本地投资;而中、西部地区就缺乏这样一种环境,导致这种收益流向外地投资、消费,如近年来关于山西煤炭富豪的奢侈消费的报道颇多。

路径二是我国煤炭资源开发地区普遍的选择,因此很有必要就此展开详细的论述,下面就煤炭资源产权安排、定价机制、财税政策安排、产业环境、自然条件、基础设施、人民的思维观念展开分析。

## 一、我国的资源产权安排决定了煤炭资源开发地区从煤炭开发中获益较少

煤炭资源开发地区作为我国经济发展的重要组成部分,其发展的程度直接影响到我国整体的发展水平。这些地区大多是依靠煤炭开发而建立起来的,对地区范围内的资源具有特殊的依赖性。因此,煤炭资源产权如何安排直接影响到煤炭资源开发地区的经济发展。总的来说,我国资源产权安排经历了三个主要阶段:

第一阶段:(新中国成立初期—20世纪70年代末)

资源及其产权安排是一国经济增长与发展的重要影响因素,对于20世纪50年代的中国,资源产权安排则具有更为特殊的意义。新中国成立初期,经过土地改革、收归国有等公有化产权变动的操作,资源的公有产权制度最终得到确立,国家所有权成为我国资源公有产权的主导形式。新中国第一部宪法规定"矿藏、水流,由法律规定为国有的森林、荒地和其他资源,都属于全民所有"。显然,资源的国有产权从我国资源产权安排的一开始就具有无限排他的地位。因而在大部分情况下,资源成为国家所有。根据宪法规定,全民所有制就是国家所有,据此,政府代表或代理国家支配了我国大部分资源。在这些资源丰富的地区开始建立发展基地,设立开采和生产企业,其中绝大多数企业性质无疑也成为全民所有(国家所有),成为中央企业,而其他性质比如集体所有制企业(地方企业)由于没有法律规定来确权,因此所占比例相当小,发展空间有限。

国有资源企业成为我国资源开发利用的主力军,占有了大部分赋存条件好的资源。但是企业的生产与经营活动全部由政府安排、包揽,企业

的宗旨就是完成上级下达的生产指标与任务,特别是国家统配物品和利润的上缴。此时国有资源企业既不是资源产权主体,也没有独立的投资产权人格,与其生产物品一样都成为统配物,这种统配方式直接破坏了产权追逐经济效率的动力结构,也使资源行政管理无效率与低效率成为常态。

除此之外,由于这个时期的生产资料公有性质不可变,资源就成为禁止流通物,资源产品也成为限制流通物,资源作为基础性生产资料被排除在商品交换之外。没有了交易与流通,资源的价值与效率也就无从谈起,初始界定的资源产权已经排除和否认了资源的价值与效率,从而使资源无价,资源产品低价成为长期困扰地区经济增长与发展的障碍。

第二阶段:(20世纪80年代—90年代中期)

进入20世纪80年代,我国资源产权制度才正式进入创设阶段。此间我国颁布了一批规范资源产权的法律与法规,如《宪法》第9条和第10条共6款(1982),《民法通则》第80条、第81条、第83条共7款(1986),《矿产资源法》(1986),此外还有大量行政法规、地方法规和行政规章。这些法律、法规和规章正式安排了我国资源产权制度。

根据这些法律安排,我国资源产权制度具有两大明显的特征:

第一,我国资源法律制度规定的所有权主体只有国家和集体。现行《宪法》规定:"矿藏、水流、森林、山岭、草原、荒地、滩涂等资源,都属于国家所有,即全民所有;由法律规定属于集体所有的森林和山岭、草原、荒地除外。"基于所有权是所有制的法律表现的认识,仍然把资源的所有权确认为资源的公有权。与五四宪法不同的是,明确安排了资源所有权的二元结构,在我国宪法上第一次正面规定了资源的集体所有权,但还是突出了以国有资源所有权为主的精神。

这种所有制结构决定了煤炭资源开发地区必然会出现中央企业、地方国有企业、集体企业和少量的民营企业(挂靠在集体企业下)。几种企业形态中国有企业在企业总数中占绝对份额,集体企业成为名副其实的"准国有企业"。新中国成立初期,中央为了加强对地方经济活动的领导,建立了许多部门,实行条块分割管理,绝大部分国有企业归中央各部门领导,地方政府手中的企业不多。虽然在1957年和1970年中央两次将一些中央企业下放给地方,但是由于当时的政治和历史原因被陆续收回。地方政府在以往中央和地方关系调整中一直处于被动和从属的地位,但是通过两次下放和经济发展中的地方政府投资,地方政府毕竟拥有了一些地方企业。地方企业隶属于地方政府,其产值、产品、就业、利润属于地方,特别是在企业上缴利润是国家财政收入主要形式时期,地方企业上缴利润往往是地方财政收入的重要来源。

20世纪80年代初期,为了让地方政府在地方经济管理中发挥更大的作用,让企业成为一个独立的经济实体,中央对地方政府和一部分中央企业放权让利。这次放权使得地方政府成为独立的利益主体,获得了对地方性经济资源以及经济决策的控制权,中央逐步下放的计划、财政、投资等权限更是使地方政府获得了前所未有的发展地区经济和谋取地区利益的机会和权力。但是由于缺乏对地方政府权力的约束,地方政府主体资格的确认必将会导致其权力的扩张,使地方政府为了维护地区的利益而作出理性经济人的选择,其行为取向必然是趋利避害,与中央政府和其他地方政府之间发生博弈行为。结果导致中央推行的地区产业目标大打折扣,地方政府的我行我素和地区利益成为中央产业发展的障碍。

第二,资源产权不可交易的规定也影响到资源型地区经济的发展。因为资源产权不可交易较大程度上影响了其他经济形态企业的出现,使得资源还是控制在大量的国有企业手中。况且当时企业虽然说是有一部分权力下放,但是整体来说还是政企不分,产权界定不清楚,这样经济效率就成为一个问题。宪法对资源所有权主体资格的规定与限制,使其他主体无法进入,没有多元所有权主体的参与,资源的不可交易也就成为现实。因此,所有权主体的二元结构决定了我国的资源不可能进入市场,即使有可能进入,也是残缺和不完全的,这也正是我国资源市场无法发育的根本原因。排斥了交易,使用也就失去了价值,使用的不经济性也就成为必然。现行《宪法》规定:"国家所有的矿藏、水流,国家所有的和法律规定属于集体所有的林地、山岭、草原、荒地、滩涂不得买卖、出租、抵押或者以其他形式非法转让。"有的单行资源法律还专门规定了惩罚资源交易的条款。资源的交易行为的违法性与应受惩罚性是显而易见的,这样在市场经济发展的道路上等于是设置了障碍,不仅使资源地区没有发展的动力,而且破坏了市场经济运作的规则。

第三阶段:(20世纪90年代中期至今)

《矿产资源法》的修正标志着我国资源法律制度变迁又开始启动,突出表现在产权交易规则的法律安排上。《矿产资源法》(1996)安排了探矿权、采矿权交易制度,成为我国资源法律制度变迁的信号。

资源产权可交易的规定意味着即将打破第二次产权制度决定的二元经济结构,对资源型地区产权安排以及所有制结构也会产生影响。资源型地区打破了国有经济、集体经济所组成的单一公有制的所有制结构,转变为包括国有经济、集体经济、个体经济、外资经济和股份制经济等经济形态构成的多元所有制结构,其中国有经济仍居主体地位。一个地区产权交易难易程度以及交易费用的高低直接决定着地区经济发展的速度和水平。产权交易越发达,地区经济也就越发达。理论上来讲,法律规定了我国资源产权的可交易行为对于资源型地区的发展是非常有利的外部条件,但是由于我国大部分资源型地区国有经济所占比重仍然较大,存在着国有经济形态共有的一些弊端,造成了产权交易市场的不发达,最终导致了地区的国有经济重组困难、活力不足、效益低下,直接影响地区的经济发展。

## 二、长期以来我国煤炭价格十分低廉

### (一)我国煤炭价格过低的主要表现

考察煤炭价格变化不仅要分析煤炭绝对价格水平和相对价格体系(或叫比价),还要分析煤矿出矿价格与用户实际支付价格关系,更要分析一定时期内煤炭价格与相关产品价格变动幅度。

**1. 绝对价格水平低**

新中国成立初期,国民经济遭受战争严重破坏,煤炭需求量较低,加上煤矿技术装备落后,主要靠廉价劳动力生产,成本很低。国家根据当时的煤炭生产成本和市场情况确定的煤炭计划价格,是十分低廉的。后来,煤炭价格虽经多次调整,价格水平也在逐步上升,但同煤炭成本变动相比,上升的幅度还是很低的。1992年国家放开煤价的同时又对电煤实行政府指导价,煤炭价格实际上是放而不开,价格水平一直很低,甚至有多次不能抵补生产费用,造成大面积或全行业亏损。从1981年到2002年(其中只有1981年是微利的,当年利润仅有866万元)的22年间,有21年国有重点煤矿整体亏损,且亏损额不断增加,最高年亏损额达到59.41亿元。按照平均利税率计算的价格扭曲率,这一时期内的煤炭价格属于严重偏低的。新中国成立以来,历年煤炭价格和生产成本变化情况见表2-4。

**表2-4 国有重点煤矿历年生产成本和销售价格** (单位:元/吨)

| 年份 | 平均原煤生产成本 | 平均销售价格 | 备注 |
|------|------|------|------|
| 1953 | 9.72 | 11.00 | |
| 1960 | 9.26 | | |
| 1965 | 15.78 | 17.68 | |
| 1970 | 13.49 | | |
| 1975 | 15.86 | 16.48 | |

| 1980 | 20.05 | 21.33 | |
|---|---|---|---|
| 1985 | 29.33 | 26.05 | |
| 1990 | 58.60 | 43.85 | |
| 1991 | 64.87 | 58.45 | 价格为估算数 |
| 1992 | 74.70 | 90.67 | 价格为估算数 |
| 1993 | 95.50 | 105.42 | 价格为估算数 |
| 1994 | 101.35 | 108.94 | 价格为估算数 |
| 1995 | 107.03 | 115.00 | 价格为估算数 |
| 1996 | 112.31 | 125.00 | 价格为估算数 |
| 1997 | 108.57 | 166.6 | |
| 1998 | 110.82 | 160.20 | |
| 1999 | 103.80 | 143.98 | |
| 2000 | 101.54 | 140.19 | |
| 2001 | 110.71 | 150.99 | |
| 2002 | 121.37 | 167.81 | |
| 2003 | 123.87 | 173.81 | |

资料来源：濮洪九、陆延昌、路耀华、周小谦《中国电力与煤炭》，煤炭工业出版社2004年版，第243—244页。

**2. 比价不合理**

市场经济主要是通过价格信号配置资源的，而这种价格信号主要是指相对价格（或比价）。从能源比价看，世界上普遍存在煤炭价格偏低的现象。我国能源市场煤炭价格偏低的现象比较突出。据测算，2002年我国煤炭、汽油、液化天然气和电力终端销售价格比例关系为7：49：37：100。再从电煤采购成本和电力售价比例关系看，我国煤炭价格也是偏低的。2002年，美国电煤平均进厂价格是3.57美分/kW·h，平均终端电价为7.02美分/kW·h，电煤价格是电价的50%。据测算，同期我国平均终端电价为59分人民币/kW·h，电煤平均进厂价格是12分人民币/kW·h，电煤价格只是电价的20%。两者的差距十分明显。

3. 出矿价格与到厂价格存在较大差距

煤炭价格通常包括出矿价格、中间价格（港口价格）和到厂价格。煤矿计算效益的价格是出矿价格。我国煤炭销售中间环节比较多，目前销售中间环节费用上涨幅度大，煤矿实际获得的价格上涨收益很少。以山西大同到浙江电厂煤炭价格为例，2004年6月份计划内煤炭出矿价格为169.20元/吨，比1997年的163.84元/吨上涨5.36元，涨幅3.3%；实际到港价高达373.90元/吨。其中，流通费用204.70元，占煤炭到港价格的55.75%。上述价格还不包括用户提货费用，如果是计划外煤炭，价格则更高。

4. 煤炭价格上涨低于其他生产资料的上升幅度

随着市场经济的发展，我国工业品出厂价格（电力价格等除外）几乎全部由市场决定。生产资料价格由市场决定，在这种情况下占煤炭消费总量一半以上的电煤，政府指导价却长期低于市场价格。

据国家统计局资料显示，能源产品中煤炭价格上涨幅度低于其他能源产品价格上涨幅度。2004年5月，中国煤炭工业协会对部分企业煤炭与所用生产资料价格上涨情况做了一次调查。以华东地区为例，商品煤综合售价由1997年的211.42元/吨增加到2004年4月的238.93元/吨，增幅为13.01%。但电力综合价格由1997年的0.312元/度上涨到2004年4月的0.5元/度，增幅为60%。钢材平均价格由1997年2 819元/吨增加到2003年的3 361元/吨，增幅为19.23%。汽油由1997年的2 230元/吨上涨到2003年的4 100元/吨，增幅为79.82%。以上数据表明，煤价涨幅大大低于主要外购原材料和电力价格的涨幅，煤炭企业收益大幅度下降。[①]

这样，长期以来，我国煤炭资源开发地区廉价向加工地调出能源、原

---

[①] 濮洪九："完善煤炭价格形成机制，促进煤炭工业可持续发展"，载《煤炭企业管理》2005年第4期。

材料和初级产品,因价格不合理而转移了大量的价值。对黑龙江省的鹤岗矿业集团1995—1999年的电煤与市场煤的价差进行粗略推算,该矿业集团在这一时期因电煤与市场煤的价差就导致价值流失近5亿元。[①] 煤炭资源开发地区利益大量外流,造成地区财政积累和公共物品供给不足,资源型地区缺乏自我发展的能力,而加工地向煤炭资源开发地区高价返销制成品,从而加剧了区域利益的扭曲,扩大了区域经济发展不平衡,造成了煤炭资源开发地区的双重利益损失。

(二)我国煤炭价格偏低的根本原因

1. 煤炭价格形成机制不合理,价格与价值严重背离

我国煤炭价格形成机制按照时间顺序大体分为两个阶段:

第一个阶段(新中国成立到1985年前后):国家制定煤炭价格,价格单轨制。新中国成立初期,国家为保证市场稳定,采取了煤炭低价政策,这在当时是十分必要的。随着经济的发展、煤矿开采规模和机械化水平的提高、职工劳动保护条件和待遇的改善以及资源条件的变化,煤炭生产成本相应增加,全行业出现亏损,迫切需要调整提高煤炭价格。但由于煤价"牵一发而动全身",国家对煤炭价格调整采取了慎之又慎的态度。这期间国家五次调整煤价,都是微调,一直没有从根本上考虑煤炭价值补偿和市场决定价格问题。结果是经过调价,价格失衡问题有所缓解,但很快出现价格复归和更大的价格矛盾。这一时期的煤炭价格既不反映价值,也不反映供求关系。

第二个阶段(1985年前后至今):国家控制大部分煤价,价格双轨制。1985年前后,国家一方面支持小煤矿发展,小煤矿价格开始随行就市;另一方面对国有煤矿进行总承包,允许煤矿超产和对超产煤进行加价。开始对煤炭价格实行松动政策。

---

① 王青云:《资源型城市经济转型研究》,中国经济出版社2003年版,第62页。

1993年以后国家逐步放开煤价,到2002年决定全部放开电煤价格,历时10年。这一时期电煤仍然执行的是政府指导价,煤炭价格实际上放而未开。即使是政府决定全部放开电煤价格后,重点合同电煤价格与市场煤价格的差距仍非常大,当年全国电煤平均价格比市场煤低40—70元。

2004年以来,全国煤电油运继续全面紧张,2004年6月中旬,国务院针对煤炭供需形势决定,"电价调整后,电煤价格不分重点合同内外,均由供需双方协商确定",表明了政府彻底放开电煤价格的决心。但由于历史的惯性,部分地方政府的干预和发电企业集中采购的优势,目前真正意义上的相互协商确定煤炭价格的机制并未形成,电煤与市场煤价格、计划内与计划外、省内与省外三种价格差距依然较大。截止到2004年9月末,国有大型煤炭企业(原中央财政煤炭企业)电煤平均价格为155.59元/吨,比当期商品煤平均售价198.54元低了42.95元。

2. 多年形成的煤炭成本核算框架不科学,成本不能真实全面地反映煤炭在生产过程中的实际耗费

价格是商品价值的表现形式。价格制定的依据就是商品的价值,而商品的价值是通过社会平均成本来反映的。不完整、不真实的成本不能反映商品价值,也不可能产生合理的商品价格。目前我国煤炭行业的成本核算框架仍带有浓厚的计划经济色彩。其主要表现是煤炭成本核算项目不完整,成本项目核算系数规定得过死。

一是煤炭成本和价格不反映资源成本。煤矿发展是有其自身发展规律的。开办煤矿必须有可靠资源。建矿前必须对资源进行一系列的普查、详查和精查。计划经济时期国家包揽了煤炭所有的地质勘察工作,煤矿只要在指定的地点建井就行了。实行市场经济以后,企业新建矿井不仅需要出资取得探矿权、购买采矿权,并且还需要依靠自己投资对资源进行进一步精查,才能进行矿井设计和施工。这些为获取资源的支出和勘

察前期费用需要通过成本核算进行补偿。因此,在煤炭价格构成中,首先必须包括绝对地租性质的资源补偿费(矿权)。这部分价格构成在整个价格中的比重大小取决于煤炭资源的有限性和替代能源的生产成本等各种因素。

二是煤炭成本和价格不反映煤矿退出成本和费用。煤炭是不可再生的资源。所有的煤矿都会因资源枯竭而关闭退出。煤矿关闭前,企业需要大量资金用于转产和人员安置,而目前企业不能预先提取这些费用计入成本,所需资金没有来源。前几年,国家不得不动用大量财力,对资源枯竭和扭亏无望的原国有重点煤矿进行政策性破产。今后随着市场经济体制的不断完善,这项政策将逐步淡出,煤炭企业必须积累这部分退出转产资金。同时煤炭企业要继续生存,必须建设新的矿井,开发新的接续资源,需要大量投入,同样这些费用必须在成本中得到补偿,并包含在煤炭价格中。而在现行核算框架下,这些费用不能预提,不能计入成本项目,所需资金没有来源。

三是煤炭成本核算项目系数规定得过死。煤炭成本是煤炭生产实际耗费的反映。按照市场经济要求,生产过程的投入是企业自主经营的基本内容,投入多少应由企业根据实际需要自主决定。煤矿开采条件差异较大,不同企业所采用的开采技术、设备和人员投入不同,从而导致不同企业的煤炭产品成本也不尽相同。因此,要求企业成本核算必须如实反映其生产过程中的实际支出,不应强制规定一些核算项目系数,这是现代会计核算的基本要求。但实际上煤矿固定资产折旧、维简费和沉陷治理费用提取标准是国家统一规定的。尽管在规定中也考虑了不同矿井开采条件的差异性,分类别地制定了标准,但与实际需要仍有较大差距。比如,现行煤矿采煤沉陷资金提取标准过低,根本满足不了需要,欠账越积越多,沉陷区房屋建筑搬迁问题越来越多,引发了一些严重的社会问题,国家不得不拿出大量资金补还欠账。

## 三、现行的税制政策极不合理,地方利益得不到保障

我国的煤炭城市大多是计划经济体制的产物,在体制的束缚下,煤炭资源开发地区的功能就是为国家提供产品及初加工产品,扮演着煤炭资源供应基地的角色。国家在短期内集中大量的人力、物力与财力,迅速注入煤炭资源地区,从而在短时间内获得大量的煤炭资源用于国民经济的发展。煤炭资源开发地区的煤炭企业大多为中央及省属企业,在计划经济时期,中央对企业从原材料到产品销售实行了高度集中的计划控制,企业的利润大多上缴中央,这虽然一定程度上保证了国家财富的积累以及集中财力办大事,但对煤炭资源开发地区来说是一笔巨大的欠账。

即使到了改革开放的初期,煤炭企业的产品税、所得税也大部分上缴中央财政或省(区)财政,而企业所在地区仅能够得到数量较少的城市维护建设税。但1985年开始征收的城市维护建设税又存在许多问题:由于其规模过小,不能满足城市建设基本需要;产业结构不同的城市,城建资金多少不均;城建资金的负担与城市设施的受益脱节等。因此,1994年财税体制改革以前,由于税收政策的原因,煤炭城市综合效益较差。实行新的财税体制[①]以后,加上大部分的煤炭企业下放地方,按理说,煤炭资源开发地区的财政状况应有所好转。但进入市场经济后,大型国有企业的弊端在煤炭企业中无一例外地暴露出来,表现为经营机制僵化、冗员问题突出、历史社会包袱沉重、企业亏损增加,特别是一些面临衰老的矿区,由于缺乏可以接替的产业,其经济状况就更为困难。在这种情况下,实际上企业的问题就成了地区的最大问题,许多煤炭资源开发地区的财政状

---

① 1994年,国家开始实行分税制,主要理顺了中央与地方的分配关系,划分了地方税、中央税、共享税三种税收,中央主要征收增值税,中央与地方共享税中,实行五五分成(民族地区二八分成),这使中央和地方具有相互独立的税收体系。

况恶化,从而直接造成了煤炭资源开发地区的自我发展能力严重不足。

同时,现行的税收政策使得我国的煤炭企业税负过重。1994年税制改革建立了以增值税为主体税种的流转税制,增值税以其有效排除重复征税、实现税负公平的特点,被市场经济国家普遍采用。增值税按照对纳税人购入固定资产所纳的税金在计算应纳税额时是否和如何扣除的不同,划分为三种类型:允许全部扣除购入固定资产已纳税金的为消费型增值税,只允许扣除当期所提折旧部分已纳税金的为收入型增值税,不允许扣除固定资产已纳税金的为生产型增值税。从世界范围看,目前实行增值税的大多数国家实行消费型增值税,只有少数国家实行生产型和收入型增值税。我国现行增值税属于生产型增值税,不允许扣除固定资产已纳税金。资源开发企业在生产过程中先后有两种生产活动,即"开"和"采",在"开"时,需要大量物质消耗,在总消耗中占有很高的比重,但按现行规定,勘探和开发属于固定资产投资活动,增值税负得不到抵扣,而增值税负可以抵扣的原材料等中间物品消耗比重相对较小,这加重了煤炭企业的整体税负。据调查,1994年国家税制改革,煤炭产品税改为增值税后,企业综合税负较税改前的1993年增加了1.5倍。其中,1994—2000年煤炭增值税平均实际税率为9.39%,同1993年度相比,增加了5.88个百分点,增幅为174.36%。从原中央财政煤炭企业看,1994—2000年纳税额平均每年增加了52亿元左右,是国家年平均财政补贴额和增值税返还(27.1亿元)的1.92倍。随着煤炭销量和收入的增加,增值税税负不断提高。2001年,增值税实际税率9.98%,增加了6.47个百分点(按国家统计局数据计算,增加了6.27个百分点,增幅为169.23%,两者数据十分接近),增幅为184.33%。当年规模以上煤炭企业的煤炭产品销售收入1 912亿元,以此为基数计算,全行业当年多缴增值税100多亿元。按企业可支配财力计算,以1994年、1996年、1997年三年为例,煤炭企业平均税收负担为28.28%,比1993年增加了13.29%,增幅为

89%。与其他行业相比,煤炭企业增值税税负增幅最大,负担最重。根据国家统计局统计资料显示,1994年国家税制改革以后,工业企业总的税负水平变动不大。① 以2001年为例,国有及国有控股企业流转税综合税率比1993年增加了1个百分点,增幅为13.81%。按行业划分,化学工业、黑色金属冶炼及压延加工业和有色金属冶炼及压延加工业的流转税税率分别下降26.18%、27.10%和10.4%,普通机械加工业和化工、电力蒸汽热水生产工业的税率上升幅度不大或基本保持税改前的水平,只有煤炭采选业幅度较大,税率增加了6.27个百分点,增幅高达169.23%。见表2-5。

表2-5 2001年分行业工业企业增值税负担对比表 （单位:%）

|  | 1993年税收负担 | 2001年税收负担 |  | 2001年与1993年税收负担比较 |  |
|---|---|---|---|---|---|
|  |  | 综合税率 | 其中:增值税 | 税率增加或减少 | 增幅或减幅 |
| 国有及国有控股企业 | 7.33 | 8.23 | 5.42 | 1.00 | 13.81 |
| 按行业分 |  |  |  |  |  |
| 煤炭采选业 | 3.71 | 9.98 | 8.61 | 6.27 | 169.23 |
| 纺织业 | 3.70 | 4.51 | 4.13 | 0.81 | 21.87 |
| 化学原料及制品制造业 | 6.75 | 4.98 | 0.40 | −1.77 | −26.18 |
| 黑色金属冶炼及压延加工业 | 8.57 | 6.25 | 5.64 | −2.32 | −27.10 |
| 有色金属冶炼及压延加工业 | 5.71 | 5.12 | 4.67 | −0.59 | −10.40 |
| 普通机械制造业 | 4.21 | 5.11 | 4.69 | 0.90 | 21.29 |
| 电力、蒸汽、热水生产供应业 | 8.15 | 7.80 | 7.17 | −0.35 | −4.27 |

资料来源:根据《中国统计年鉴》1994、2002年数据整理所得。

① 中国煤炭工业协会编著:《中国煤炭经济研究(2001—2004)》(上册),煤炭工业出版社2005年版,第259页。

另外，国有大中型煤炭企业是煤炭资源开发地区经济的主体，也是地区财政收入的主要来源，但这些企业相当部分是中央直属或省属企业，所得税上缴中央财政或省级财政，对地方财政贡献少。这造成以中央直属和省属企业为经济主体的资源型城市企业所得税大量外流，地方财政受到很大的影响。以秦晋蒙能源金三角地区为例，目前秦晋蒙三角地区中央大型煤炭企业的税收三大主要板块为增值税、资源税和企业所得税。增值税部分，中央、市、县级次分配比例为75∶12.5∶12.5；2003年神东公司、神朔公司在陕西神木县境内实现增值税6.2亿元，但按照级次比例分配后留到神木县的部分只有0.77亿元，占神木县财政总收入的不足1/8。企业所得税这一大板块，2003年神东公司、神朔公司在神木县境内仅生产环节的利润就达10个亿之多，按企业所得税率为33%计算，神木县每年应得3个亿，但因现行财税体制原因（所得税按中央和省级政府6∶4的比例分成），神木县实际上一分也得不到。对煤电一体化项目，其电厂和配套煤矿作为一个项目核算，煤矿部分的资源税、煤管费等项税费变成空白，而按输出电量计征的增值税和企业所得税部分由于陕西省财税体制改革，县级地方收入近乎零。①

## 四、我国大多数煤炭企业资源回采率极低

据测算，我国目前煤炭资源回采率平均仅为30%，乡镇煤矿仅为10%，共生、伴生矿的利用率只有20%左右，矿产总回收率只有30%，而国外先进水平都在50%以上。② 山西、陕西、内蒙古、宁夏和新疆是我国最重要的煤炭产区。在这些地区，大型煤矿和中小型煤矿都不同程度地

---

① 郝亚雄：“合理开发秦晋蒙能源金三角的思考”，榆林市统计局网站 http://www.xiangyue.net.cn/yltongji/index.asp。

② 朱志刚：“稳步实施资源价格改革，推动增长方式根本转变”，载《经济日报》2005年11月14日。

存在浪费现象。一些大型煤矿由于设备选型不合理,存在严重的厚度损失。同煤集团在开采5米厚的煤层时,采用的是3.5米的支架,导致顶煤丢失。新疆一些煤层的平均厚度有五六十米,而这里矿山企业采用的综采支架一般是4.8米高,在目前煤炭价格高、供不应求的情况下,许多矿山为了尽快把煤炭资源兑换成现金,不论煤层有多厚,统统用这样的设备从中间开采一趟。这种"吃菜心"式的开采方式,导致一些矿区无法进行复采,浪费了大量资源。在鄂尔多斯,许多十多米厚的煤层大都是以这种"吃菜心"式的方式开采。河南平顶山市一位个体矿主曾多次到鄂尔多斯市寻找商机。他说:"那里的小煤矿回采率太低了,就是采过的矿井,让我们河南人再去采,至少还能捡回一个矿。"①

矿山的储量是一定的,多采就可以多赚钱,那为什么矿山企业白白浪费掉一大部分资源？原因其实很简单,我国煤炭资源的配置采取双轨制:一种是国家无偿划拨,另一种是象征性地缴纳一点资源费。矿山企业对资源的无偿或者低成本占有,导致企业缺乏节约利用资源的意识和运行机制。尤其是近几年煤炭价格大幅度上涨,一些矿山企业采易弃难,采厚弃薄,以拼耗资源为代价换取一时的高额利润。一些小煤矿采用发包形式将井下的煤炭生产分包给包工头,自己只负责对煤矿的安全生产情况进行监督。在山西的一些小煤矿,井口出一吨煤,矿主付给包工头32元。守候在井口的矿主并不关心回采率,只关心出煤的速度。反正这儿挖完了,可以再到别处挖,包工头根本不可能去投资购买先进设备或聘请技术人员。更有甚者,一些煤炭企业连一些关于回采率的基本概念都分不清楚。

煤炭资源的开采率极低,导致煤炭资源开发地区浪费了大量的资源,

---

① 李响:"中国煤炭资源开采状况令人堪忧",载《中国国土资源报》2005年9月8日。

资源的优化配置就成为一句空话,因此许多地区的煤炭资源开发并未带动地区经济的发展。

## 五、煤炭资源开发地区自然环境恶劣,导致资本大量外流

我国大多数煤炭资源开发地区分布在经济欠发达的中西部,不少城市如鹤岗、大同、东胜等深处内陆或边远的荒漠地区。这种区位条件对煤炭资源开发地区的发展是很不利的。以晋陕蒙接壤区为例来分析。

晋陕蒙接壤区是我国一个煤炭资源极度丰富、经济发展水平极度低下、亟待开发的具有重要战略意义的特殊地区。但严酷的自然条件和严峻的环境现状使得本地投资者和外来投资者望而却步,严重制约着当地煤炭资源的开发利用。

### 1. 气候

本区气候表现出稳定性差的过渡地带气候特征。一旦外界环境要素,尤其是气候要素有波动,就会导致整个地区生态环境出现跃变。其中降水方面的波动对全区环境影响最大。全区年降水总量相对变率为17.8—30.1,平均为24.9。此外年内降水变率也高,主要集中于夏季。降水量年际变化的波动显著,导致本区干湿波动明显。

由于气候条件属干旱、半干旱地区,土壤缺少有效水分,且刚好位于三大风口通经之地的毛乌素沙漠和库布齐沙漠的包围地带,风大沙多,年平均风速2—3.6米/秒,大风日数10—35日,最多可达95日,尘暴日数7—26日,最多达72日。

### 2. 风蚀水蚀地貌交错,地表物质松散

区内沙地广大,黄土区地形破碎,沟壑纵横,地表物质疏松。区内地表物质主要由沙、沙黄土、黄土组成,易蚀性强,抗蚀力弱,加之此地气候具有干旱频繁、风大、多发暴雨的特点,形成了强度风蚀、沙化和流水侵蚀过程,造成全区土地的迅速退化。

3. 稀疏脆弱的植被

由于长期受人为活动影响,区内自然植被类型减少,仅有少部分地区尚有保存。自然植被处于演替的较早期阶段,其特点是覆盖率低,一二年生草本层片较发育,这些植被根系浅,冬春期间得以保存的状况差,对地表保护作用低,它的变化对本区强烈的风和水的侵蚀最为敏感。因此一旦遭到破坏,很难保持其自身的生态稳定性。

可以看出,自然条件的恶劣使得晋陕蒙接壤区出现先天性贫困,而煤炭资源的开采过程中,又很容易造成严重的地下水和地表水破坏、地面塌陷以及大气污染。这些因素叠加在一起,使得当地人民的生活环境更加恶劣,严重影响了人们的生活质量。其他煤炭资源开发地区也存在类似的情况。煤炭资源开发地区投资环境的恶化不仅难以吸引外部资金进入,也迫使本地投资者将资金转移至其他地区寻觅投资机会。为寻求舒适的生活空间和消费场所,煤炭资源开发地区一些富裕的人群将资金转移至环境较好和城市化水平较高的地区。据报道,每年仅房地产购买一项,山西省外流资金就在 100 亿元以上,这个数字对于经济落后的山西而言,绝对是一笔巨额财富。[①] 这就形成了一方面政府花大力气、高成本地从外面引资,另一方面本地富豪却不断地对外转移资金的奇特现象。与资本在当地的部门间转移相比而言,这种资本外流对当地经济增长的危害更大。

## 六、煤炭资源开发地区基础设施建设严重滞后

交通运输、城市化水平、邮电通信等,是反映一个地区社会经济发展水平的重要依据,可以从一个侧面反映出一个地区经济发展的水平。就我国中部和西部煤炭资源丰富地区来说,交通运输、通信设施等基础设施

---

① 陈默:"山西煤矿富翁的消费路径,一掷百亿购京沪豪宅",载《中国青年报》2004年7月16日。

建设的落后,严重制约着煤炭资源的开发、运输和深加工。看下面一组数据:目前,中国国内航空线网总长度为75.08万公里,按国土面积计算,国内航空线网密度为782.1公里/万平方公里;按人口计算的国内航空线网密度为5.2公里/万人。其中:东部地区每万平方公里为2 008公里,中部地区为721公里,西部地区为325公里。东、中、西部地区之比为6.18∶2.22∶1,东部地区为西部地区的6.18倍。1995年,中国铁路网干线总长54 630公里,平均每万平方公里56.9公里,按人口计算每万人平均0.45公里。其中:东部地区铁路网密度为每万平方公里202公里,每万人平均1.8公里;中部地区这两项指标分别为138公里和1.2公里;西部地区只分别为12.2公里和0.2公里,且约占整个国土1/3的范围内无一寸铁路。按国土面积衡量的铁路网密度,东、中、西部地区为16.56∶11.31∶1,东部地区是西部地区的16.56倍。到1996年底,全国公路总程已达118.6万公里,平均每平方公里国土内有0.124公里,而西部地区每平方公里不足0.02公里,东部地区已达0.56公里,东部是西部的28倍,西部只及全国平均数的1/6。从以上数据对比可以看出,西部地区总体交通状况呈严重落后状态,远远满足不了国民经济发展的需要。如,西部公路网虽然在大部分地区已初步建成,但路面等级低。特别是在西部很多煤炭资源丰富的地区目前还无铁路,亟待规划修建。加之西部地区密布崇山峻岭,增加了交通设施建设的成本。事实已经证明,交通运输不发达,严重影响了内陆地区经济的发展,一定程度上也影响了对外开发的速度。此外,广大西部地区的邮电通信事业也很落后。目前,中国城乡电话网点容量已突破1亿门,居世界前列,而且每年仍在以2 000万门的速度增长。全国平均每2.5户家庭就有一部电话,而西部地区平均每68户家庭才有一部电话,仅为全国平均数的1/27。基础设施、通信设备的严重落后,严重影响了煤炭资源开发对中西部地区经济发展的带动作用。

## 七、煤炭资源开发地区容易陷入产业低级化恶性循环的怪圈

新中国成立以来,我国的生产力有一个空前的发展。国家在计划生产的指导下,对资源地区开发与利用予以了充分的重视,从而使资源的开发和生产都得到了极大的发展。但煤炭资源型产业处于产业链条的上游,产品附加值低,利润率低,因而煤炭资源开发地区长期存在着利润流出的现象,这必然使煤炭资源开发地区的积累能力相对下降。煤炭的逐渐耗竭使地区生产成本呈上升趋势,这又会加剧煤炭资源开发地区积累能力的弱化。煤炭资源开发地区积累能力的相对下降使地区在市场中所处的地位低,创新能力弱,从而在市场分工中只能承担生产初级产品,形成地区对煤炭资源的强烈依赖,形成产业结构不断低级化的恶性循环,如图2-2所示。这一恶性循环形成了不利于煤炭资源收益转化为各类产业投资的产业环境。

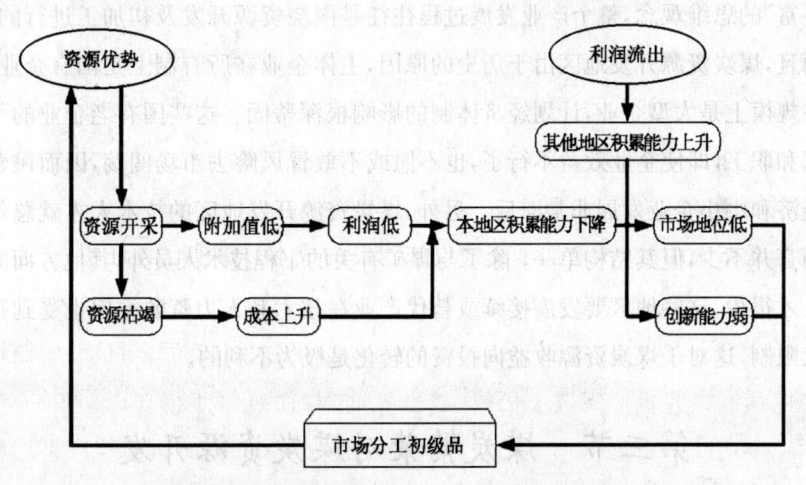

资料来源:张耀辉、路世昌等《衰退地区经济振兴战略》,中国计划出版社1999年版,第244页。

**图2-2 煤炭资源开发地区产业恶性循环**

## 八、煤炭资源开发地区人们普遍存在依赖思想

我国的煤炭资源开发地区长期在计划经济条件下运行,人们市场经济观念淡薄,与改革开放、发展社会主义市场经济的要求不相适应,封闭的思维方式和落后的思想观念,成为影响煤炭资源开发地区经济和社会发展的主要思想障碍。在传统的产业布局、经济体制和经济增长方式下,煤炭资源开发地区形成了依靠矿产资源、依靠传统产业、依靠现有市场的思维惯性。许多地方政府和企业经营者往往把开发项目局限在本地现有资源的范围内,缺乏对市场需求趋势的研究,"资源优势—优势产业—产品优势"成了一种思维定式。产业开发躺在资源的怀抱之中,经济发展单纯拘泥于资源开发领域,资源型经济被固化、定格。这种发展模式不仅使区域贸易条件趋于恶化,更重要的是使产业发展失去了对市场导向的反应能力,对新的、更具有需求弹性的市场机会反应迟钝、无能为力。在多数地区,普遍存在着"有煤可依"、"无矿不富"的思维观念,整个产业发展过程往往是围绕资源开发及初加工进行的。而且,煤炭资源开发地区由于历史的原因,主体企业在所有制上是国有企业,在规模上是大型企业,计划经济体制的影响根深蒂固。这些国有老企业的干部和职工,即使企业效益不行了,也不愿或不敢冒风险去市场闯荡,因而民营经济和中小企业发展非常滞后。另外,煤炭资源开发地区的技术人才就总量而言并不少,但其结构单一,除了与煤矿有关的工程技术人员外,其他方面的人才很少,这些地区要发展接续或替代产业在技术和人力资源方面也受到很大限制,这对于煤炭资源收益向投资的转化是极为不利的。

## 第三节 煤炭繁荣对煤炭资源开发地区的经济影响

进入21世纪以来,中国经历了向重工业化迈进的重要转折点,煤

炭需求急剧上升,但煤炭市场的供应却没有相应的增长,形成了有利于煤炭工业的供小于求的市场。其次,煤炭价格市场化程度的不断提高,在运行了十多年的煤炭价格双轨制后,电煤价格基本放开。最后,2000 年以来,我国原油价格开始与国际价格接轨,国际原油价格的持续上涨对我国能源的价格和消费结构形成了一定的冲击。作为石油的非完全替代品,煤炭的价格和需求量随着国际石油价格的走高而提高。因此,我国的煤炭工业进入了前所未有的繁荣期。从图 2-3 可见,2001 年以来我国煤炭工业价格指数连续 5 年远高于消费价格指数,原煤产量从 11.06 吨增加到 21.51 吨,行业资本利润率从 0.98% 增加到 6.5%。

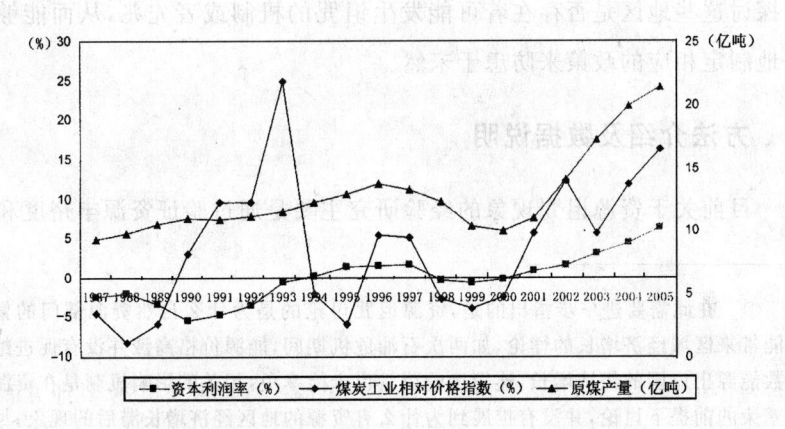

注:煤炭工业相对价格指数=煤炭工业价格指数(以上一年为100)— CPI(以上一年为100)。
数据来源:原煤产量来自《中国煤炭工业统计年报 2006》,煤炭工业资本利润率根据历年《中国工业经济统计年鉴》整理计算而得,煤炭工业相对价格指数根据"中经网"上的历年物价指数整理计算而得。

**图 2-3 我国煤炭行业的发展历程(1987—2005 年)**

长期以来,煤炭工业的不景气难以有效带动煤炭资源开发地区的经济增长,反而形成了僵化的体制结构、低级且没有优势的产业结构、脆弱的生态环境和对煤炭行业较强的依赖心理,带来了较高的改革成本和沉重的社会负担,煤炭资源开发地区的经济增长速度长期处于中下游水平。但是 2001 年以来,煤炭工业进入了长达 5 年的繁荣期且目前仍处于繁荣期;而且早在 1998 年,原国有重点煤矿下放到地方,2005 年地方国有和乡镇煤矿的产能占到 57%,地方政府对资源开发利益的索取更为方便。那么,这一轮的煤炭资源繁荣对我国煤炭资源开发地区在经济增长和经济结构等方面有什么冲击呢? 文献回顾中讨论的资源诅咒问题,强调资源繁荣并不能带动经济的可持续发展,反而造成经济的长期停滞甚至倒退,但我们很难利用目前的数据来证明中国煤炭资源开发地区是否发生了资源诅咒[①],而且这也不是本节所要做的,本节的重点是在影响的分析中探讨这些地区是否存在着可能发生诅咒的机制或者先兆,从而能够更好地制定相应的政策来防患于未然。

## 一、方法介绍及数据说明

目前关于资源诅咒现象的经验研究主要是通过验证资源丰裕度和经

---

① 在此需要进一步指出的是,资源诅咒讨论的是为什么自然资源部门的繁荣不能带来区域经济增长的悖论,如两次石油危机期间,能源价格高涨并没有促进绝大多数能源出口国的经济增长,连发达的荷兰也未能幸免,相关的影响机制是在资源部门繁荣的前提下讨论,并没有扩展到为什么有资源的地区经济增长滞后的现象,尽管前者的解释也适用于后者。而且,萨克斯和沃纳(1995)的实证研究的数据集也取自 1970—1989 年间,这段时期出现过一些重要自然资源部门的繁荣,且没有足够的证据表明贸易条件的恶化(Osmel and Rigobon,2001)。在改革开放到 2000 年的二十多年中,我国煤炭工业并没有经历资源繁荣,长期处于全行业的亏损之中,因此,关于中国煤炭资源开发地区是否存在资源诅咒的检验工作值得商榷;2000 年以前的中国煤炭资源开发地区经济增长的滞后,不适宜生搬硬套资源诅咒这一概念;自然,基于资源诅咒的机制也无法解释煤炭资源开发地区经济增长滞后的原因。但是,2001 年以来,中国的煤炭工业进入到了前所未有的繁荣期,这种繁荣却有可能通过一些机制导致在将来出现资源诅咒的现象。

济增长之间的关系,这也容易使人们在检验其他地区是否存在这一假说时忽视了资源繁荣这一前提。布莱克、麦金尼什和桑德斯(Black, McKinnish and Sanders,2005)在这方面做了开创性的工作,利用准实验(quasi-experiment)方法,将美国肯塔基州、宾州等地划分成煤炭资源丰富的处理组和煤炭资源稀缺的对照组,利用交互项引入煤炭繁荣期和衰退期,分析了煤炭资源繁荣与衰退对地区经济的影响:发现资源繁荣对地方性部门就业有适度的促进作用,但没有证据表明存在对制造业部门的挤出或促进效应。安格里斯特和库格勒(Angrist and Kugler,2005)利用类似的方法研究了可卡因种植业的繁荣对哥伦比亚的经济与社会的影响,发现资源繁荣提高了农村地区的自我雇用者的收入,对其他部门的溢出效应并不明显,同时提高了童工的劳动供给和引发了更多的暴力行为,这种影响可能会给这些地区的长期发展带来资源诅咒。关于中国的经验研究目前也仅限于资源充裕度和经济增长水平之间关系的度量(徐康宁、王剑,2006),但是,关于资源繁荣对地区经济的影响以及资源繁荣是否会带来资源诅咒的问题,并没有作过细致分析。本书试图根据资源繁荣可能导致资源诅咒的相关机制,基于可获取的数据集,利用准实验方法进行分析。

类似于布莱克、麦金尼什和桑德斯(2005)的工作,我们以地市行政区为空间单元,把煤炭资源开发地区作为处理组,把2004年煤炭产量在50万吨以下的地市作为参照组。

鉴于相关数据(如各地区分行业就业人数)的获得性,我们的分析时段是1997—2004年。根据导言所述和图2-3所示,在经历了短暂的微利期后,1997—2000年期间是整个煤炭工业的衰退期;自2001年以来,我国煤炭工业进入了繁荣期,这种繁荣对于煤炭资源开发地区而言,是一种外生冲击。在此,以2000年为界,2000年以后为煤炭资源繁荣期,2000年以前为煤炭资源萧条期。

我们选择面板数据模型来考察煤炭资源繁荣对煤炭资源开发地区的经济影响。鉴于采用的面板数据时间跨度较短但横截面主体较多,我们可以认为主体间差异主要表现在横截面之间,即体现在截距项上,而斜率系数为常数,具体形式如下:

$$y_{it} = a + u_i + \beta Coal_i \times Boom_t + \alpha Coal_i + \gamma Boom_t + \phi X_{it} + \varepsilon_{it}$$

$a+u_i$ 为截距项,截距项中的 $u_i$ 度量了个体间的差异。如果 $u_i$ 为确定数,则称模型(1)为固定影响模型;若 $u_i$ 随机扰动,则称(1)为随机影响模型;若 $u_i$ 不随个体而改变,则称(1)为混合回归模型,可以直接利用 OLS 回归估计。因此,在确定回归模型为哪种形式时,我们首先利用 BP 形式的 LMtest 来确定 OLS 和面板数据方法哪个更合适,然后用 Hausman test 来确定 FE 和 RE 哪个更合适(郭庆旺、贾俊雪,2005)。显然,$Coal_i$ 和 $Boom_t$ 对各地市而言是外生的,但控制变量 $X_{it}$ 中可能会存在一些内生性变量,我们将利用 Balestra and Varadharajan-Krishnakumar G2SLS 方法(Stata9.0)选择合适的回归模型形式进行估计。

本书中各地市煤炭产量数据来源于中国国家发改委编的《2005年全国煤矿核定生产能力》,各地市的人力资本数据来源于 2000 年的中国人口普查数据,其余与地市相关的指标来源于相应年份的《中国城市统计年鉴》。

## 二、回归结果及其说明

在测度煤炭繁荣对煤炭资源开发地区经济影响的经验分析中,我们重点考察:1.经济增长问题,煤炭繁荣是否促进了煤炭资源开发地区的经济增长(短期);2.煤炭繁荣对经济结构有何影响,尤其是对制造业是否产生排挤效应,即是否存在荷兰病的征兆;3.制度质量的问题,由于城市层面的制度质量方面的数据非常欠缺,本书主要利用外商直接投资(作为投资环境的测度)来衡量。

(一)煤炭繁荣与经济增长

表2-6的回归结果(1)显示 $\beta$ 为正,其通过显著性水平5%的检验,即表明煤炭繁荣可能促进了煤炭资源丰富地区的经济增长。为了检验这一结果的稳健性,我们在巴罗和萨拉—伊—马丁(Barro and Sala-I-Martin,1992)增长趋同模型的基础上,引入初始人均GDP($\ln y_0$)、投资增长率($Ginv$)、中西部两个虚拟变量与时期的交互项①。我们发现,投资增长率和经济增长率之间存在联立决定的可能,即引入投资增长率这一变量使计量模型产生了内生性的问题②。经过LM检验和Hausman检验,我们在两阶段最小二乘中先估算$Ginv$的模拟值,再代入回归方程中,在模型的设定中选择随机效应模型。回归结果见表2-6的结果(2),它表明:首先,$\beta$值虽然略小于结果(1),但是依然为正且通过显著性水平5%的检验,因此,可以确定煤炭繁荣提高了煤炭资源开发地区在这一时期的经济增长水平。

由于"煤炭繁荣"的变量是0和1的二元变量,因此回归结果(1)和回归结果(2)将煤炭资源开发地区作为一个同质性区域来对待。我们考虑煤炭产量对煤炭资源开发地区经济增长的影响。利用上文趋同模型作为计量分析框架(由于回归结果中中西部与时期的交互项无法通过显著性

---

① 本模型是两期的面板数据,分为煤炭萧条期和煤炭繁荣期,可用变量 Boom 区分,因此,本交互项为中、西部这两个虚拟变量分别与变量 Boom 的乘积。在此没有引入用受教育水平衡量的人力资本而注重物质资本变量,主要有以下两点原因:首先,我们选取的样本的回归结果中,人力资本变量没有通过10%显著性水平的检验(蔡昉等(2005)对这一现象作过论述);其次,本书的实证时间跨度较短,煤炭繁荣对教育水平的影响很难显现,而对物质资本投入的影响则可以立竿见影。

② 根据Huasman内生性检验的过程,首先考虑到物质资本投资率受到煤炭繁荣、初始GDP以及区位等外生因素的影响,对之作OLS回归,得到残差值 $v$,然后将 $v$ 放入式(1)做OLS,发现 $v$ 在10%水平上显著,因此,投资率的引入导致回归方程存在内生性,需选择2SLS。

表 2-6 煤炭繁荣对经济增长的影响

被解释变量:经济增长率($Ggdp$)

| 解释变量 | (1) | (2) | (3) |
| --- | --- | --- | --- |
| $Coal \times Boom$ | 0.132**(0.05) | 0.100**(0.05) | |
| $Coal$ | — | −0.008(0.04) | |
| $Boom$ | 0.246***(0.03) | 0.073**(0.04) | 0.031(0.08) |
| $\ln y_0$ | | 0.029(0.02) | −0.012(0.031) |
| $West \times Boom$ | | 0.137***(3.26) | |
| $Middle \times Boom$ | | 0.070**(0.04) | |
| $Ginv$ | | 0.974***(0.12) | 0.092***(0.02) |
| $\ln Coal$ | | | −0.035*(0.02) |
| $\ln Coal \times Boom$ | | | 0.089***(0.03) |
| 组内 $R^2$ | 0.52 | 0.58 | |
| 组间 $R^2$ | 0.22 | 0.38 | |
| Adj $R^2$ | 0.34 | 0.45 | 0.81 |
| LM test($P$ 值) | 4.39(0.032) | 4.24(0.034) | 0.23(0.628) |
| Hausman test($P$ 值) | 9.55(0.008) | −129.97 | 14.40(0.04) |
| 模型设定 | FE | IVRE(2SLS) | IV(2SLS) |
| Obs | 330 | 330 | 82 |

注:①括号中的数字为标准差;②\*\*\*、\*\*、\*分别表示显著性水平为1%、5%、10%;③样本区间是 1997—2000 年与 2001—2004 年;④在人均 GDP 增长率的计算中,由于缺乏城市层面的物价指数指标,而且年份跨度不大,本书的分析直接利用当年的国内生产总值。

水平的检验,故舍去),引入各地市的人均煤炭产量的对数($\ln Coal$)及其与繁荣期的交互项。从表 2-6 的回归结果(3)中可以发现,煤炭产量对煤炭资源开发地区的经济增长有较大的影响。在控制了繁荣期煤炭产量的影响之后,考察期内煤炭产量与经济增长呈负相关,煤炭行业的不景气直接阻碍了煤炭开发地区的经济增长。另外,在该回归结果中,人均煤炭产量对数和繁荣期的交互项的系数为正,且通过1%的显著性水平检验,表明在繁荣期,煤炭产量越高,经济增长越快。同时,值得关注的是解释变量 $Boom$ 的系数在回归结果(3)和回归结果(2)中的差别。在回归结果

(2)中,该变量的系数度量了繁荣期对非煤东部地区地市的非煤外生冲击,结果为0.073,且通过5%的显著性水平检验,即繁荣期的非煤外生冲击促进了非煤东部地区地市的经济增长;而在回归结果(3)中,该变量的系数度量了繁荣期对煤炭资源开发地区非煤的外生冲击,但估计量不显著。因此,煤炭资源丰富地区在2001—2004年间的经济增长主要依赖于煤炭行业的繁荣,而不是这一时期的其他外生冲击。所以,煤炭资源开发地区这种经济增长模式的可持续性受到置疑。

(二)煤炭繁荣与经济结构的调整

资源繁荣对地区经济结构调整的影响是荷兰病模型讨论的重点问题,该模型详细地描述了影响机制。麦金尼什和桑德斯(2005)关于美国的经验研究表明,煤炭繁荣促进了煤炭资源开发地区煤炭行业和地方性行业的就业增加,但是对制造业部门没有影响,即基本上不存在着所谓的荷兰病效应。本部分将分析煤炭繁荣对中国煤炭开发地区的采掘业比重①变动($Dmine$)和制造业比重变动($Dmanu$)的影响,并探讨这些地区是否存在荷兰病的发生机制。

分析煤炭繁荣对采掘业比重的影响。从表2—7中的回归结果(1)来看,煤炭繁荣并没有提高煤炭开发地区的采掘业比重。在回归结果(2)中,引入了初始的采掘业比重($Mine_0$)作为控制变量,不过,回归结果依然认为两者无关。但是,在控制了煤炭繁荣对煤炭开发地区的影响之后,煤炭资源开发地区在考察期内的采掘业就业比重明显提高。对于这一结果,可能的解释是:在煤炭资源繁荣时期,煤炭资源开发的收益提高,开发者有足够资本购进更先进的设备而替代了劳动力,而且,近年来国家一直三令五申关闭劳动密集型小煤窑,发展资本、技术密集型的大型煤矿。

---

① 采掘业比重用采掘业的就业人员占总就业人员的比重来表示,制造业比重的计算方法也如此。

荷兰病模型非常关注煤炭繁荣对制造业的冲击。表2-7的回归结果(3)表明,煤炭繁荣对制造业比重的变动产生了负面的冲击,且通过1%的显著性水平检验。为了检验这一结果的稳健性,我们引入初始的制造业比重($Manu_0$)、初始的经济发展水平($lny_0$)、中部($Middle$)和西部($West$)作为控制变量,回归结果(4)也表明了煤炭繁荣对煤炭资源丰富地区的制造业存在着较为明显的挤出效应。但是,本书对制造业比重的衡量选择的是就业比重,在此很有可能因为这些煤炭资源丰富地区在制造业方面试图大力发展资本密集型的重化工业(部分地区确实也如此),从而导致制造业就业比重的降低。因此,确切地说,此处仅证明了煤炭繁荣对制造业就业的排挤。但是,根据蔡昉、吴要武(2005)的经验研究,偏重的产业结构是资源型地区经济增长滞后的重要原因,所以,如果制造业就业比重的降低是大力发展资本密集型的重化工业的结果,那么,这些地区要警惕"经济政策失败"(Auty,2001b),避免重蹈南美国家覆辙。

尽管限于数据的可得性,难以得到对制造业产值比重的挤出效应的结果,我们还可以从荷兰病的影响机制入手。就一个国家内部而言,荷兰病的影响机制主要不是通过汇率水平的变化,而是通过相对物价水平和工资水平的变动。在此,考察煤炭繁荣对工资变动对数($lnDwage$)的影响。回归结果(5)发现,煤炭繁荣促进了煤炭开发地区工资水平的提高。同样,我们引入中部、西部和受高等教育人数占总人数的比重($Hedu$,代表人力资本)及其与变量 $Coal$ 的交互项等变量作为控制变量,回归结果(6)依然支持回归结果(5)。在此,变量 $Hedu$ 与 $Coal$ 的交互项的系数衡量的是,在剔除了高等教育的一般影响之后,煤炭资源开发地区受过高等教育人数的比重对工资水平变动的影响。回归结果表明,对于所有地区而言,受高等教育人数的比重越高,工资水平提高幅度也越大。但是,煤炭资源丰富地区的人力资本对工资水平变动的影响与其他地区并不存在差异性。因此,在考察期内我们的样本城市中不存在着煤炭繁荣通过作

表 2-7 煤炭繁荣对经济结构和工资变动的影响

| 被解释变量 | $Dmine$ | | $Dmanu$ | | $\ln Dwage$ | |
|---|---|---|---|---|---|---|
| 解释变量 | (1) | (2) | (3) | (4) | (5) | (6) |
| $Coal \times Boom$ | −0.007 | −0.003 | −0.030*** | −0.028*** | 0.545*** | 0.525*** |
|  | (0.006) | (0.005) | (0.008) | (0.006) | (0.120) | (0.110) |
| $Coal$ | 0.017*** | 0.028*** | 0.018*** | 0.019*** | −0.524*** | −0.357*** |
|  | (0.004) | (0.005) | (0.005) | (0.004) | (0.089) | (0.124) |
| $Boom$ | 0.004 | 0.003 | 0.019*** | 0.021*** | 0.484*** | 0.516*** |
|  | (0.003) | (0.003) | (0.004) | (0.003) | (0.060) | (0.055) |
| $Mine_0$ |  | 0.097*** |  |  |  |  |
|  |  | (0.014) |  |  |  |  |
| $Manu_0$ |  |  |  | −0.036*** |  |  |
|  |  |  |  | (0.013) |  |  |
| $\ln y_0$ |  |  |  | 0.006** |  |  |
|  |  |  |  | (0.003) |  |  |
| 解释变量 | (1) | (2) | (3) | (4) | (5) | (6) |
| $Middle$ |  |  |  | −0.011*** |  | −0.312*** |
|  |  |  |  | (0.004) |  | (0.056) |
| $West$ |  |  |  | −0.016*** |  | −0.177*** |
|  |  |  |  | (0.003) |  | (0.063) |
| $Hedu$ |  |  |  |  |  | 5.771*** |
|  |  |  |  |  |  | (0.991) |
| $Hedu \times Coal$ |  |  |  |  |  | −1.893 |
|  |  |  |  |  |  | (2.538) |
| $R^2$ | 0.061 | 0.155 | 0.063 | 0.208 | 0.344 | 0.455 |
| LMtest | 10.39 | 1.76 | 0.03 | 1.39 | 0.53 | 2.58 |
| (P 值) | (0.001) | (0.185) | (0.863) | (0.239) | (0.466) | (0.108) |
| Hausman test | 0.00 | 24.63 | 0.00 | 219.51 | 16.38 | 0.74 |
| (P 值) | (1.000) | (0.000) | (1.000) | (0.000) | (0.000) | (0.692) |
| 模型设定 | FE | OLS | OLS | OLS | OLS | OLS |
| Obs | 352 | 352 | 352 | 330 | 330 | 330 |

注：①括号中的数字为标准差；② ***、**、* 分别表示显著性水平为 1%、5%、10%；③回归结果(1)—(4)的样本区间是 1998—2000 年与 2001—2004 年，回归结果(5)、(6)的样本区间是 1997—2000 年与 2001—2004 年。

用于人力资本来提高工资水平的机制,而且,回归结果(5)和(6)的系数 $\beta$ 较大,表明在控制了当前所能获得的且有显著影响的控制变量的影响下,煤炭资源开发地区工资水平的提高很大一部分直接来自于煤炭繁荣的冲击。这种工资水平的提高很大程度上建立在煤炭部门的繁荣的基础上,而没有通过人力资本的传导机制,这对于制造业而言是外生的,将直接打击了这些地区本来较为脆弱的制造业,甚至某些地区一些在国内已有一定竞争力的制造业都可能会受到负面影响。如中国第一产煤大市鄂尔多斯,该市煤炭行业发展迅速,带动了地区性工资水平的提高,导致该市的羊绒行业承受不断提高的工资成本,同时熟练工的流失产生了招工难的问题以及新手生产效率低的困境,发展受限,挤出效应凸显。这种工资增长的可持续性很难保证,一旦煤炭行业陷于低谷,荷兰病就很有可能会显现出来。因此,我国的煤炭资源丰富地区很有可能存在导致荷兰病发生的机制。

(三)煤炭繁荣与投资环境

无论是从理论上还是经验研究上,尤其是对于市场制度并不完善的发展中国家而言,制度是解释资源诅咒的发生机制的重要变量(Sala-I-Martin and Subramanian,2003)。但是,在我们的经验研究中,城市层面的制度变量很难获取。在此,选择人均外商直接投资额($Fdi$)作为制度变量的代理变量。尽管梅特兰(Maitland,2003)认为 $Fdi$ 是非常好的制度变量,但是将其作为投资环境的衡量更为恰当,而且,在关于资源诅咒的制度解释上,三个子类都可以归结到投资环境上。如"经济政策失败"很大程度上因为投资环境不佳(更确切地说是不适应于所要发展的产业)、进口替代造成的对外开度低所导致的;寻租模型的关键在于寻租的扩散效应恶化了投资环境;制度质量模型本身就强调投资环境的问题。当然,煤炭繁荣对于投资环境的影响机制除了资源诅咒理论所强调的负面机制外,也可能存在着一些正面的影响,如促进交通、通信等基础设施的建设,提高本地市场的需求规模和层次等等。

表2-8的回归结果(1)表明,煤炭繁荣对煤炭资源开发地区吸收外商直接投资产生了负面的冲击。为了检验其稳健性,通过引入上一期的外商直接投资额的对数值($\ln Fdi_{t-1}$)和交互项$Middle \times \ln y$、$West \times \ln y$作为控制变量,回归结果(2)也支持(1)的结论。因此,煤炭繁荣并没有带来投资环境的改善,而是很有可能恶化了投资环境。比如,在煤炭资源繁荣期间,煤炭资源开发地区政府官员的寻租行为是不容忽视的,官商勾结对投资环境的优化和整个地区的稳定和发展产生了极为不利的影响。我国政府曾在2005年对"官煤勾结"行为进行过严厉的打击,据新华网截止到2005年10月18日的统计,几个产煤大省的情况如下:山西省有922名官员入股9 200万元,人均10万;贵州则有237人,入股资金为9 000余万,人均高达40万;河南省撤资人数为328人,撤资金额为2 113万多元;内蒙古、陕西、安徽3省200名官员撤资1 400万。[1] 至于这是冰山一角还是反映了整体情况,在此不好判断,但这足以表明问题的严重性。此外,这些地区的生态环境问题也值得关注。由于我国煤炭资源开发地区大多数处于生态脆弱区,在目前的经济技术水平下,煤炭开发及其深加工对生态环境的破坏非常严重。在煤炭繁荣的刺激下,这些地区加大了煤炭资源的开发力度,纷纷上马耗水量大、污染严重的煤炭加工项目,如这些地区2003年的工业废物综合利用率仅为50%,其中西部煤炭资源开发地区更低,仅为33.17%。[2] 2007年1月份国家环保总局首次使用"区域限批"的办法来制裁,仅有的四个地区中三个是煤炭资源丰富地区,另外一个2004年的煤炭产量也在100万吨以上。生态因素之于投资环境

---

[1] 数据来源:新华网,http://news.xinhuanet.com/lianzheng/2005—10/18/content_3636897.htm。

[2] 数据来源:《中国城市统计年鉴2004》。

日趋重要,煤炭繁荣可能导致的生态破坏严重影响了这些地区投资环境的优化,更不能保证这些地区的可持续发展。

表2-8 煤炭繁荣对人均外商直接投资额的影响

被解释变量:人均外商直接投资额($Fdi$)

| 解释变量 | (1) | (2) |
| --- | --- | --- |
| $Coal \times Boom$ | −20.712** (9.077) | −23.067** (10.330) |
| $Coal$ | −69.288** (32.793) | — |
| $Boom$ | 25.341*** (4.504) | 26.263*** (5.475) |
| $\ln Fdi_{t-1}$ | | 14.127*** (3.241) |
| $Middle \times \ln y$ | | −31.825(27.824) |
| $West \times \ln y$ | | −43.660(30.652) |
| 组内 $R^2$ | 0.031 | 0.053 |
| 组间 $R^2$ | 0.024 | 0.174 |
| $R^2$ | 0.031 | 0.156 |
| LMtest($P$值) | 3 125.64(0.000) | 2 269.28(0.000) |
| Hausman test($P$值) | −6.69 | 56.85(0.000) |
| 模型设定 | RE | FE |
| Obs | 1241 | 1241 |

注:(1)括号中的数字为标准差;(2)***、**、*分别表示显著性水平为1%、5%、10%;(3)模型的样本区间是1997—2004年。

## 三、结论性评述

进入21世纪以来,煤炭行业进入了前所未有的繁荣期,这势必会影响煤炭资源丰富地区的经济发展。本节把煤炭资源开发地区作为处理组,把煤炭资源贫乏地区作为参照组,利用面板数据分析了煤炭资源繁荣对煤炭资源开发地区的经济增长、经济结构转变、工资变动、投资环境的影响,在此基础上讨论这些地区是否存在发生资源诅咒的机制,得到的主要结论如下:

第一,煤炭繁荣促进了煤炭资源开发地区的经济增长,但是这些地区在2001—2004年间的经济增长又主要依赖于煤炭行业的繁荣,因此,这种增长模式的可持续性受到置疑。

第二，煤炭繁荣并没有促进煤炭资源开发地区采掘业就业比重的提高，但是对这些地区的制造业就业比重产生了挤出效应，且促进了这些地区工资水平的提高。这种仅建立在煤炭繁荣基础上的工资水平的提高，将阻碍这些地区制造业的发展，是导致荷兰病效应发生的重要机制之一。如果制造业就业比重与煤炭繁荣的负相关性是由于发展资本密集型的重化工业造成的，则要警惕"经济政策失败"。

第三，煤炭繁荣对煤炭资源开发地区吸收外商直接投资产生了负面影响，即煤炭繁荣并没有改善这些地区的投资环境，反而在官员寻租、生态环境恶化等方面起到了消极的作用，这将导致这些地区煤炭资源开发的收益大量外流且难以实现可持续的发展。

这些结论说明，尽管煤炭繁荣提高了煤炭资源开发地区的经济增长速度，但是这并不表明中国不会发生资源诅咒，更不能说明中国已摆脱资源诅咒。从本书的分析中可以看到，这种增长模式的可持续性不好，且资源诅咒的发生机制已经凸显。因此，煤炭资源丰富地区应当冷静对待当前形势，针对可能存在的资源诅咒机制，优化投资环境，保持经济的适度多样化，避免本区域遭受资源诅咒。

# 第三章 煤炭资源开发地区产业发展研究

第二章着重分析了煤炭资源开发与地区经济增长的关系。在本章中,我们将对中国煤炭资源开发地区产业结构的现状及特征、产业结构的形成与演变、主导产业的选择、非煤产业的发展等方面进行深入的探讨。

## 第一节 我国煤炭资源开发地区产业结构的现状与特征

### 一、产业结构现状

**(一)三次产业结构**

三次产业分类法以经济活动与自然界的关系为分类标准,产品直接取之于自然界的物质生产部门为第一产业;加工取之于自然界的物质生产部门为第二产业;繁衍于有形物质财富生产活动之上的无形财富的生产部门为第三产业。

1. 三次产业的从业人员构成

分析表3-1中的数据可以得出:(1)煤炭城市的第一产业从业人员比重普遍低于全国平均水平,第二产业从业人员比重普遍高于全国平均水平,第三产业从业人员比重普遍低于全国平均水平;(2)处于成长期和成熟期的煤炭城市的第二产业从业人员比重近年来呈下降趋势,第三产业从业人员比重呈上升趋势,而处于衰退期的煤炭城市的第二产业从业

表 3-1 煤炭城市与全部城市三次产业从业人员构成情况比较

(单位:%)

| 省份 | 地区 | 第一产业比重 ||||第二产业比重||||第三产业比重||||
|---|---|---|---|---|---|---|---|---|---|---|---|---|---|
| | | 2001 | 2002 | 2003 | 2004 | 2001 | 2002 | 2003 | 2004 | 2001 | 2002 | 2003 | 2004 |
| 河北 | 唐山 | 5.1 | 5.53 | 5.2 | 4.8 | 52.43 | 50.99 | 51.25 | 50.69 | 42.46 | 43.48 | 43.55 | 44.52 |
| | 邯郸 | 0.72 | 0.72 | 0.84 | 0.83 | 51.88 | 50.57 | 48.86 | 48.11 | 47.4 | 48.71 | 50.3 | 51.06 |
| 山西 | 大同 | 0.98 | 0.93 | 1.26 | 1.19 | 48.95 | 48.49 | 48.06 | 50.77 | 50.08 | 50.58 | 50.68 | 48.04 |
| | 阳泉 | 0.23 | 0.24 | 0.14 | 0.14 | 56.56 | 57.59 | 62.32 | 62.86 | 43.21 | 42.17 | 37.54 | 37 |
| | 晋城 | 1.07 | 0.96 | 0.82 | 0.74 | 46.29 | 45.5 | 49.5 | 50.07 | 52.64 | 53.54 | 49.68 | 49.19 |
| | 长治 | 1.34 | 1.44 | 1.2 | 1.1 | 50.93 | 50.7 | 50.67 | 52.04 | 47.74 | 47.85 | 48.13 | 46.87 |
| | 朔州 | 2.13 | 1.76 | 2.05 | 2.47 | 43.79 | 44.31 | 45.5 | 47.11 | 54.07 | 53.93 | 52.44 | 50.42 |
| | 临汾 | 1.75 | 1.6 | 1.56 | 1.68 | 36.91 | 39.36 | 39.37 | 38.49 | 61.35 | 59.04 | 59.07 | 59.83 |
| | 忻州 | 2.47 | 2.32 | 2.79 | 2.71 | 33.68 | 33.66 | 31.82 | 31.63 | 63.84 | 64.2 | 65.39 | 65.66 |
| | 晋中 | 0.96 | 0.95 | 0.91 | 0.77 | 48.99 | 48.07 | 48.63 | 49.11 | 50.05 | 50.98 | 50.46 | 50.12 |
| | 吕梁 | — | — | 1.17 | 0.92 | — | — | 25.46 | 28.99 | — | — | 73.36 | 70.09 |
| 内蒙古 | 鄂尔多斯 | 4.08 | 4.21 | 3.82 | 3.74 | 43.18 | 45.52 | 47.25 | 46.19 | 52.59 | 50.27 | 48.94 | 50.07 |
| | 赤峰 | 62.81 | 7.75 | 12.95 | 7.17 | 13.54 | 36.11 | 33.55 | 31.65 | 25.59 | 56.14 | 53.49 | 61.18 |
| 辽宁 | 阜新 | 2.69 | 2.96 | 2.92 | 2.76 | 50.07 | 44.47 | 42.27 | 50.06 | 47.24 | 52.56 | 54.81 | 47.18 |

| 省 | 市 | | | | | | | | | | | | | | |
|---|---|---|---|---|---|---|---|---|---|---|---|---|---|---|---|
| 黑龙江 | 鸡西 | 20.09 | 20.11 | 21.79 | 21.44 | 45.94 | 44.4 | 43.11 | 43.52 | 33.97 | 35.49 | 35.1 | 35.03 |
| | 鹤岗 | 28.36 | 29.03 | 31.38 | 28.6 | 43 | 40.75 | 40.21 | 43.68 | 28.64 | 30.23 | 28.4 | 27.72 |
| | 双鸭山 | 7.49 | 35.76 | 37.37 | 38.07 | 48.01 | 30.76 | 30.24 | 31.33 | 44.5 | 33.48 | 32.39 | 30.6 |
| | 七台河 | 5.35 | 5.41 | 5.18 | 4.55 | 65.8 | 68.21 | 68.9 | 72.95 | 28.85 | 26.37 | 25.92 | 22.5 |
| 江苏 | 徐州 | 3.45 | 2.91 | 3.02 | 2.88 | 44.03 | 42.97 | 40.96 | 39.69 | 52.52 | 54.13 | 56.02 | 57.45 |
| 安徽 | 淮北 | 2.47 | 2.63 | 0.57 | 1.51 | 65.09 | 62.54 | 70.4 | 63.68 | 32.44 | 34.83 | 29.02 | 34.8 |
| | 淮南 | 0.64 | 0.57 | 1.93 | 0.09 | 72.31 | 70.54 | 64.88 | 67.71 | 27.04 | 28.89 | 33.19 | 32.2 |
| 山东 | 枣庄 | 0.48 | 1.4 | 1.64 | 1.72 | 53.85 | 51.43 | 51.8 | 49.83 | 45.67 | 47.17 | 46.56 | 48.46 |
| | 泰安 | 1.39 | 1.26 | 1.43 | 1.45 | 55.35 | 55.82 | 55.74 | 55.4 | 43.25 | 42.92 | 42.83 | 43.14 |
| | 济宁 | 0.76 | 0.8 | 0.98 | 1.01 | 49.55 | 50.02 | 49.47 | 48.79 | 49.68 | 49.18 | 49.55 | 50.2 |
| 四川 | 达州 | 4.58 | 4.76 | 3.83 | 3.56 | 33.24 | 34.57 | 34.18 | 34.57 | 62.17 | 60.67 | 61.99 | 61.87 |
| 贵州 | 六盘水 | 0.48 | 0.68 | 0.64 | 1.43 | 56.33 | 57.54 | 47.78 | 70.97 | 37.89 | 41.78 | 51.57 | 29.03 |
| 云南 | 曲靖 | 2.79 | 2.5 | 2.44 | 2.49 | 43.04 | 37.31 | 37.88 | 37.18 | 64.96 | 60.19 | 59.68 | 60.33 |
| 陕西 | 铜川 | 0.85 | 1.01 | 0.97 | 1.04 | 66.19 | 64.44 | 61.78 | 60.37 | 32.97 | 34.55 | 37.25 | 38.59 |
| | 榆林 | 4.64 | 4.43 | 4.14 | 3.8 | 19.75 | 21.99 | 19.73 | 19.7 | 75.61 | 73.58 | 76.12 | 76.45 |
| | 渭南 | 2.83 | 5.52 | 3.01 | 3.06 | 43.48 | 39.5 | 40.31 | 40.18 | 53.69 | 54.98 | 56.68 | 56.76 |
| 甘肃 | 平凉 | — | 4.33 | 3.62 | 11.22 | — | 35.1 | 37.04 | 31.2 | — | 60.57 | 59.35 | 57.58 |
| | 白银 | 2.8 | 3.01 | 2.97 | 2.91 | 59.01 | 55.66 | 56.52 | 56.66 | 38.19 | 41.33 | 40.51 | 40.43 |

表3-2 煤炭城市与全部城市三次产业GDP构成状况比较

(单位:%)

| 省份 | 地区 | 第一产业比重 |  |  |  | 第二产业比重 |  |  |  | 第三产业比重 |  |  |  |
|---|---|---|---|---|---|---|---|---|---|---|---|---|---|
|  |  | 2001 | 2002 | 2003 | 2004 | 2001 | 2002 | 2003 | 2004 | 2001 | 2002 | 2003 | 2004 |
| 河北 | 唐山 | 17.85 | 16.97 | 14.95 | 13.12 | 51.1 | 51.74 | 55.21 | 56.26 | 31.06 | 31.29 | 29.84 | 30.62 |
|  | 邯郸 | 16.68 | 16.01 | 14.49 | 13.35 | 47.99 | 48.84 | 51.76 | 52.15 | 35.32 | 35.16 | 33.74 | 34.5 |
| 山西 | 大同 | 4.07 | 6.26 | 6.16 | 6.09 | 53.48 | 54.15 | 57.42 | 59.66 | 42.45 | 39.58 | 36.46 | 34.25 |
|  | 阳泉 | 2.53 | 3.19 | 2.07 | 2.36 | 58.11 | 58.56 | 60.37 | 62.02 | 39.36 | 38.25 | 37.65 | 35.62 |
|  | 晋城 | 5.93 | 5.94 | 5.7 | 5.8 | 54.36 | 55.31 | 57.58 | 63.52 | 39.7 | 38.75 | 36.73 | 30.68 |
|  | 长治 | 13.88 | 12.78 | 10.72 | 9.36 | 54.02 | 64.35 | 60.03 | 63.3 | 32.1 | 32.88 | 29.25 | 27.34 |
|  | 朔州 | 11.2 | 14.13 | 14.59 | 12.83 | 49.24 | 49.41 | 52.02 | 57.11 | 39.56 | 36.45 | 33.39 | 30.06 |
|  | 临汾 | 12.15 | 11.3 | 9.2 | 8.88 | 53.88 | 56.37 | 62.85 | 65.33 | 33.97 | 32.33 | 27.95 | 25.79 |
|  | 忻州 | 16.53 | 18.93 | 17.73 | 16.38 | 42.57 | 41.24 | 43.51 | 44.53 | 40.89 | 39.83 | 38.76 | 39.09 |
|  | 晋中 | 15.18 | 14.95 | 13.52 | 13.32 | 48.89 | 49.18 | 53.2 | 55.22 | 35.93 | 35.86 | 33.28 | 31.46 |
|  | 吕梁 | — | — | 13.11 | 11.74 | — | — | 54.52 | 60.15 | — | — | 32.37 | 28.11 |
| 内蒙古 | 鄂尔多斯 | 14.19 | 13.73 | 11.89 | 10.52 | 59.71 | 58.28 | 56.59 | 59.43 | 26.11 | 27.99 | 31.53 | 30.05 |
|  | 赤峰 | 28.37 | 2.6 | 26.23 | 27.29 | 32.33 | 66.64 | 37.03 | 39.87 | 39.3 | 30.76 | 36.74 | 32.84 |
| 辽宁 | 阜新 | 14.52 | 7.27 | 21.65 | 23.7 | 39.02 | 55.18 | 39.51 | 39.2 | 46.46 | 37.55 | 38.83 | 37.1 |

**92** | 破解"富饶的贫困"悖论——煤炭资源开发与欠发达地区发展研究

| | | | | | | | | | | | | |
|---|---|---|---|---|---|---|---|---|---|---|---|---|
| 宁夏 | 石嘴山 | 4.03 | 4.05 | 4.01 | 4.9 | 35 | 34.89 | 59.87 | 58.66 | 24.69 | 42.27 | 36.12 | 36.45 |
| 河南 | 平顶山 | 0.66 | 0.69 | 0.42 | 0.42 | 54.41 | 55.01 | 55.53 | 55.52 | 44.92 | 44.33 | 44.05 | 44.06 |
| | 许昌 | 1.37 | 1.35 | 1.03 | 1.06 | 38.85 | 37.91 | 38.44 | 39.08 | 59.79 | 60.74 | 60.53 | 59.86 |
| | 鹤壁 | 1.78 | 1.75 | 1.38 | 1.42 | 58.77 | 58.83 | 57.59 | 70.06 | 39.45 | 39.43 | 41.03 | 29.94 |
| | 三门峡 | 1.03 | 1.05 | 0.91 | 0.93 | 55.61 | 55.77 | 55.94 | 54.24 | 43.36 | 43.18 | 43.15 | 44.83 |
| 全部城市 | | 6.81 | 4.13 | 5.08 | 4.18 | 42.08 | 43.21 | 42.63 | 42.91 | 51.12 | 52.66 | 52.33 | 52.91 |
| 成长期煤炭城市平均 | | 1.78 | 2.22 | 1.74 | 1.99 | 45.08 | 43.71 | 40.58 | 39.4 | 53.14 | 54.07 | 57.68 | 58.61 |
| 成熟期煤炭城市平均 | | 8.28 | 7.09 | 7.2 | 6.88 | 46.26 | 46 | 45.15 | 46.52 | 45.46 | 46.91 | 47.65 | 46.68 |
| 衰退期煤炭城市平均 | | 4.88 | 4.95 | 2.16 | 2.63 | 52.4 | 50.56 | 52.2 | 53.45 | 42.72 | 44.49 | 45.64 | 44.02 |

注：表中黑体表示处于成长期的煤炭资源开发地区；斜体表示处于衰退期的煤炭资源开发地区；其他是处于成熟期的煤炭资源开发地区。

资料来源：根据《中国城市统计年鉴》2002—2005 年资料整理。

第三章　煤炭资源开发地区产业发展研究 | 93

| 省 | 市 | | | | | | | | | | | | |
|---|---|---|---|---|---|---|---|---|---|---|---|---|---|
| 黑龙江 | 鸡西 | 27.93 | 27.91 | 26.97 | 29.03 | 39.7 | 41.07 | 41.4 | 41.44 | 32.36 | 34.02 | 31.64 | 29.53 |
| | 鹤岗 | 27.47 | 24.89 | 26.7 | 25.67 | 38.93 | 40.93 | 41.25 | 43.34 | 33.6 | 34.18 | 32.05 | 30.99 |
| | 双鸭山 | 29.38 | 28.48 | 27.76 | 28.11 | 37.82 | 38.48 | 40.99 | 43.5 | 32.8 | 33.04 | 31.16 | 28.39 |
| | 七台河 | 12.1 | 11.36 | 11.79 | 12.23 | 47.51 | 48.85 | 50.19 | 53.23 | 40.39 | 39.79 | 37.89 | 34.54 |
| 江苏 | 徐州 | 17.61 | 16.94 | 14.87 | 14.03 | 45.77 | 46.41 | 48.7 | 49.5 | 36.62 | 36.65 | 36.43 | 36.47 |
| 安徽 | 淮北 | 16.33 | 15.41 | 12.83 | 14.21 | 48.5 | 49.79 | 53.21 | 55.02 | 35.17 | 34.8 | 33.96 | 30.77 |
| | 淮南 | 12.65 | 12.32 | 10.44 | 12.35 | 47.34 | 48.65 | 51.09 | 52.16 | 40.01 | 39.03 | 38.48 | 35.49 |
| 山东 | 枣庄 | 15.82 | 14.58 | 12.19 | 10.83 | 49.94 | 51.68 | 56.39 | 61.36 | 34.23 | 33.74 | 31.42 | 27.81 |
| | 泰安 | 16.54 | 14.71 | 13.39 | 12.82 | 45.06 | 47.79 | 50.41 | 52.74 | 38.39 | 37.5 | 36.2 | 34.44 |
| | 济宁 | 18.23 | 16.42 | 14.4 | 13.84 | 44.31 | 45.86 | 49.01 | 51.61 | 37.46 | 37.71 | 36.59 | 34.55 |
| 四川 | 达州 | 36.7 | 35.1 | 33.67 | 34.83 | 36.12 | 37.12 | 34.46 | 34.53 | 27.18 | 27.77 | 31.91 | 30.64 |
| 贵州 | 六盘水 | 15.23 | 14.08 | 13.24 | 11.54 | 54.28 | 55.56 | 57.73 | 61.15 | 30.49 | 30.36 | 29.04 | 27.31 |
| | 毕节 | — | — | 35.52 | — | — | — | 33.19 | — | — | — | 31.28 | 0 |
| 云南 | 曲靖 | 23.49 | 22.68 | 21.98 | 21.26 | 44.09 | 49.37 | 50.21 | 52 | 32.42 | 27.95 | 27.81 | 26.74 |
| 陕西 | 铜川 | 10.38 | 10.07 | 8.42 | 8.87 | 44.28 | 45.23 | 47.84 | 50.59 | 45.33 | 44.69 | 43.74 | 40.54 |
| | 榆林 | 14.07 | 15.88 | 13.98 | 13.63 | 49.76 | 53.75 | 56.99 | 62.12 | 36.18 | 30.37 | 10.76 | 24.25 |
| | 渭南 | 24.06 | 24.37 | 21.25 | 21.24 | 36.97 | 36.57 | 39.71 | 42.6 | 38.97 | 39.06 | 39.04 | 36.16 |
| 甘肃 | 平凉 | — | 26.85 | 25.5 | 25.95 | — | 34.36 | 37.69 | 39.57 | — | 38.79 | 36.82 | 34.48 |
| | 白银 | 15.51 | 14.46 | 13.87 | 14.93 | 51.1 | 52.16 | 52.71 | 54.99 | 33.38 | 33.38 | 33.43 | 30.08 |
| 宁夏 | 石嘴山 | 12.13 | 11.94 | 10.27 | 9.08 | 56.42 | 53.16 | 57.89 | 62.65 | 31.45 | 34.9 | 31.98 | 28.27 |

# 94 | 破解"富饶的贫困"悖论——煤炭资源开发与欠发达地区发展研究

| | | | | | | | | | | | | | |
|---|---|---|---|---|---|---|---|---|---|---|---|---|---|
| 河南 | 平顶山 | 15.03 | 14.19 | 12.8 | 12.89 | 52.31 | 53.27 | 55.43 | 58.16 | 32.66 | 32.54 | 31.75 | 28.95 |
| | 许昌 | 21.06 | — | 16.4 | 17.21 | 54.17 | — | 58.25 | 59.34 | 25.78 | — | 25.33 | 23.45 |
| | 鹤壁 | 20.99 | 19.46 | 19.48 | 20.1 | 49.41 | 50.54 | 51.96 | 53.66 | 29.6 | 30.01 | 28.56 | 26.24 |
| | 三门峡 | 11.6 | 11.23 | 10.55 | 10.48 | 53.63 | 53.78 | 55.16 | 57.58 | 34.78 | 34.99 | 34.24 | 31.94 |
| 全部城市 | | 14.26 | 13.63 | 12.41 | 12.15 | 46.38 | 46.61 | 48.71 | 50.23 | 39.36 | 39.77 | 38.88 | 37.62 |
| 全部煤炭城市平均 | | 16.29 | 14.05 | 13.94 | 15.4 | 48.85 | 49.57 | 50.34 | 53.26 | 34.86 | 36.38 | 35.72 | 30.51 |
| 成长期煤炭城市平均 | | 15.98 | 16.13 | 13.94 | 15.1 | 48.02 | 48.82 | 51.09 | 51.92 | 36 | 35.05 | 34.97 | 32.98 |
| 成熟期煤炭城市平均 | | 14.23 | 13.29 | 10.58 | 14.9 | 50.86 | 52.91 | 54.95 | 54.34 | 34.91 | 33.8 | 34.47 | 30.76 |
| 衰退期煤炭城市平均 | | 15.37 | 14.68 | 13.67 | 16.15 | 49.81 | 50.67 | 50.23 | 52.35 | 34.82 | 34.65 | 36.1 | 31.5 |

注：表中黑体表示处于成长期的煤炭资源开发地区；斜体表示处于衰退期的煤炭资源开发地区；其他是处于成熟期的煤炭资源开发地区。

资料来源：根据《中国城市统计年鉴》2002—2005年资料整理。

人员比重近年来有所波动,第三产业从业人员比重呈上升趋势;(3)从第二产业从业人员比重来看,衰退期的煤炭城市>成熟期的煤炭城市>成长期的煤炭城市,从第三产业从业人员比重来看,成长期的煤炭城市>成熟期的煤炭城市>衰退期的煤炭城市。

2.三次产业的GDP构成

分析表3-2中的数据可以得出:(1)煤炭城市的第一产业、第二产业GDP比重普遍高于全国平均水平,第三产业GDP比重普遍低于全国平均水平;(2)处于成长期和成熟期的煤炭城市第二产业GDP比重近年来呈上升趋势,第三产业GDP比重有所波动,而处于衰退期的煤炭城市第二产业GDP比重近年来有所波动,第三产业GDP比重呈上升趋势;(3)从第二产业GDP比重来看,成熟期的煤炭城市>衰退期的煤炭城市>成长期的煤炭城市,从第三产业GDP比重来看,成长期的煤炭城市>衰退期的煤炭城市>成熟期的煤炭城市。

(二)工业部门产值构成

表3-3  1996年部分典型煤炭城市与全国城市工业部门产值构成比较(单位:%)

| 城市 | 煤炭采选业 | 电力工业 | 化学工业 | 冶金工业 | 机械工业 | 纺织工业 | 建材工业 | 其他 |
|---|---|---|---|---|---|---|---|---|
| 全部城市 | 2.41 | 3.86 | 7.81 | 11.10 | 9.38 | 11.13 | 4.12 | 50.19 |
| 全部煤炭城市 | 37.35 | 11.79 | 4.53 | 5.46 | 5.15 | 5.41 | 5.81 | 24.50 |
| 大同 | 48.02 | 12.35 | 4.36 | 3.35 | 4.06 | 0.40 | 3.95 | 23.51 |
| 阜新 | 32.54 | 13.44 | 2.86 | 0.68 | 7.77 | 12.36 | 2.95 | 27.40 |
| 淮北 | 40.51 | 19.05 | 0.39 | 0.65 | 0.99 | 20.11 | 2.01 | 16.29 |
| 朔州 | 60.68 | 30.91 | 1.11 | 0 | 0.58 | 0.28 | 2.02 | 4.42 |
| 六盘水 | 33.70 | 5.96 | 2.17 | 38.97 | 3.78 | 0.02 | 4.69 | 10.71 |
| 七台河 | 92.63 | 0.35 | 0.11 | 0.13 | 0.15 | 0.01 | 1.36 | 5.26 |
| 鹤岗 | 68.84 | — | 2.36 | 0.84 | 2.03 | 0.43 | 2.96 | 22.54 |

资料来源:焦华富《中国煤炭城市发展模式研究》,北京大学1998年博士学位论文,第32—33页。

在工业部门产值构成中,煤炭采选业、电力工业和建材工业的地位突出,三者产值合计超过总产值的50%以上,并且三者均高于全部城市的平均值(见表3-3)。煤炭城市中,煤炭采选业、电力、化工、冶金、机械、纺织和建材七大行业的产值超过75%,集中程度远高于全部城市50%的平均值。

## 二、产业结构的特点

煤炭资源开发地区的产业结构具有单一型、超重型、稳态型、层次低的特点。

### (一)单一型

煤炭资源开发地区经济结构中最重要的特征是产业结构单一,重工业比重大,采掘业和原材料工业比重大,加工工业比重小,且大都处于产

表3-4  2000年部分煤炭城市煤炭、电力工业占工业比重

| 地区 | 工业总产值(万元) | 煤炭工业产值(万元) | 电力工业产值(万元) | 煤炭工业比重(%) | 电力工业比重(%) | 合计(%) |
|---|---|---|---|---|---|---|
| 大同 | 1 261 300 | 467 200 | 194 300 | 37.04 | 15.40 | 52.45 |
| 阜新 | 445 761 | 166 336 | 94 970 | 37.72 | 21.31 | 58.62 |
| 辽源 | 279 644 | 50 276 | 18 580 | 17.98 | 6.64 | 24.62 |
| 鸡西 | 486 306 | 233 851 | 33 685 | 48.09 | 6.93 | 55.01 |
| 鹤岗 | 374 550 | 187 947 | 66 837 | 50.18 | 17.84 | 68.02 |
| 七台河 | 261 771 | 209 948 | 6 626 | 80.20 | 2.53 | 82.73 |
| 淮南 | 994 453 | 373 363 | 312 638 | 38.32 | 32.08 | 70.40 |
| 淮北 | 818 343 | 386 727 | 120 405 | 47.26 | 14.71 | 61.97 |
| 萍乡 | 385 120 | 89 590 | 43 255 | 23.26 | 11.23 | 34.49 |
| 平顶山 | 1 757 227 | 452 266 | 227 639 | 25.74 | 12.95 | 38.69 |
| 六盘水 | 616 852 | 151 912 | 64 277 | 24.63 | 10.42 | 35.05 |
| 铜川 | 307 612 | 72 143 | 9 302 | 23.45 | 3.02 | 26.48 |
| 平均 | 664 078 | 236 797 | 99 376 | 37.79 | 12.92 | 50.71 |

资料来源:王青云《资源型城市经济转型研究》,中国经济出版社2003年版,第21页。

业链的前端,产品的加工程度相对较低,产品结构中初级产品占绝对优势,高科技产业发展滞后,第三产业不发达,比重偏低。表3-4显示,2000年12个煤炭城市煤炭采掘业占工业的比重平均为38%,其中黑龙江省的七台河市最高,达80%;电力工业占工业的比重平均为13%,安徽的淮南市最高,达32%。煤炭和电力两项工业占工业总产值的比重平均为51%,黑龙江省的七台河市最高,达82%。

### (二)超重型

煤炭资源开发地区的产业结构较多地呈超重型。在城市建设初期,其产业一般仅为煤炭开采业,如大同市煤炭采选业和原料工业,到20世纪80年代末在工业总产值中仍占80%以上。随着矿山建设的大规模发展,矿业生产能力的基本形成,电力、建材、冶金、化工等高耗能产业在当地自然资源具备的条件下得到一定程度的发展。表3-5列出了2005年1—7月份鄂尔多斯市与煤炭相关行业的发展情况。从表中可以看出,鄂尔多斯市煤炭、电力、建材、炼焦、燃气的生产和供应发展迅速,对全市规模以上工业增长的贡献率达到84.1%。

表3-5 2005年1—7月份鄂尔多斯市与煤炭相关行业对经济增长的贡献分析

| 行业 | 实现增加值(亿元) | 同比增长(%) | 对全市规模以上工业增长的贡献率(%) | 拉动全市规模以上工业增长百分点(%) |
|---|---|---|---|---|
| 煤炭 | 39.7 | 46.19 | 47 | 17.7 |
| 电力 | 12.8 | 24.69 | 11.2 | 4.2 |
| 建材 | 5.5 | 58.41 | 8.8 | 3.3 |
| 炼焦 | 5.7 | 56.48 | 8.4 | 3.1 |
| 燃气生产和供应 | 4.8 | 68.95 | 8.7 | 3.3 |
| 合计 | 68.5 | — | 84.1 | — |

资料来源:鄂尔多斯市人民政府办公厅"前7个月我市经济运行情况分析",载《鄂尔多斯市政讯》第53期,2005年8月24日。

### (三)稳态型

煤炭资源开发地区的产业结构一般呈稳态型,调整的弹性小。首先,由于资源型产业属于资本密集型和劳动密集型产业,需要投入的资金量和劳动量大,资源型产业建设周期长,占用资金多,因此在企业规模结构上,大中型企业较多,而小型企业较少;其次,资源型产业的固定资产专用性强、移动性差,资本难以从原产业中退出,从而使企业资产变现率低,如果退出,易产生大量沉淀成本,产业退出壁垒高;再次,资源型产业从业人员众多,知识结构单一,而且大部分属于简单劳动者,文化程度低,学习新知识的能力差,改行比较困难,过快的调整会造成瞬间的大批失业人群,从而给社会稳定造成压力。此外,煤炭工业是国民经济和人民生活必备的战略性产业,不能完全依照赢利与否而转移。因此,在经济形势急剧变化和新技术革命挑战面前,煤炭资源开发地区的应变性、适应性及可调性均较差,相反却具有较大的发展惯性和超稳态性。

（四）层次低

煤炭资源开发地区以基础工业为主,加工工业落后。从生产要素的密集程度来衡量,以劳动密集型和资本密集型工业为主,技术密集型工业少,整体产业结构的层次水准低。笔者选取反映产业结构层次水准的两个重要指标——高加工度化系数($P$)和高技术化系数($T$)来衡量煤炭资源开发地区的产业结构层次水准(见表3-6)。结果表明,与全国相比,煤炭资源开发地区的两项指标均较低,尤其是高加工度化指数只及全国的1/4。以鄂尔多斯市为例,2003年,在一次能源产量中,原煤比重高达97.28%;在输出的能源产品中,原煤比重为72%,而电煤仅为7.74%,洗精煤为4%,焦炭为12%,其他工业用煤为2.88%,全市煤炭加工转化比仅为26.6%。由于产品结构初级化,产品附加值低,原煤大量直接外销,致使产业利润大都流失在运输和销售环节,经济效益不能充分体现,形成了是产煤大市却不是经济强市的明显反差。

表 3-6　产业结构层次水准比较

|  | 高加工度化系数 | 高技术化系数 |
|---|---|---|
| 全国 | 3.468 3 | 0.692 5 |
| 煤炭资源开发地区 | 0.835 7 | 0.629 1 |

注：$P=$加工工业总产值/基础工业总产值；$T=$技术密集型产业总产值+$b\times$资金密集型产业总产值/劳动密集型产业总产值+$(1-b)\times$资金密集型产业总产值，$b$为资金密集型产业中的平均技术化程度，在此取 0.4。

资料来源：《中国城市统计年鉴 2004》。

## 三、煤炭资源开发地区产业结构对地区经济发展的影响

产业结构对地区发展具有重要影响，影响机制就是结构效应。一般认为产业结构状态及其变动对经济增长的效应即为结构效应。这是狭义的结构效应，即结构经济效应，广义的结构效应还包括结构环境效应和结构社会效应。不过结构对经济发展的影响是最重要，也是最直接的结构效应表现形式。

产业结构影响地区经济效益具有内在的机制，我们可以从产业关联方面来加以分析：

如前所述，煤炭资源开发地区的专业化部门单一，多为煤炭采选业、电力、建材等部门。专业化产业部门之间通过前向、后向和旁侧产业联系，带动经济的发展。因此，专业化部门的产业关联度大小及关联方向直接影响专业化部门对地区整体经济的带动和促进作用。

煤炭采选业、电力、建材等部门，按照钱纳里的分类，都属于中间投入型初级产业，其产业关联的特点是前向连锁效果大，后向连锁效果小。有学者利用中国的投入产出表，对不同部门的连锁度进行了分析。分析的结果表明，煤炭采选业、电力等部门的前向连锁效果大，而后向连锁效果

小(见表3-7),与钱纳里的结论一致。同时,也可以看出,炼焦、煤制品等原煤深加工的后向连锁效果明显大于煤炭采选业。后向连锁效果对地区经济整体发展的带动作用更为明显(见表3-8),带动系数大于1的产业在经济发展中具有较强的带动作用。

而长期以来,我国煤炭资源开发地区以直接向区域外输送煤炭资源(包括焦炭、电力等初级产品)来获取收益,对煤炭资源的深加工较少,这就难以发挥煤炭资源开发对地区经济发展的带动作用,造成地区经济效益长期低下。如表3-9所示,列出的煤炭城市1997年百元资金实现利税、百元固定资产原值实现利税、百元固定资产原值实现增加值均大大低于全国平均水平。

表3-7　中国产业连锁度比较

| 产业部门 | 前向连锁度 | 后向连锁度 | 产业部门 | 前向连锁度 | 后向连锁度 |
| --- | --- | --- | --- | --- | --- |
| 煤炭采选业 | 0.827 9 | 0.392 1 | 食品制造业 | 0.219 0 | 0.616 1 |
| 机械工业 | 0.307 8 | 0.445 4 | 金属制品业 | 0.772 4 | 0.619 1 |
| 电力、蒸汽、热水生产供应业 | 0.888 8 | 0.405 6 | 电气机械及器材制造业 | 0.477 6 | 0.577 3 |
| 金属冶金及压延加工业 | 0.760 1 | 0.406 1 | 炼焦、煤气及煤制品业 | 0.661 7 | 0.780 9 |
| 建材及非金属矿制品业 | 0.915 8 | 0.516 9 | 石油和天然气开采业 | 0.995 3 | 0.237 7 |
| 化学工业 | 0.617 6 | 0.386 0 | 建筑业 | 0 | 0.713 9 |

资料来源:杨蕙馨、张圣平"中国产业结构的实证分析与产业政策",载《管理世界》1993年第5期。

表 3-8 中国产业带动系数比较

| 产业部门 | 带动系数 | 产业部门 | 带动系数 |
| --- | --- | --- | --- |
| 煤炭采选业 | 0.850 0 | 机械工业 | 1.147 3 |
| 电力、蒸汽和热水生产供应业 | 0.820 5 | 化学工业 | 1.116 3 |
| 石油加工业 | 0.860 2 | 食品工业 | 1.044 6 |
| 金属矿采选业 | 0.919 3 | 炼焦、煤气及煤制品业 | 1.171 7 |
| 石油、天然气开采业 | 0.699 6 | 建筑业 | 1.098 2 |
| 非金属矿采选业 | 0.804 5 | 电子及通信设备制造业 | 1.285 3 |

资料来源：杨蕙馨、张圣平"中国产业结构的实证分析与产业政策"，载《管理世界》1993 年第 5 期。

表 3-9 1997 年部分煤炭城市全部独立核算工业企业经营效益比较（单位：元）

| 地区 | 百元资金实现利税 | 百元固定资产原值实现利税 | 百元固定资产原值实现增加值 |
| --- | --- | --- | --- |
| 全国大城市 | 8.0 | 10.5 | 31.4 |
| 大同 | 8.2 | 8.5 | 29.8 |
| 淮南 | 1.6 | 1.6 | 18.3 |
| 鸡西 | −0.1 | −0.2 | 14.3 |
| 阜新 | 2.5 | 2.9 | 13.1 |
| 鹤岗 | 4.3 | 5.0 | 15.8 |
| 平顶山 | 6.9 | 7.8 | 30.0 |
| 全国中等城市 | 7.0 | 8.8 | 28.6 |
| 阳泉 | 3.4 | 3.3 | 20.4 |
| 长治 | 7.0 | 8.0 | 28.2 |
| 双鸭山 | 1.3 | 1.8 | 17.2 |
| 六盘水 | 3.3 | 3.7 | 22.5 |
| 铜川 | 4.0 | 4.4 | 30.8 |
| 赤峰 | 4.8 | 4.7 | 18.3 |

资料来源：《中国城市统计年鉴 1998》。

## 第二节 煤炭资源开发地区产业结构的形成与演进

### 一、煤炭资源开发地区产业结构的形成与演进机制

地区产业结构是在特定的社会物质生产方式和经济运行体制下，多种因素作用下形成和演进的。不同的经济体制下，各种因素对产业结构的影响方式和强度存在很大差异。煤炭资源开发地区以采掘业为主导产业，地下煤炭资源条件对地区产业结构的形成具有决定性作用。因此，煤炭资源开发地区产业结构的形成，既有一般地区共有的特点，又有不同之处。煤炭资源开发地区产业结构的形成机制如图3-1所示。

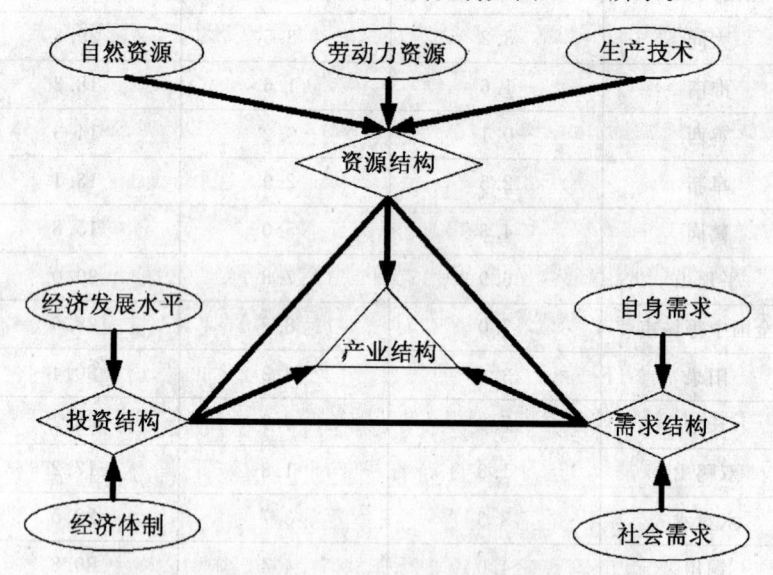

图3-1 煤炭资源开发地区产业结构形成机制示意图

从静态观点来看，资源结构、投资结构和需求结构促进了地区产业结

构的形成;从动态的观点来看,三大结构的变化将引起产业结构的演进。地区产业结构的演进,并不是一个简单的动态演进过程,其中包括四个内容:(1)产业部门数量的增加,产业关联的复杂化;(2)产业结构层次水准的提高,技术含量增加;(3)结构联系更加紧密,产业间的聚合程度提高;(4)地区主导产业的发展或更替。随着主导产业经历生命周期的不同阶段,其在地区经济中的地位变化,新的主导产业出现并取代老的主导产业部门。

不同类型的地区,同一因素对地区产业结构形成和演进的作用是有区别的。如对于加工业地区而言,资源结构对产业结构的影响较小,特别是在高度开放的市场经济体制下,随着交通运输条件的改善和运输成本的降低,资源结构对地区产业结构的制约作用下降。但对煤炭等采掘业地区而言,地区所拥有的矿产资源及其组合结构、数量和品质都对地区产业结构的形成和演进具有重要影响。劳动力结构的影响没有矿产资源明显,因为地区是一个开放的系统,是全国经济系统的子系统,劳动力可以在更大的区域内流动和调剂,这不同于劳动力对国家宏观产业结构的影响。我国很多煤炭城市是在乡村和偏远地区建立起来的,而劳动力则从报废老矿整编制迁入或从外地招募。

投资结构是指资金投向不同的产业部门而形成的投资总量的分配比例。不同方向的投资是改变已有产业结构的直接原因。投资新的产业将引起原有结构质的变化;对现有部门投资强度的差别,使不同产业的扩大再生产的规模不等,引起产业部门构成的量的变化。煤炭资源开发地区中的煤炭、电力、冶金等支柱产业的投资来源,在计划经济时期,主要依靠国家投资,地区自身积累而形成的投资能力很小。据调查,1995年淮南市国有经济完成投资34.9亿元,其中,中央投资27.54亿元,占78.9%;在分行业的基本建设投资完成额中,煤炭采选业占78.2%,电力、蒸汽及热水的生产和供应业占14.3%。改革开放以来,个体投资和外商投资增加,但数量非常有限。中央投资对煤炭资源开发地区产业结构形成和演进的影响深刻。我国的大规模经济建设是在一穷二白的基础上起步的,在资金严重不足的情况下,为了尽快建立较为完善的工业体系和促进工业布局的相对均衡,对煤炭资源开发地区的投资重点集中在采煤、电力等煤炭上游产品的生产上,无力进行更多的投资来发展深加工,这是煤炭资源开发地区产业结构单一的重要原因之一。从"五五"到"九五"期间,煤炭大省山西对煤炭工业的投资比重都在20%以上,其中"七五"期间达到了44.47%,近年来对煤炭工业的投资比重呈下降趋势,但在2004年这一比重又大幅上升。不过近十多年来对电力工业的投资比重很大,其中"九五"期间达到57.28%。大量坑口电站的建设,说明山西省近年来正在加快产业结构的调整,从原来的输煤向输电转变。

需求结构与产业结构存在相互影响、相互制约的关系。从短期静态的角度来看,产业结构制约着需求结构,但从长期动态的角度来考察,需求结构对产业结构有着深刻的影响。任何产业的规模扩张和收缩以及新产业的产生都是为了满足市场的需求。新中国成立后,煤炭城市的大量涌现及煤炭行业总量的扩张,正是为了满足经济发展和人民生活的需要。不过需求结构对产业结构的影响是通过投资结构来实现的。产业结构对需求结构的反应存在一个滞后期,其长短取决于不同产业的生产、建设周期。煤炭采选业、电力业、冶金业等产业的建设周期长,投资数量大,滞后期较长,对市场供求状况的反应灵敏度下降。

当然,地区产业结构的形成与演进还受到其他因素的影响,诸如国家政治、军事、文化等。我国在计划经济时期,少数人按长官意志办事,不顾资源结构,一味强调扭转"北煤南运"的局面,在江南煤炭资源贫乏地区发展煤炭工业,结果造成投资的大量浪费。

## 二、煤炭资源开发地区产业结构演进的实证研究——以鄂尔多斯市为例

由于新中国成立后的统计资料口径多变,而且在20世纪80年代以前,统计资料零散、匮乏,使我们对地区产业结构演进的研究十分困难。为了克服资料短缺的困难,笔者选择了20世纪90年代以来开始大规模开发、现在已经成为全国第一产煤大市的鄂尔多斯进行了实地调研,尽可能地收集历史时期的资料,研究煤炭资源开发地区产业结构的演进过程。

### (一)三次产业GDP构成的变化

由于无法获取1978年以前的国内生产总值的三次产业构成资料,只能以1978—2003年的资料来加以分析,从三次产业的GDP比重变化过程来看,都具有稳定的变化趋势。

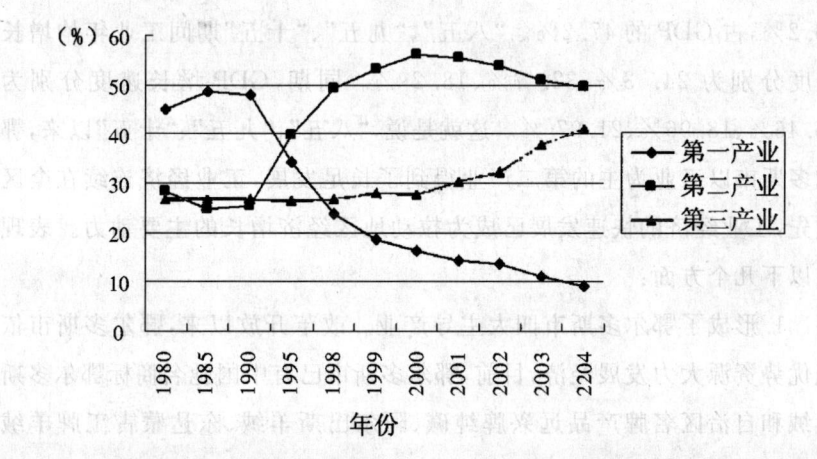

图3-2 鄂尔多斯市历年三次产业GDP比重构成变化

改革开放以来,鄂尔多斯市十分重视产业结构的问题,推行了一系列调整产业结构的宏观措施,使该市的产业结构发生了很大变化。尤其是20世纪90年代以来,第一产业比重不断下降,第二产业比重不断上升。1995年,第二产业比重超过第一产业比重,三次产业的比重由"一、二、

三"转变为"二、一、三"的格局,产业结构比由1990年的47.9∶25.4∶26.7转变为1995年的34.1∶39.7∶26.3;1998年三次产业的结构比达23.9∶49.3∶26.8,三次产业的比重又由"二、一、三"转变为"二、三、一"的格局(如图3-2所示)。这些变化说明了鄂尔多斯市从以农业为主导的传统产业结构向以工业为核心的、更高层次的产业结构演进,为下一阶段的经济发展和产业结构调整奠定了较好的基础。另外,从图3-2也可以看出,鄂尔多斯市第三产业的发展一直非常缓慢,但在2001年后提高很快。

(二)工业部门结构的演进

2004年,鄂尔多斯市第二产业占GDP的49.63%,比1990年增加了24.2个百分点。其中,工业增加值为169.32亿元,在内蒙古自治区12个盟市工业增加值排序中,由原来的第十位上升为第二位,占第二产业的86.2%,占GDP的47.2%。"八五"、"九五"、"十五"期间工业年均增长速度分别为24.3%、32.7%、18.2%。同期,GDP增长速度分别为15.46%、18.96%、21.97%。这就是说,"八五"、"九五"、"十五"以来,鄂尔多斯市以工业为主的第二产业得到了长足发展,工业经济连续在全区领先,工业经济的快速发展已成为拉动地区经济增长的主要动力。表现在以下几个方面:

1.形成了鄂尔多斯市四大主导产业。改革开放以来,鄂尔多斯市依托优势资源大力发展经济,目前,鄂尔多斯市已有中国驰名商标鄂尔多斯羊绒和自治区名牌产品远兴牌纯碱、阿尔巴斯羊绒、东达蒙古工牌羊绒衫、蒙西牌水泥等四种名牌工业产品,形成了以能源、毛纺、化工、建材为代表的独具特色的鄂尔多斯主导产业群。

2.围绕主导产业,有意识地培育和壮大企业。引导和帮助几大地方工业集团企业,建立现代企业制度,走集团化和集约化经营的路子,使鄂尔多斯市四大企业集团从无到有,从弱到强,迅速发展,成为带动地方工业经济的主要动力。鄂尔多斯羊绒集团组建于1991年,伊克昭盟化工集团于1992年组建,伊克昭盟煤炭集团始建于1990年,1995年又有亿利集团诞生,这4家大型企业集团都进入了中国520家重点企业行列,鄂绒还是全国120家大型试点企业集团之一。

3. 非公有制工业经济不断发展壮大。随着市场经济的不断发展,鄂尔多斯市积极调整所有制经济结构,出台了一系列鼓励、扶持非国有经济的方针政策。如组建大型企业集团并迅速扩张的同时,鄂尔多斯市各旗让个体、私营经济"唱主角,坐正席",果断地将旗属国有企业通过各种方式转为民营企业。2003年,全市非国有经济注册个体工商户达37 574户,从业人员62 763人;私营企业3 008户,从业人员3万多人。全市非国有工业经济的比重由1990年的35.4%上升到2003年的62%。2002年,鄂绒、伊泰两大集团全部转为民营企业。非国有工业经济得到了迅猛发展。

4. 国家重点建设项目带动鄂尔多斯市工业经济向更高层次发展。"八五"以来,鄂尔多斯市积极争取和扶持国家重点建设项目在鄂尔多斯市投资建设,使一批大型能源建设项目建成投产。这些项目的建成投产对鄂尔多斯市工业经济快速发展发挥着重要作用,正成为鄂尔多斯市工业经济最大的增长点。

(三)轻重工业结构的变化

分析表3-10、表3-11可以看出:1990—1992年鄂尔多斯市轻工业占GDP的比重大。1992年之后,重工业占GDP的比重逐步上升。2003年,轻重工业比重达36.50∶63.50,而同期内蒙古平均水平为31.5∶68.5,全国平均水平为39.4∶60.6。鄂尔多斯市轻工业比重比内蒙古平均水平高5个百分点,比全国平均水平低3个百分点。从轻工业内部结构看,以农产品为原料的工业与以非农产品为原料的工业二者的比例为94∶6。而内蒙古的平均水平为87.2∶12.8,全国的平均水平为62.7∶37.3。可见,鄂尔多斯轻工业主要依托农业及农业资源的转移。鄂尔多斯市重工业比重高于全国平均水平5.3个百分点,主要是采掘工业和原料工业等资源型工业比重较高。从重工业内部结构看,采掘工业、原料工业、加工工业三者的比例为43∶51∶6,内蒙古的平均水平为17.9∶67.2∶14.9,全国平均水平为9.2∶40.4∶50.4,采掘工业、原料工业的比重分别比全国平均水平高出33.8和10.6个百分

表3-10 1990—2003年鄂尔多斯市轻重工业比重变化情况(规模以上)(单位:%)

| 年份 | 轻工业比重 | 重工业比重 |
| --- | --- | --- |
| 1990 | 60.44 | 39.56 |
| 1992 | 52.59 | 47.41 |
| 1993 | 48.76 | 51.24 |
| 1995 | 38.88 | 61.12 |
| 1998 | 32.34 | 67.66 |
| 2000 | 38.35 | 61.65 |
| 2001 | 47.34 | 52.66 |
| 2002 | 38.01 | 61.99 |
| 2003 | 36.50 | 63.50 |
| 2004 | 21.76 | 78.23 |

资料来源:根据《鄂尔多斯市统计年鉴2005》整理所得。

表3-11 2003年部分地区轻、重工业比例及其内部结构(规模以上) (单位:%)

| 地区 | 轻工业 总产值 | 以农产品为原料 | 以非农产品为原料 | 重工业 总产值 | 采掘工业 | 原料工业 | 加工工业 |
| --- | --- | --- | --- | --- | --- | --- | --- |
| 全国 | 39.4 | 62.7 | 37.3 | 60.6 | 9.2 | 40.4 | 50.4 |
| 内蒙古 | 31.5 | 87.2 | 12.8 | 68.5 | 17.9 | 67.2 | 41.9 |
| 鄂尔多斯 | 36.5 | 94 | 6 | 63.5 | 43 | 51 | 6 |

资料来源:根据《鄂尔多斯市统计年鉴2004》整理所得。

点,加工工业的比重比全国平均水平低 44.4 个百分点。以采掘工业、原料工业为主的重型结构成为鄂尔多斯市工业结构的一个明显特征。这一重型工业结构表明鄂尔多斯市除绒纺产品外,其余煤炭、化工、建材等工业产品大多数属于基础性上游产品,产业链短,加工程度低,精深加工产品和高附加值、高技术含量产品的比例很小。

(四)工业内部各行业产值比重变化

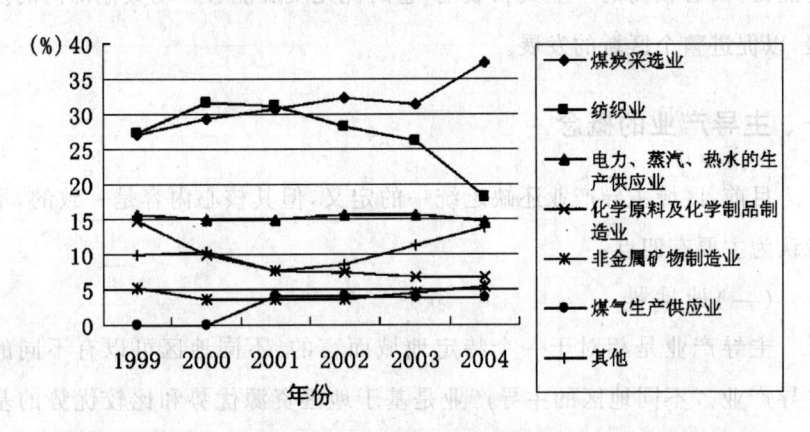

图 3-3 1999—2004 年鄂尔多斯工业内部各行业产值比重变化

从图 3-3 可以看出,近年来煤炭采选业在鄂尔多斯市工业内部所占比重举足轻重,达 35% 以上,并呈上升趋势,纺织业所占比重呈下降趋势,电力、蒸汽、热水的生产供应业以及非金属矿物制造业发展平稳,煤气生产供应业从无到有,发展迅速。鄂尔多斯市正朝着能源重化工基地迅速迈进。

## 第三节 我国煤炭资源开发地区主导产业的选择

罗斯托在其所著的《经济成长的阶段》一书中,首先提出了"主导产业"的概念。他从世界经济发展史的角度,把人类社会发展分成传统社会阶段、为起飞创造前提阶段、起飞阶段、向成熟推进阶段、大规模高消费阶段以及后来补充的追求生活质量阶段。罗斯托认为,经济增长的几个阶段出现依次更替的原因主要是主导部门的不断更替和人类欲望的不断更替。主导产业不仅自身增长率高,而且具有技术创新和迅速应用新技术的能力,具有较高的产业关联效应,它的优先发展能够带动其他部门的发展,以促进整个区域的发展。

## 一、主导产业的概念

目前,区域主导产业还缺乏统一的定义,但其核心内容是一致的,笔者认为主要有四点:

### (一)地域性

主导产业是相对于一个特定地域而言的,不同地区可以有不同的主导产业。不同地区的主导产业是基于地区资源优势和比较优势的基础上形成的专业化部门,该部门在区域中具有较高的区位商和产值比重。

### (二)关联性

主导产业的最大特点是它的发展能带动其他部门,促进地区整体经济的发展。这种局部带动整体的内在机制就是产业间的关联作用,关联效应小的部门难以成为主导产业。

### (三)动态性

对任何一个地区而言,主导产业不是一成不变的。随着科学技术的进步,新的产业不断出现,原有比较优势的变化导致地区主导产业的不断更替。更替的重要标准是看它是否拥有比较优势,是否能不断引进技术创新以获得较高的增长率。

### (四)多样性(群体性)

一个地区可以拥有单一的主导产业,也可以同时拥有由多个产业部门组成的主导产业群。一般而言,地区经济规模越大,工业综合发展程度越高,拥有的主导产业有可能越多。

## 二、主导产业的选择基准

主导产业在区域经济发展中具有特殊的地位,主导产业的选择和建立,必须按照一定的标准进行,而对基准的确定首先有两个理论前提:第一,产业结构成长的基准并不是一个具有普遍性的标准。确定这种基准,实质上是一个根据地区经济发展的具体情况,对不同角度和不同层次需要解决的经济问题,分轻重缓急的次序进行取舍的过程。因此,所谓基准,也就是一种倾斜式的产业发展战略。由于不可能面面俱到,所以对基准问题就不能从绝对均衡的意义上去理解。第二,产业结构成长的基准并不是一个规范产业发展的永恒标准。随着产业结构的成长经历不同阶段的变化,作为基准也应该要求超前发生变化,但是这种运动规律的绝对变化性并不影响在一定时期内基准发挥稳定作用的过程。一般而言,主导产业选择的基准主要有以下几方面:

### (一)产业关联基准

美国发展经济学家赫希曼在其名著《经济发展战略》一书中,根据投入产出的基本原理,对产业间关联度和工业化的关系作了进一步研究,认为对资本相对不足和区内市场相对狭小的欠发达地区来说,应当优先发展后向关联度较高的产业,并提出了以后向联系水平确定主导产业的基准,因为前向连锁不能独立形成发展的诱导机能,它要伴随累积"需求压力"同时出现,而后向连锁的效果则要好得多。然而,赫希曼基准在工业化初期,经济不发达的阶段相对比较适用,而随着工业化的推进和经济发展水平的提高,供给对需求的创造作用会逐渐增大,这时倘若还仅以后向关联作为选择主导产业的基准未免存在很大的局限。因此,许多学者将赫希曼基准进行了拓展,将前后向关联的综合强度作为产业关联基准,即认为应该以对前后向产业起较大带动作用的产业为主导产业。这一产业的关联强度反映了产业间技术经济联系的密切程度,通常用影响力系数和感应度系数来衡量。

所谓影响力系数,是指一种产业影响其他产业的程度;所谓感应度系数,是指一种产业受其他产业影响的程度。这两个系数的变化可能出现三种情形:其一,影响力系数和感应度系数都高的部门,简称"两高"部门;其二,其中某一系数高,而另一系数低的部门,简称"一高一低"部门;其三,影响力系数和感应度系数均低的部门,简称"两低"部门。在这三种情形中,"两高"部门是主导产业的最佳选择,"一高一低"部门或多或少有作为主导产业的可能,"两低"部门是不宜作为主导产业的。

(二)需求收入弹性基准

日本产业经济学家筱原三代平于20世纪50年代中期在《产业结构与投资分配》中,针对日本经济高速增长时期的情况,提出了规划日本产业结构的两条基准:需求收入弹性基准和生产率上升率基准。

所谓需求收入弹性,就是需求增长率与收入增长率之比,表示需求增长对收入增长的依赖程度。在价格不变的假设前提下,随着收入水平的提高,人们对不同商品需求量的增长率是不同的。需求收入弹性大于1的产业,表明需求增长速度高于收入增长速度;而需求弹性小于1的产业,表明需求增长速度低于收入增长速度。在市场经济条件下,社会需求是推动产业发展最直接也是最大的原动力,其结构变化则是产业结构变化和发展的原动力。显然,选择需求收入弹性大的产业作为主导产业来发展,将更有利于推动未来的经济增长。一般地说,农产品的收入弹性持续低于工业品的收入弹性,轻工业产品的收入弹性又持续低于重工业产品。在工业化的不同阶段,不同产业的产品其收入弹性是不同的。因此,在判断某一产业的需求收入弹性的时候,应根据具体情况具体分析。

（三）生产率上升率基准

这里的生产率是指全要素生产率,即指综合要素生产率,也就是劳动生产率、资金生产率、能源生产率等诸生产要素生产率的加权平均。在社会再生产过程中,生产率上升较快的产业,其技术进步速度也较快,单位产品的生产费用较低。

需求收入弹性基准与全要素生产率上升率基准有着内在的联系:前者是从需求角度而言的,后者是从供给角度而言的。从供给方面看,如果仅有较高的技术进步率,未必能支持较高的生产率上升率,较高的生产率上升率是以较好的销售条件为基础的,即要以不断扩大需求为基础,如果生产费用的下降与价格下降同步,则劳动生产率也不会上升。从需求方面看,收入弹性较高的部门,意味着它有广阔的市场,这为该产业的技术进步提供了必要的刺激条件。

（四）比较优势基准

地区的主导产业必须建立在地区经济优势的基础上,因为地区主导产业首先是专业化产业,即输出大的产业。这种经济优势是同其他地区比较而言的,即比较经济优势。中国许多中西部地区选择传统产业作为主导产业,并非放弃筱原三代平的二基准,而是因为这些传统产业具有比较优势。通常,一个地区的自然资源禀赋、劳动力数量、原有产业基础、自然地理环境、文化历史等都可以构成其比较优势。

（五）过密环境基准和丰富劳动内容基准

20世纪70年代后,日本规划产业结构的基准在保留了收入弹性和生产率上升率的基准外,针对日本经济发展的新形势又增加了两个选择主导产业的基准：过密环境基准和丰富劳动内容基准。

过密环境基准要求选择能满足提高能源的利用效率、强化社会防止和改善公害的能力，并具有扩充社会资本能力的产业作为主导产业。过密环境基准的着眼点是经济的长期发展与社会利益之间的关系。经过20世纪60年代的发展，工业化与环境保护、经济发展与社会成本之间的矛盾日益突出。为了解决这些矛盾，日本产业结构审议会提出了过密环境的选择基准，以缓解和解决发展与环境、经济与社会之间的矛盾。

丰富劳动内容基准要求在选择主导产业时要考虑到发展能为劳动者提供舒适、安全和稳定劳动场所的产业。这一基准同过密环境基准的一个共同之处是反映了日本当时经济发展与社会发展如何协调的问题。丰富劳动内容基准的提出，标志着已到了将发展经济的最终目的与提高劳动者的满意度相联系的时代。

（六）其他基准

在各国经济发展的过程中，还有许多学者结合本国经济发展的实际提出了相应的主导产业选择基准。如我国学者周振华博士总结了传统选择基准在一些国家不成功的教训，认为以前各种选择基准的实质，是一种"以先进产业带动整个产业发展的战略方针"，要实施此种战略方针，必须具备下列主要条件：第一，产业基础相当完善，不存在严重的"瓶颈"制约；第二，产业结构不存在二元经济的结构性矛盾；第三，产业素质较好，具有较强的自我调整能力；第四，产业间要素流动比较畅通。然而，这些条件即使在"起飞"时期的日本、联邦德国也难以具备。因此，这些基准在产业结构高级化进程的一定阶段是有局限性的。结合我国的情况，在选择煤炭资源开发地区的新型主导产业时，应充分考虑各地区经济发展状况、资源禀赋的主要特点，综合运用以上基准，科学合理地确定现在和未来的主导产业。

## 三、煤炭资源开发地区主导产业的选择——以鄂尔多斯市为例

鄂尔多斯市位于古大陆鄂尔多斯盆地腹部，煤炭资源丰富，全市8.7万平方公里的土地上，含煤面积约占70%，由准格尔、东胜、桌子山（含鄂托克前旗上海庙煤田）三大煤田组成，已探明储量1 244亿吨，占内蒙古自治区的53%，全国的16.3%，其中保有储量1 160亿吨，占内蒙古自治区的51.7%，全国的20.5%，预测远景储量1万亿吨，占内蒙古自治区的89.9%，全国的22.1%。鄂尔多斯市是国家重要的能源接续地。在能源结构中占有绝对优势，比例高达97.28%，高出全国平均水平26.98个百分点，决定了煤炭在地区经济发展中的基础地位，大力发展以煤为主的工业始终是鄂尔多斯市产业发展的核心。

（一）煤炭资源开发利用情况

原煤产能情况。截止到2003年底，鄂尔多斯市累计产出原煤4.2亿吨，占可采储量的1%，占探明储量的0.4%。全市现有煤矿572座，2003年生产原煤8 103万吨，其中神华集团所属神东公司、准能公司、万利公司和金峰公司共计20座，平均生产能力201.25万吨/年，2003年生产原煤4 025万吨，地方煤矿552座，平均生产能力7.4万吨/年，2003年生产原煤4 078万吨。

煤炭加工转化情况。鄂尔多斯市所产原煤绝大部分外运销售，2003年，外销原煤5 838万吨，占原煤产量的72%；洗精煤193.6万吨，按1.7∶1的洗出比例，消化原煤329万吨，入洗率仅为4%；生产焦炭325万吨，按3∶1的比例折算，消化原煤975万吨，占原煤产量的12%；发电用煤627.3万吨，占原煤产量的7.74%；其他工业用煤233.3万吨，占原煤产量的2.88%；民用煤100万吨，占原煤产量的1.2%。煤炭液化及煤制甲醇、二甲醚等已有大项目落地实施，尚未投入生产。

表 3-12　1995—2004 年鄂尔多斯市煤炭产值效益情况

| 年份 | GDP（亿元） | 工业增加值（亿元） | 煤炭规模以上增加值（亿元） | 煤炭增加值占GDP比重（%） | 煤炭增加值占工业增加值比重（%） | 财政收入（亿元） | 煤炭产业税收（万元） | 占财政收入比重（%） |
|---|---|---|---|---|---|---|---|---|
| 1995 | 49.74 | 16.1 | 3.63 | 7.3 | 22.5 | 4.44 | 7 299 | 16.4 |
| 1996 | 64.15 | 26.3 | 6.5 | 10.1 | 24.7 | 6.43 | 6 416 | 10 |
| 1997 | 79.22 | 34.71 | 9.22 | 11.6 | 26.6 | 9.62 | 10 855 | 11.3 |
| 1998 | 100.26 | 46.04 | 5.58 | 5.6 | 12.1 | 10.74 | 17 703 | 16.5 |
| 1999 | 118.22 | 58.68 | 8.07 | 6.8 | 13.8 | 12.59 | 23 865 | 19 |
| 2000 | 150.09 | 78.9 | 13.06 | 8.7 | 16.6 | 15.74 | 35 311 | 22.4 |
| 2001 | 171.84 | 90.18 | 12.69 | 7.4 | 14.1 | 17.98 | 53 207 | 29.5 |
| 2002 | 204.77 | 105.94 | 19.95 | 9.7 | 19.0 | 21.7 | 66 623 | 30.7 |
| 2003 | 270.46 | 131.36 | 27.76 | 10 | 21.1 | 28.61 | 77 745 | 27.2 |
| 2004 | 395.9 | 169.3 | 59.11 | 14.93 | 34.91 | 42.40 | 168 266 | 39.7 |

资料来源：根据《鄂尔多斯市统计年鉴》1996—2005 年资料整理所得。

## （二）鄂尔多斯市主导产业的选择

根据前面所分析的主导产业的选择基准，结合我国宏观经济发展背景和鄂尔多斯市的实际情况，我们认为，目前鄂尔多斯市正处于大规模开发煤炭资源初期，经济发展处于资本积累时期，采煤和发电可以成为带动鄂尔多斯发展的主导产业，这符合比较优势基准和需求收入弹性基准；但从长期来看，主导部门应该转到煤化工，这是产业关联基准、生产率上升基准、过密环境基准和丰富劳动基准的必然要求。采煤可以对近期的经济起到带动作用，但煤作为燃料发电或运到外面去销售，鄂尔多斯市仍是生产原料的地区。假如在产煤的同时也发展了煤化工，煤的附加值就大了，所以鄂尔多斯市中长期主导产业应该是煤化工，当然也不能放松采煤、发电。①

具体来讲,要围绕煤炭资源实施以下战略:

(1)煤炭洗、选、配发展战略。鉴于鄂尔多斯市煤炭外销量大而运力不足造成煤价偏低、煤炭产值和效益不能充分体现的实际,必须把煤炭的洗、选、配作为煤炭加工的基本举措来抓,下决心大力推进,抓出成效,使好煤真正卖出好价钱,实现优质优价。

推进措施:①依据各煤矿的核定产量,确立相应洗选加工比例。2010年中央、自治区直属大煤矿达到90%以上,地方煤矿达到60%以上。②鼓励、支持大型煤炭企业实行洗、选、配、运一体化建设、一条龙作业。③根据鄂尔多斯市中、小煤矿集中分布的特点,支持各煤矿联合建设区域群矿选煤厂和重点集装站动力配煤厂,集中选配,集中发运,提高原煤入选率和商品煤的质量,如伊泰集团自行建设的准东铁路及西营子集运站。

(2)煤电一体化发展战略。煤电一体化是我国能源产业发展的核心,更是鄂尔多斯市煤炭产业发展的重中之重。实现煤炭清洁利用最有效的途径是煤转电。

从发电用能源的资源保证和技术经济角度看,电力工业选择以煤为主的电源结构,无论过去、现在和将来,都是经济、安全的必然选择。新中国成立以来火电始终保持75%的比重,足以说明煤炭是电力发展的基础。

国内外电力与煤炭发展的历程表明,电煤占煤炭消费量比例的逐年上升,是一个国家电气化水平不断提高和能源可持续发展的必然要求。电力以煤炭为基础,电力又是煤炭的最大用户。目前,电煤占煤炭消费总量的53%,有关人士预测,到2020年这一比例将达到65%左右,而鄂尔多斯市内电煤用量仅占煤炭消费量的7.74%,如果2010年鄂尔多斯市

---

① 此处借鉴了厉以宁先生的观点,见厉以宁:《厉以宁经济评论集》,经济科学出版社2005年版,第171页。

电煤占比能达到目前国家平均水平,全市的煤电装机容量将在3 500万千瓦以上。这不仅为鄂尔多斯市煤炭转化提供了巨大的发展空间,也是鄂尔多斯市经济发展的巨大潜力。

鄂尔多斯市近煤、近水,建设大型坑口电厂具有明显的比较优势。鄂尔多斯市坑口电厂发电成本仅为0.12元/千瓦时,不到中东部地区的一半,具有无可比拟的竞价上网优势。所以,只要充分发挥优势,抢抓机遇,全力抓好已规划开工电厂项目的逐项落实,完全可以实现预期目标。

在推进煤电一体化上,可以选择三种模式:煤办电一体化经营、电办煤一体化经营、社会投资煤电一体化经营。不论采取哪一种模式,都要以股份制为主体,建设大型企业集团,按股份多少履行职责,享受权益。

(3)煤炭重化工发展战略。煤化工是鄂尔多斯市提升煤炭产业层次、延伸产业链、提高产品附加值最为有效的途径。有关资料表明:煤转电产值增长10倍,煤转油产值增长20倍,煤炼焦产值增长5倍,如果将煤焦油炼成苯、增效剂(炭黑),产值增长42.5和200倍,再加工成染料、医药和化纤产品,产值增长500、750和1 750倍。因此,要实现煤炭产业经济效益的最大化,就必须设法延长产业链,变狭义的煤炭能源产品输出为广义的煤炭化工产品输出。

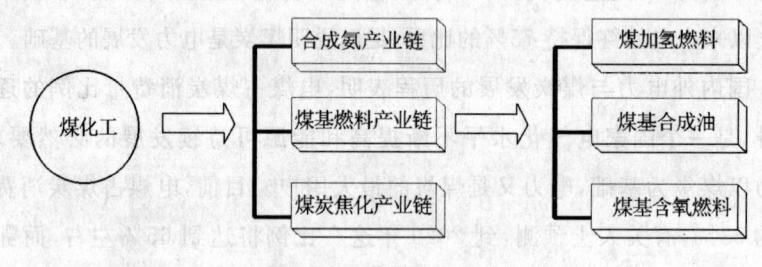

图3-4 煤化工产业链

由于周边陕西、山西、宁夏及呼市的化肥产能较大,区域产能过剩,除在"十一五"后期可考虑集中建设一处52万吨合成氨项目外,鄂尔多斯市在构筑合成氨产业链上不具备比较优势,但在发展煤焦化和煤基燃料产业链上有产业基础和大项目支撑。

构筑煤焦化产业链应着重提高焦炭和焦油两大产业的集中度和产业规模,变小规模、分散加工为园区化集中发展。构筑煤基燃料产业链是鄂尔多斯市发展煤化工的主攻方向。从国家层面看,发展煤转油、煤制甲醇、煤制二甲醚是国家解决因石油进口造成能源供应安全问题的主要对策之一,发展不受其他国家和地区影响,甚至不受市场波动的影响。从市场前景看,在石油安全形势严峻、能源极度紧张的情况下,以煤基燃料替代石油产品已经成为国家能源发展的新路线、新途径,具有广阔的市场前景和明显的经济效益。

神华集团煤炭直接液化项目的开工建设,标志着鄂尔多斯市发展煤制油产业迈出了历史性的步伐,应积极配合和全力支持项目建设,争取项目早日建设投产。与此同时,要全力支持伊泰煤炭集团与山西煤炭研究所联合开展煤炭间接液化试验,力争早日进入工业放大阶段,从而将鄂尔多斯市打造成世界级的煤转油生产基地。

鄂尔多斯市不仅煤炭资源富集,天然气资源也极为丰富。境内有国内最大陆上整装大气田——苏里格气田,探明储量7 532亿立方米。以此为依托,天然气化工产业迅猛发展,已形成了100万吨/年的甲醇生产能力。与天然气制甲醇相比,煤制甲醇成本优势明显,每吨的生产成本低150元左右。所以要大力发展煤制甲醇,与天然气制甲醇同步推进,联手打造全国最大的甲醇及其中下游产品生产基地。

(4)循环煤炭工业发展战略。循环经济是一种以资源的高效利用和循环利用为核心,以"减量化、再利用、资源化"为原则,以低消耗、低排放、高效率为基本特征,符合可持续发展理念的经济增长模式,是对"大量生产、大量消费、大量废弃"传统增长模式的根本改变。发展循环经济有利于形成节约资源、保护环境的生产方式和消费模式,有利于提高经济增长的质量和效益,有利于促进人与自然的和谐,体现了以人为本和可持续发展的本质要求。这一增长模式受到了包括中国在内的世界各国的高度重视,已成为世界经济发展不可逆转的潮流。

实施循环煤炭工业发展战略,就是要以煤为原料,围绕煤气化、煤电化、煤焦化、煤液化四大主导产业,在生产各主要环节配套设置再利用生产工艺和装置,构建煤气、发电、化工一体化的高效能源化工体系,实现煤炭资源利用最大化和效益最大化。

鄂尔多斯市循环煤炭工业产业链的构筑:①煤→电及其废弃物循环利用产业链。利用煤矸石、中煤发电,发电产生的粉煤灰(氧化铝含量达40％)用于提取氧化铝,提取过程中产生的硅钙渣用做水泥熟料。②煤→电→高载能及其废弃物循环利用产业链。煤转电后,依托电力资源,利用境内丰富的石灰石、铝矾土、高岭土等资源发展环保型高载能产业,废气回收用做化工原料,废渣用做建材原料。③煤→煤化工及其废弃物循环利用产业链。用洗选出的精煤生产焦炭,产生的焦炉煤气回收利用(直接制取甲醇及其中下游产品,或与天然气混合,实现炭氢互补后,制取甲醇及其中下游产品),各个环节产生的废水,经过生化处理后,闭路循环利用。

(5)煤炭企业集团化发展战略。煤炭产业是规模效益最为明显的产业,在发展过程中必须提高产业集中度,培育和组建大型企业和企业集团。组建大型企业和企业集团,能够在更大范围内实现生产要素的优化组合和资源的合理配置,有利于提高规模经济效益,提高抵御市场风险能力,有利于提高煤炭加工转化能力和煤炭回采率。

鼓励各类煤炭企业通过资产重组,按地域、煤种、运输通道和市场组建大企业和企业集团。

支持大企业和企业集团通过兼并、收购、联合、股份合作等多种形式对小煤矿进行技术改造,提高小煤矿的生产规模和技术装备水平。

支持大企业和企业集团实施煤电、煤焦化、煤化工、煤建材一体化生产经营。

支持煤、电、路、港企业联合重组为特大型企业集团。

到"十一五"末,培育5 000万吨级企业2户(神东、准能),1 000万吨级企业5户(万利、金峰、伊泰、汇能、伊东),300万吨—500万吨级的企业11户(乌兰、满世、蒙泰、东晨、聚祥、聚能、广利、星光、特弘、呼氏)。

## 第四节 煤炭资源开发地区非煤产业的发展

### 一、煤炭资源开发地区发展非煤产业具有历史必然性

(一)处于衰老期的煤炭资源开发地区必须发展非煤产业,及时进行产业替代

煤炭采选业是煤炭资源开发地区最大的支柱产业,其他产业也都是围绕煤的生产而逐渐发展的。然而,煤炭是不可再生资源,对于已经界定了井田范围的矿井来说,其资源采一点少一点,采得快衰老报废得也快。所以,每个煤矿及煤矿区都必然要经历一个"兴盛—衰老—报废"的自然过程,这是一个不可抗拒的客观规律。一个煤矿如果资源已经枯竭,即使再追加投入,也不会有产出,因为外部的投入只能改变生产条件,不构成煤炭产品实体,也不增加新的价值和使用价值。煤矿衰老报废后,其人员一部分可能会转移到新的煤矿区,但绝大部分却要就地生存,因为新区容量有限,而且大部分煤矿职工在本地建立了永久性的家庭,其家庭成员往往在不同的行业、部门工作,工作性质、技术差异甚大,调动较难。同时,有煤矿的地方,往往围绕着煤矿的生产建设,逐渐形成了以煤矿企业为主体的有一定规模的"小社会"——煤炭城镇。在该城镇中,煤炭企业有着庞大的地面建筑和生产、生活服务设施,矿井报废了,但是这些与大地紧紧连在一起的巨额资产却不能整体迁移,必须继续使用,重新配置生产要

素,创造新的财富。为此,矿区处于衰老期的煤炭城市,必须发展非煤产业,及时进行产业替代,以使矿井报废后的城市经济能持续繁荣和发展,人民能继续生产和生活。

### (二)处于成长期和成熟期的煤炭资源开发地区也需要很好地发展非煤产业,提供就业与再就业岗位

处于成长期和成熟期的煤炭资源开发地区发展非煤产业,是煤炭生产特点和规律决定的。煤炭生产具有用人多、地下作业、环境恶劣、劳动时间长、劳动强度大等特点,从而决定了煤矿一线工人职业寿命短(一般只有10—15年)、伤亡病残率高,井下工人更新周期短,由井下返流到井上的工人滞留在地面,使地面人员不断膨胀。一个煤矿在投产初期各类人员的比例是合适的,但随着时间的推移,非原煤生产人员、地面人员比例逐渐增大,需要重新安置工作、再就业。如果煤矿富余人员及时溢出煤炭生产过程而流向非煤生产领域,无疑会有利于改善劳动组织,提高劳动生产率。不然,科技进步给企业带来的效率和效益,就将被冗员所淹没。同时,由于劳动强度大,一线工人只能用男性,又由于煤矿采掘工人的婚配对象绝大多数来自农村,她们及子女同样需要就业。这些就业与再就业的工作岗位只能靠非煤产业来提供。

### (三)发展非煤产业是煤炭资源开发地区产业结构合理化的一项重要措施

在计划经济时期,由于国家需要大量煤炭,并在投资上对煤炭城市采取倾斜政策,片面强调"以煤为纲",使煤炭城市走了"国家要煤,煤矿挖煤,城市保煤"的路子,煤炭这个初级产业孤军突破,忽略了相关产业和其他产业的发展,造成煤炭城市产业结构的严重失调,产品结构是初级型的,产业部门是分割型的,产业技术结构低下,产业组织结构规模效益差。单一型的产业结构,吸纳不了过多的富余人员,当行业不景气时,缺乏缓解风险的能力,使富余人员过多的矛盾更加突出,下岗、失业问题严重,影

响社会稳定。煤城经济要走出困境,就必须调整产业结构,在抓好改造、发展主导产业的同时,大力发展非煤产业,实施"以主带副,以副养主"、产业替代的发展战略。①

## 二、煤炭资源开发地区发展非煤产业应遵循的原则

### (一)市场导向原则

任何产品都要经过市场的检验。在市场经济条件下,消费对生产、需求对供给的导向作用日益增强,产业结构变化越来越多地受消费需求结构变化的牵引。产业结构的调整,虽然反映产业之间的相互联系及其比例关系的变化,但是归根结底受制于消费需求结构的状况。因为满足社会需要既是生产建设的出发点,又是生产建设的归宿。因此,与需求结构相适应,既是发展非煤产业的依据,又是发展非煤产业的基本要求和根本原则,离开这一原则发展非煤产业将失去目的、失去标准、失去根本性动力。

### (二)经济效益原则

这是选择非煤产业项目的基本尺度。虽然赢利和富余人员安置都是效益,但首先应考虑赢利,没有赢利的项目就没有生命力,从业人员还可能出现二次待业。只有好的经济效益,才能使区域经济更好、更快地发展,安排更多的富余人员。

### (三)科技进步原则

发展非煤产业若采取资源的倾斜配置,虽然能在一定程度上实现产业结构的相对平衡,使产业结构合理化,但这不能从根本上解决产业结构落后的矛盾,能源、原材料的低效利用和供应不足的恶性循环也难以消

---

① 张凤武:"煤炭城市发展非煤产业研究",载《中国矿业大学学报》(社会科学版)2003年第2期。

除,与发达地区的经济技术差距并不能缩短。因此,在发展非煤产业时,要坚持科技进步原则,瞄准高新技术,着眼于世界先进水平,使产业结构建立在先进技术水平和优良的经济素质的基础上,向高级化方向发展。

### (四)发挥优势原则

优势是选择非煤产业项目的必要条件。在一个较大的范围内,各地区的经济发展极不平衡,为了促进地区经济的协调发展,应力争地区产业各有侧重的发展方向,形成分工互补的良性循环体系。因此,发展非煤产业应有助于:第一,各地区能扬长避短,发挥优势;第二,各地区之间能分工合理,优势互补,使全国经济真正形成一个有机整体,提高资源配置的宏观效益。在决策之前,要全面调查研究本地区的资源优势、社会经济条件优势和技术优势。具有优势的项目才能在竞争对手如林的市场上站稳脚跟,永立不败之地。

### (五)环境保护原则

现代社会要求改变单纯追求经济增长、忽视生态环境保护的传统发展模式,由资源型经济过渡到技术型经济,综合考虑社会、经济、资源与环境效益。煤炭城市由于其生产过程的特殊性,从而不可避免地对生态环境造成相当严重的损害。除了具有一般工业城市所普遍存在的工业污染外,还具有一些特殊的环境问题,如地表沉陷、良田被毁、房屋倒塌、地下水断流、煤泥水污染水源、矸石废渣成山等,使整个城市的生态环境破坏严重。因此,在发展非煤产业过程中,必须着眼于创造一个既适合近期发展,又适合未来长远利益的良好环境,走经济与环境协调发展的道路。

### (六)产业相关原则

任何事物都是相互联系的,但联系的紧密程度不同,相关产业与主导产业的联系是较密切的。煤炭城市发展非煤产业应尽可能地选择那些与煤相关的产业,因为相关产业在生产要素和生产环节上与主导产业有一定的相容性,对技术转化与管理有利。

## (七)产业协调原则

发展非煤产业的目标是使产业结构整体优化,促进产业协调发展。协调是指各产业之间有较强的相互转换能力和在生产、交换、分配、消费各环节之间能和谐地运行。产业之间协调发展是由产业结构的整体性决定的,在社会化大生产条件下,城市经济的运行是一个完整、严密的大系统,任何一个环节的脱节,都会引起社会再生产和经济再循环的中断。因此,应在正确选择城市第一产业、第二产业、第三产业内部序列协调发展的基础上,系统筹划各产业之间综合协调关系,使各次产业之间在发展中相互创造条件,形成良好的经济互补态势。

## 三、煤炭资源开发地区的非煤产业类型

煤炭资源开发地区的主导产业是煤炭采选业和煤化工,发展非煤产业可选择的类型主要有:

### (一)节能综合利用型

这是以煤炭开采所产生的废物为加工对象和以伴生资源的开采、加工所形成的产业,如瓦斯利用、矸石发电、灰渣水泥、灰渣砖、矸石釉面砖、褐煤蜡、高岭土、铝矾土等产品项目。这类项目都是利用煤矿废弃物和与煤共生、伴生矿产资源,发展这类项目一举数得,社会效益、环境效益和企业经济效益都好,而且一般还可以获得较迅速、稳定的发展。

### (二)自我服务型

这是为煤炭采选业生产、生活提供配套服务的产业,如农业、林业、牧业、渔业、煤机制造业、矿用各类材料配件生产业、机电维修业、木器加工业、食品制造业等。这类项目的服务对象主要是矿区或某一个矿,依附性强,容易受煤矿生产发展变化的制约,煤矿兴旺它兴旺,煤矿衰落它萧条。

### (三)与煤非相关型

这是既不在煤炭产业链上,又与煤炭生产关系不大的产业,如服装、

电子、陶瓷、橡塑、烟酒、轻纺等产业。煤炭资源开发地区发展这些与煤不相关的产业,技术转化慢,管理跨度大,在市场竞争中先天不足。因此,发展这类项目要慎重,预测要科学,论证要充分,决策要正确。

# 第四章　煤炭资源开发地区投资环境研究

从第二章的分析中可以看到,煤炭资源的开发并没有很好地带动煤炭资源开发地区的经济增长和发展,即使是在煤价上涨期间,也没有形成较高的经济增长态势,但是却出现了大量的煤炭富豪和大量有关煤炭富豪奢侈消费、煤炭丰富地区资本外流的现象。这一现象对通常人们关于煤炭资源开发地区发展滞后的原因认识提出了挑战,[①]并引导人们关注如何留住这笔来自于煤炭的财富,并通过投资等方式更好地用于本地的经济建设和社会发展。考虑如何更好地将资源优势转化为吸引投资优势、将资源财富转化为投资就涉及区域经济研究中一个极为关键的概念,即区域投资环境。本章就煤炭资源开发与区域投资环境展开分析。

## 第一节　区域投资环境与煤炭资源开发地区的发展

### 一、区域投资环境的概念

投资环境是指围绕投资主体、投资活动所提供的各种条件(因素)的

---

[①] 导致煤炭资源开发地区经济发展滞后的原因很多,但是通常都把"中央政府的条块分割体制和定价中的'剪刀差'机制抽取了煤炭资源开发的收益,导致地区缺乏积累"列为最主要原因之一,而从上文所述的现象中可以看到,煤价上涨、地方及个人在煤炭资源开发的比重也不低,但经济绩效仍不如意,因而这一原因不是最主要的。

集合。① 这一集合并非凭空想象的产物,而需要一定的载体,如空间、时间、产业等。如果我们赋予其具体的空间载体,考虑一个区域为投资主体、投资活动提供的各种条件(因素),即为区域投资环境。换句话说,区域投资环境是影响或制约一个地区投资的发生、投向、数量、效益等所有外部条件的集合。作为一个集合,一方面,该集合的要素包括所有与一定投资项目有关的自然、政治、经济、社会等诸多方面的因素。另一方面,它也规定了各因素之间的组合方式:各要素之间并非孤立存在的,而是相互交织、相互依赖、相互作用、相互制约的。因此,区域投资环境是一个有机的系统。

通常,我们把区域投资环境要素划分为硬环境和软环境两个部分。硬环境是指区域投资环境中所有有形要素的集合,主要包括一个地区的自然资源、地理位置、经济基础、基础设施等,是投资环境的物质基础。软环境是指所有与投资活动有关的无形要素,主要有政治、法律、行政效率等正式制度和人们的文化、观念、风俗、习惯等非正式制度。也有学者②将区域投资环境的要素划分为基础性因子、激励性因子和创新性因子三大类,其中基础性因子包括自然条件、基础设施、经济发展水平、社会因素,激励性因子包括市场因素、法律法规因素、政策因素、行政管理因素,创新性因子包括劳动力及其素质、科技因素、生态因素等。本章的分析将依照后一种分类方法展开。

## 二、优化区域投资环境在煤炭资源开发地区发展中所起的作用

投资环境是区域经济研究中一个耳熟能详的概念,这源于其直接关

---

① 付晓东、文余源:《投资环境优化与管理》,中国人民大学出版社 2005 年版,第 30 页。

② 同上书,第 93—116 页。

系到一个地区的经济增长和发展。关于这类的论述颇多,在此不再详细展开,而是主要研究优化区域投资环境对促进煤炭资源开发地区发展的特殊作用。

(一)优化区域投资环境促进煤炭资源开发地区经济增长

如第二章所分析的,煤炭资源开发促进煤炭资源开发地区经济增长有两条路径:其一是煤炭资源直接作为生产要素进行深加工,扩展生产可能性边界;其二是向外输送资源获取收益,转化为各类产业投资,促进经济增长。下面,笔者从基础性因子、激励性因子、创新性因子的角度出发,分析投资环境对这两条路径是如何起作用的。

对于路径一而言,如何吸引资本进行煤炭资源的深加工并通过市场实现其价值是最根本的问题。图4-1显示了区域投资环境如何通过作用于这一过程来促进经济增长的机制:首先,作为基础性因子的丰富的煤炭资源本身是该地区吸引资本进行煤炭资源深加工的优越的自然条件;创新性因子中所含的劳动力及其素质、科技因素乃至生态因素都是进行煤炭深加工的必备能力,如果该地区投资环境中缺乏这些因素,对于投资者而言,弥补这一方面缺陷的成本是很大的。同时,煤炭深加工的投资往往偏大、投资周期偏长,需要一个稳定的社会、法律环境和一定的政策支持,特别是需要一定的金融支持,这些因素是基础性因子和激励性因子的构成之一。最后,这些产品最终要在市场上出售才能实现其价值,如果市场主要在本地区,则依赖于本地的购买力,这就需要本地有较高的经济发展水平和较强的市场购买能力,若产品以外销为主,这就要求在信息流、人流、物流等流通方面有着一定的优势,因此,前者要求该地区要有一定的经济发展水平这一基础性因子和市场因素这一激励性因子,后者要求有良好的基础设施条件。所以,对于路径一而言,唯有不断优化投资环境才能吸引足够的资本进入到煤炭产业的深加工,进而促进经济增长。

煤炭资源开发 ⇒ 深加工 ⇒ 产品销售 ⇒ 经济增长

自然资源
创新性因子
法律、政策

经济发展水平
市场因素
基础设施

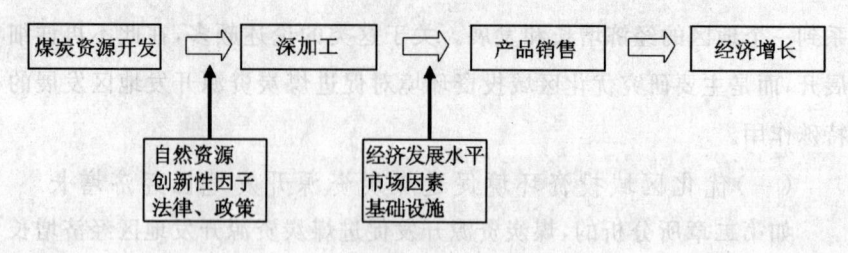

图 4-1 区域投资环境与路径一

对于路径二而言，如何促进资源输出且有效地转化为收益并最终转化为本地投资是根本性的问题。对此，由图 4-2 可见，投资环境的优劣与否也起着关键的作用。首先，煤炭资源的输出顺利与否很大程度上取决于一个地区的地理位置和基础设施这两项基础性的因子。距离需求地越远，运输成本越高，则意味着这种资源租金越低，影响到资源输出的积极性；基础设施特别是交通设施的完善与否也同样决定着煤炭资源的输出数量、成本及效益。然后，在将输出转化为本地区收益的过程，则主要取决于相关的法律、法规和政策等激励性因子，如果这些因素有助于该地区留住更多的收益，则会提高本地区对于煤炭资源开发和输出的积极性。最后，是路径二最为关键的一步，即将收益转化为各类产业的投资，而这一过程能否顺利实现就依赖于影响和制约投资的各类因素，即该地区投资环境的所有组成要素，至于具体哪些要素起主导作用则取决于投资的产业、区位等具体要素。

煤炭资源开发 ⇒ 输出 ⇒ 收益 ⇒ 投资 ⇒ 经济增长

自然资源
地理位置
基础设施

政策因素
法律 法规
政府管理

基础性因子
激励性因子
创新性因子

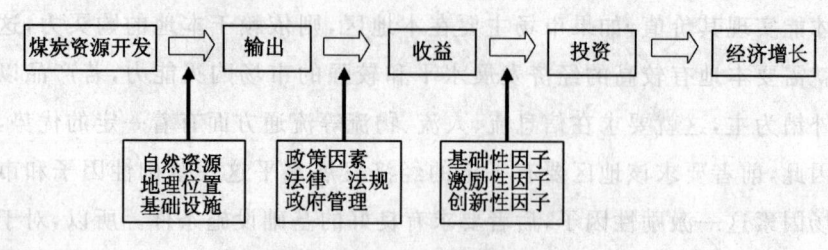

图 4-2 区域投资环境与路径二

从上述的分析可以看出，投资环境的优劣与否直接决定着这些路径能否行得通,无论是哪一条路径,都要求不断优化投资环境,从而才有可能通过煤炭资源的开发促进煤炭资源开发地区的经济增长。

(二)优化区域投资环境本身是促进地区发展的过程

经济增长与经济发展是两个既有区别又有联系的概念。经济增长指一定时期中产品和劳务总量的增加,是从量上反映经济发展,包括产品和劳务实物量的增长和价值总量的增长。经济发展除了包含经济增长的内容外,还包括经济质量的改善和提高,如经济结构的优化和高级化,国民收入分配的合理化,居民消费结构、消费水平、福利水平、教育程度、健康状况的改善和提高。而20世纪80年代以来兴起的可持续发展的概念,更是把发展提高到"既满足当代人的需要,又不对后代人满足其需要的能力构成威胁"①这样一个高度,与之相关的环境保护、物种多样性等人与自然和谐相处方面的问题也归入到发展的内涵中。对于煤炭资源开发地区来说,涉及环境保护和资源可持续利用的可持续发展尤为关键。因此,对一个地区发展问题的研究,也涉及自然、生态、政治、经济、社会等诸多方面。

再来看投资环境的要素构成,如基础性因子中所涉及的基础设施、经济发展水平、社会的和谐度,激励因子中所涉及的市场容量、法律与法规的健全程度、政府的管理水平,创新性因子中的人力资本、技术进步状况和生态环境保护等,实际上都是地区发展构成的要素,而且基本上涵盖了煤炭资源开发地区可持续发展的关键要素。因此,区域投资环境可以说是该地区发展的"晴雨表",优化投资环境本身就是促进地区发展的过程。

## 第二节 煤炭资源开发与区域投资环境

在讨论了区域投资环境之于煤炭资源开发地区发展的重要性之后,

---

① WCED, *Our Common Future*, Oxford University Press, 1987, p. 43.

以下将分析煤炭资源的开发与区域投资环境之间的关系,从而形成一个如图4-3所示的分析链,以期正确认识基于区域投资环境分析基础之上的煤炭资源开发如何影响、如何才能带动地区经济发展的过程。煤炭资源开发对区域投资环境的影响可以分为促进作用和消极作用两个方面。

煤炭资源开发 ⇒ 优化区域投资环境 ⇒ 促进地区发展

图4-3 煤炭资源开发与区域投资环境的分析链

## 一、煤炭资源开发对区域投资环境优化的促进作用

### 1.基础性因子方面

煤炭资源开发对于区域投资环境的优化作用最直观地体现在这一因子上。首先,煤炭资源作为一种点资源,不是遍布的,因而煤炭资源丰富本身就是一种吸引煤炭及其相关行业投资的重要条件,如根据中华全国工商联信息中心和北京零点公司联合进行的"中国大陆地级及地级以上城市投资环境研究"结果,中西部地区排名靠前的城市大多拥有较为突出的自然资源和扎实的城市基础设施。其次,煤炭资源的开发有利于煤炭资源开发地区基础设施的建设,这可以从需求与供给两个方面来看。就需求而言,煤炭资源开发往往会形成大量的物流、信息流、人流,尤其是煤炭外运这一物流,对该地区的交通、通信等基础设施的完善需求很大;同时,煤炭资源的开发往往会带来人口、经济的聚集,即城市化,从而形成了该地区对城市基础设施的需求。就供给而言,为了开发煤炭资源,国家与政府在开发过程前后投入大量的基础设施建设资金;同时资源的开发可能会促进经济增长和财政收入的提高,使地方政府财力增强,为本地区的基础设施建设提供财政保障。对于中、西部地区来说,这一点尤为突出,不少地理位置偏僻、基础设施极为落后的地区因煤矿开发而兴起,并成为在本地区有一定影响力的煤炭城市,如河南的平顶山、贵州的六盘水、山

西的朔州,而现在晋陕蒙三角区因为煤炭资源的开发,完全可以预期在不久的将来会出现有一定辐射力的中心城市。

2. 激励性因子方面

煤炭资源开发对这一因子的促进作用主要体现在市场因素上。市场规模、消费层次、市场增长态势等是市场因素的主要方面。煤炭资源的开发一方面通过增加投资、就业机会来促进人均收入水平的提高,而在其他条件不变的前提下,人均收入水平的提高自然是市场规模扩大、消费层次提高的重要保障;另一方面煤炭资源开发将促进城市化水平的提高,一般而言,城市生活中消费品的商品化率、消费规模、消费层次将会提高,这也会促进市场容量的扩张。

3. 创新性因子方面

煤炭资源的开发可能会引入大批的先进设备和人才,对提高该地区的人力资本和促进该地区的技术进步有一定的作用。而且这些地区在旧的体制下都受到中央政府的特别优待,民众的受教育水平相对而言是比较高的。[①]

## 二、煤炭资源开发对区域投资环境优化的消极作用

1. 基础性因子方面

煤炭资源开发在这一方面的消极影响主要在于:一是在基础设施方面,由于大量煤炭资源开发地区是由煤而兴的城市,其城市基础设施的建设受到煤炭资源分布的制约,加上传统计划经济体制和"先生产后生活"的发展思路的影响,一般采取"就矿建城"的做法,城市规划不合理,导致空间布局分散,城市建设范围大,但实际建成区比例低、城市的聚合度低,

---

[①] 蔡昉、吴要武:《中国人口与劳动问题报告 No.6》,社会科学文献出版社 2005 年版,第 95 页。

形成"大分散、小集中"的格局,如安徽淮南的城市建设受煤层分布制约而形成东西延绵几十里的城市空间布局。① 这种分散的格局难以有效地实现城市的集聚效应,反而增加了城市基础设施建设的成本,导致房屋、道路、电力、通信等基础设施发展相对滞后,削弱了城市内部各区之间的有机联系,给其他产业的发展和人民的生活带来很大的不便。二是在经济发展水平因素方面,如前三章所分析的,煤炭资源开发地区的产业结构层次不高,且主要集中在煤炭工业,结构不合理。三是在社会因素方面,我国煤炭资源开发的社会成本偏高,如每年因煤矿事故造成伤亡很多,这在一定程度上影响了这些地区的社会稳定程度与和谐性。

### 2. 激励性因子方面

煤炭资源开发对激励性因子的影响主要是在政府的管理方面。由于煤炭资源的开发会带来一定数量的经济租金,或者说是超额利润,尤其是在煤炭需求旺盛、煤炭价格上涨期间,而煤炭资源开发的审批手续则掌握在政府手中,即政府直接决定这些租金的分配。因此,围绕这些租金会形成各个利益集团的博弈和妥协,产生一些寻租行为,而且这种情况往往在一个地区内有一定的扩散效应,扩散到其他产业的经营上,从而直接影响了这一地区的行政效率,损害了政府形象。此外,由于历史和矿物产权制度的原因,在煤炭资源开发地区国有经济的比重偏高,可能会导致整个地区在体制上显得僵化,就业、社保压力沉重,这些都可能会给本地区的投资环境带来负面影响。

### 3. 创新性因子方面

煤炭资源开发可能会对创新性因子的负面影响比较大。首先,在生态因素方面表现得最为直接,煤炭资源的开发,特别是不顾可持续发展的

---

① 李成军:《中国煤矿城市经济转型研究》,中国市场出版社2005年版,第27—28页。

煤炭资源的开发对生态环境的破坏性很大。就工业三废而言,如作为工业固体废物的煤矸石的累计积存为 30 亿吨,且每年递增 3 亿吨以上,占全国工业固体废物排放量的 85% 以上;煤炭采矿行业工业废气排放量占全国工业废气排放量的 5.7% 以上,矸石堆自燃也是一个重要的大气污染源。[1]如鸡西市大气降尘量达每月每平方公里 80—120 吨,超过国家标准 10 倍左右[2];煤炭的采选、加工都是高耗水行业,每年因此产生的工业废水数量巨大,仅七台河一市每年因采矿、选煤排放污水 2 000 万吨。[3]同时,煤炭的采掘会破坏矿区水平衡,造成这一地区地下水的流失,再加上高耗水的煤电产业大量消耗地下水资源,导致地下水位的下降和地下水系紊乱,形成地下水漏斗,产生地质安全隐患,如淮北市因过量抽取地下水在全市范围内形成了一个 12 平方公里的地下水漏斗区,1976—1996 年间,市区的地下水位已经下降了 32 米左右。[4] 而且,我国煤炭资源开发地区主要分布在本来就比较干旱的中西部地区,使得水资源问题更为突出,据统计全国有 70% 以上的煤炭城市缺水,其中 40% 以上属严重缺水,[5]这直接影响了煤炭资源在本地区的深加工和其他产业的发展与人民的生活。此外,煤炭资源的开发会产生大面积的废物堆积和地表沉陷,据统计,我国统配煤矿的矸石山占地约 6 000 公顷,[6]全国煤炭采空塌陷

---

[1] 蔡昉、吴要武:《中国人口与劳动问题报告 No.6》,社会科学文献出版社 2005 年版,第 53 页。

[2] 李成军:《中国煤矿城市经济转型研究》,中国市场出版社 2005 年版,第 36 页。

[3] 纪万斌:"煤炭城市地下水资源保护问题",载《国土经济》2002 年第 2 期。

[4] 姜云、吴立新:"中国煤炭城市生态环境问题及规划对策",载《辽宁工程技术大学学报》2003 年第 3 期。

[5] 李成军:《中国煤矿城市经济转型研究》,中国市场出版社 2005 年版,第 29 页。

[6] 同上书,第 35 页。

面积已达 8.7 万公顷。①

其次,煤炭资源开发对人力资本及科技进步等创新因素的负面影响机制可以通过第二章所提到的"荷兰病"模型加以解释。简单地说,煤炭资源开发形成的经济租金吸引了本地区有能力(人力资本较高)的人和大量的资本参与这一行业,造成其他行业(对技术、管理水平有一定要求的行业)必需的人才和相应科技、管理方面的投入缺乏,对其他行业的发展产生了不利的影响。另外,如第二章所提到的煤炭资源开发地区的民众与政府普遍存在着"有煤可依"、"无矿不富"的思维观念,形成了依靠矿产资源、依靠传统产业、依靠现有市场的思维惯性以及"资源优势—优势产业—产品优势"的思维定式。这种思维方式和观念与改革开放、发展社会主义市场经济要求不相适应,更难以形成产品、技术、组织、市场等方面的商业性创新,这对于培养本地投资主体和吸引外地投资都是极为不利的。

从上述分析中可见,煤炭资源的开发对投资环境优化的正面作用主要体现在煤炭资源丰富本身、基础设施的建设、经济发展水平的提高和由城市化带来的城市基础设施和市场容量的扩大等方面,主要集中在基础性因子上,这些因素在一个地区经济增长和发展的初始阶段非常重要,因而能使大量老少边穷地区因为煤炭资源的开发而兴盛起来,甚至成长为有一定辐射力的地区中心。但是,煤炭资源的开发对投资环境优化的负面作用也同样不能忽视,而且这种负面影响涉及基础性、激励性和创新性三类因子,而基础性因子中的城市布局合理性问题、产业结构问题、社会稳定问题,激励性因子中的政府行政管理水平问题,创新性因子中的生态环境、人力资本、思想观念、科学技术等因素是构成投资环境的关键性因素,是目前各地区投资环境竞争中的关键性因素,也是影响一个地区经济

---

① 蔡昉、吴要武:《中国人口与劳动问题报告 No.6》,社会科学文献出版社 2005年版,第 53 页。

长期增长和可持续发展的关键性因素。煤炭资源开发对这些因素的抑制作用可能会直接造成这些地区的投资环境差强人意,并导致难以保持较高的长期增长水平和可持续的发展能力。

当然,上述的影响机制并不一定会全部产生,无论是正面作用还是负面作用,其产生往往需要与其相匹配的其他条件和环境,可以通过必要的政策措施尽可能地发挥煤炭资源开发对优化投资环境的正面作用,限制其对投资环境的负面影响。

## 第三节 煤炭资源开发地区投资环境评价

在历数了煤炭资源开发对区域投资环境的影响之后,下面来尝试分析煤炭资源开发地区的区域投资环境,并将之与其他地区作对比,这实际上是对区域投资环境作评价的过程。在选择参照地区时,考虑到投资来源有内资、外资之分,因而选择近年来吸引外资绩效极佳的苏州,民营资本非常活跃的台州,同时,也继续选择东、中、西三大地带为参照。笔者试图通过这一过程来指出煤炭资源开发地区区域投资环境优化过程中所存在的问题。在此,依然按照基础性因子、激励性因子、创新性因子的划分来分析。

## 一、基础性因子

(一) 自然条件

自然条件是人类生存发展的自然基础,自然条件的空间差异对投资环境有着深刻的影响,特别是对于长期陷于落后的陷阱或处于发展初始阶段的地区而言,如世界各大文明的发源地往往分布在当时自然条件优越的地带,第一次工业革命兴起大量依赖于矿产资源开发的城市。我国煤炭资源丰富地区的煤炭产量为13.1亿吨,占全国煤炭总产量的67%,

可采储量为84.1亿吨,占全国煤炭可采储量的73%,自然资源优势明显。但是,就绝大多数投资环境评价中所重视的区位条件而言,这些地区却毫无优势而言,绝大多数分布在中西部地区,且很大一部分是气候恶劣、地貌复杂的老少边穷地区,即使少数在东部省份的地区,也是所在省份的西部地区,其自然环境与中西部地区更为接近。而苏州、台州两市地处东部沿海,在对外开放和全球化的背景下,这一地理位置的重要作用更为凸显,尤其是苏州凭借与上海为邻这一得天独厚的区位条件,在吸引外资上如鱼得水,完全可以弥补缺乏自然资源的劣势。因此,对于煤炭资源开发地区而言,在自然条件上取决于资源优势和气候、地貌、区位条件等劣势之间的相互作用,而与东部地区或苏州、台州相比较而言,煤炭资源开发地区在气候、地貌、区位条件上的劣势可能占据主导地位。

(二)基础设施

基础设施是一个地区经济正常运转赖以存在的物质基础,是投资环境评价中不可或缺的部分,通常分为交通运输设施、邮电通信设施、水电公用设施和生活设施等。由表4-1所列数据的对比,我们可以得到以下几点判断:一是煤炭资源开发地区在邮电通信设施和生活设施方面要落后于全国的平均水平,货运设施则要好于全国平均水平;该地区的基础设施水平与苏州的差距极为明显;和台州相比,却在部分指标上有着一定的优势,如在货运设施、水电公用设施方面。但是由于这些地区的运力对于满足煤炭外运已非常紧张,无暇他顾,因而这种优势很难转化为吸引投资的优势,反而可能会成为限制本地区吸引投资的劣势。如鄂尔多斯盆地的煤炭年产量达2.5亿吨以上,铁路部门垄断往往导致对铁路运输的需求与供给的脱节,大量煤炭难以外运,从而造成煤炭资源难以实现空间上的优化配置和影响投资环境。而且,在这个商机瞬间即逝的信息时代,邮电通信设施在基础设施结构中的重要性毋庸置疑,而煤炭资源开发地区恰恰在这一领域中发展滞后,因此整体而言,煤炭资源开发地区的基础设施不尽如人意。二是

表4-1 基础设施情况

| 地区 | 人均铺装道路面积（平方米/人） | 人均货运量（吨/人） | 人均客运量（人次/人） | 每百人电话数（台/百人） | 每百人互联网数（户/百人） | 人均邮电业务量（元/人） | 人均电信业务量（元/人） | 人均自来水供应量（立方米/人） | 人均供电量（度/人） |
|---|---|---|---|---|---|---|---|---|---|
| 煤炭资源开发地区 | 6.47 | 28.22 | 11.54 | 19.95 | 2.86 | 38.55 | 383.68 | 83.58 | 3 308 |
| 东部煤炭资源开发地区 | 8.43 | 15.73 | 10.04 | 23.29 | 3.55 | 35.92 | 398.75 | 88.69 | 4 168 |
| 中部煤炭资源开发地区 | 6.16 | 32.48 | 11.32 | 21.93 | 3.34 | 39.49 | 449.64 | 86.24 | 3 167 |
| 西部煤炭资源开发地区 | 5.83 | 28.04 | 11.5 | 12.59 | 1.23 | 38.4 | 250.38 | 66.43 | 2 196 |
| 成长期煤炭资源开发地区 | 5 | 36.71 | 8.53 | 23.89 | 3.13 | 41.56 | 576.49 | 80.8 | 2 787 |
| 成长期煤炭资源开发地区（不含太原） | 4.4 | 34 | 8.12 | 18.65 | 1.73 | 31.58 | 444.46 | 61.82 | 1 229 |

# 140 | 破解"富饶的贫困"悖论——煤炭资源开发与欠发达地区发展研究

| | | | | | | | | |
|---|---|---|---|---|---|---|---|---|
| 成长期煤炭资源开发地区 | 6.06 | 32.62 | 13.31 | 19.06 | 2.99 | 47.08 | 352.5 | 80.66 | 3 976 |
| 衰退期煤炭资源开发地区 | 7.33 | 18.97 | 10.47 | 19.62 | 2.63 | 29.38 | 351.93 | 87.46 | 2 815 |
| 苏州 | 15 | 15.03 | 44.71 | 63.96 | 9.55 | 118.46 | 1 267.03 | 217.46 | 5 735 |
| 台州 | 12 | 15.92 | 25.7 | 35.62 | 7.07 | 48.57 | 1 456.74 | 80.91 | 2 335 |
| 全国平均 | 8 | 14.1 | 14.56 | 24.85 | 5.07 | 46.12 | 515.55 | | |
| 东部平均 | 9.61 | 17.68 | 17.97 | 35.16 | 8.4 | 66.75 | 802.71 | | |
| 中部平均 | 6.54 | 11.25 | 10.96 | 18.47 | 3.15 | 34.3 | 313.3 | | |
| 西部平均 | 5.91 | 12.44 | 14.24 | 17.51 | 2.83 | 30.01 | 352.27 | | |

注：本表中的数据未含毕节地区；人均供水量和人均供电量为市辖区指标。
数据来源：《中国城市统计年鉴2005》；《中国统计年鉴2005》。

就煤炭资源开发地区内部而言,基础设施水平呈中、东、西递减;而从不同发展阶段的划分来看,处于成长期的煤炭资源开发地区(不含太原)的基础设施水平不如中年期和衰退期的煤炭资源开发地区,这也证明了煤炭资源开发对基础设施建设有一定的正面作用。三是中部煤炭资源开发地区的基础设施水平略好于中部地区整体水平,而东部煤炭资源开发地区则远落后于本地区,西部煤炭资源开发地区与其本地区相比较而言也略处于下风。这里值得一提的是,虽然西部煤炭资源开发地区同其本地区相比而言,并不存在优势,但是这些地区主要分布在老少边穷地区,原先的基础设施极为落后,正是煤炭资源的开发使其与西部地区的整体水平的差距有所缩小。

(三)经济发展水平

作为基础性的因素,经济发展水平的状况往往决定着投资效益的高低,是投资环境的重要组成部分,而且无论是从我国范围内的资金流向还是从全世界范围内的资金流向来看,经济发展水平高的地区或国家对资本的吸引力较大。经济发展水平所包含的内容十分广泛,在此主要指经济增长、产业结构、发展效益等方面。而经济增长、产业结构等问题在前面两章已有详细论述,在此不再重复,因此本部分主要分析经济发展效益。我们选择国有及规模以上非国有工业企业的利税总额占资产年平均余额的比重[①]来衡量这一指标,从图4-4可见,我国煤炭资源开发地区中,东部煤炭资源开发地区的投资效益最高,且高于全国平均水平,中、西部煤炭资源开发地区的投资效益则低于全国水平,其中,中部煤炭资源开发地区的效益比整个中部地区低近2个百分点,西部煤炭资源开发地区的效益也低于整个西部地区。从发展阶段来看,投资效益呈成长期、中年期、衰退期递增,这

---

① 利税总额含税收和利润两部分,反映了投资的企业收益和社会收益情况;资产年平均余额则为流动资产年平均余额和固定资产净值年平均余额之和。

可能是由于开发煤炭资源需要巨额的沉淀资本,处于成长期的地区需要较大的初始资本投入,从而拉低了其收益率;而处于衰退期的地区已完成这方面的投入,从而收益率相对提高了。通过与苏州、台州的比较可以看到,我国煤炭资源开发地区的投资效益与苏州接近,但比台州低近2个百分点。

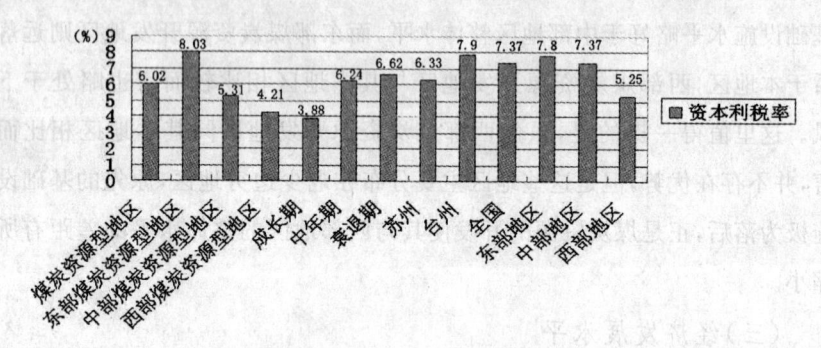

图中数据：煤炭资源型地区 6.02；东部煤炭资源型地区 8.03；中部煤炭资源型地区 5.31；西部煤炭资源型地区 4.21；成长期 3.88；中年期 6.24；衰退期 6.62；苏州 6.33；台州 7.9；全国 7.37；东部地区 7.8；中部地区 7.37；西部地区 5.25。（资本利税率）

注:此处的资本利税率＝利税总额/(流动资产年平均余额＋固定资产年平均余额)×100%。
数据来源:《中国城市统计年鉴 2005》;《中国统计年鉴 2005》。

**图 4-4　煤炭资源开发地区资本利税率与其他地区的比较**

### (四)社会因素

一个稳定、和谐的社会环境是正常的投资活动所必需的基础。社会的稳定、和谐涉及政治、经济、文化、外交等诸多方面,而且大多难以量化,给对这一因素的评价带来了困难。由于汇率波动、外交政策、政治体制等外在因素在一国内部往往不存在着区域差异或者差异很小,因而我们从可能造成社会环境区域差异的主要部分的内在因素出发进行分析。

一般而言,社会的稳定与否与社会的就业率有关,在其他情况一致的前提下,就业率高的地区往往有着更稳定、和谐的社会环境,而较高的失业率则往往伴随着较高的犯罪率、上访率等,这些直接影响着一个地区的社会稳定度。据吴要武、高文书(2005)的整理,2000 年,我国煤炭型城市的失业率达到 10.16%,显著高于非资源型城市 8.48%的失业率,也高于冶金型城市 9.52%的失业率;就劳动参与率而言,煤炭型城市的劳动参

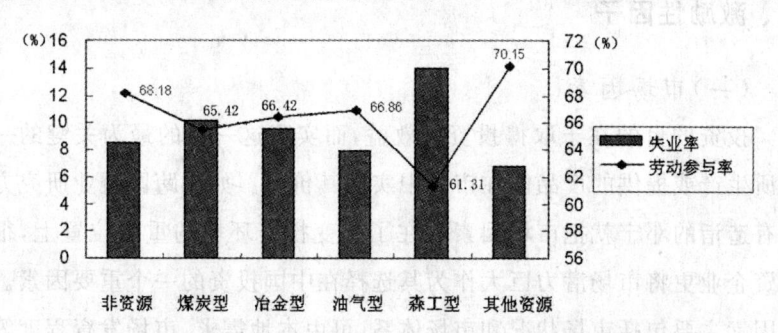

与率为65.42%,也显著低于非资源型城市。

**图4-5 不同资源类型城市的劳动力市场状况**

资料来源:蔡昉、吴要武《中国人口与劳动问题报告 No.6》,社会科学文献出版社2005年版,第113页。

此外,一些突发性的社会事件,特别是涉及人员伤亡的事件也往往会在一定时期内对一个地区的社会稳定与和谐造成很大的负面影响。由于管理的缺位、技术水平的落后等原因,我国煤炭事故的发生率比较高,每年因煤炭事故造成的人员伤亡也偏多。2003年,全国煤矿发生伤亡事故4 143起,死亡6 434人,分别占全国工矿企业死亡事故起数的26.56%和死亡人数的37.16%,占全国矿山死亡事故起数的64.47%和死亡人数的69.00%,煤矿的百万吨死亡率为3.71。[1]另据相关统计(童大焕,2005),我国2004年在煤矿事故中死亡6 027人。2005年11月中国最新公布的百万吨煤死亡率是2.912,且一年未尽,未见比2004年减多少。[2] 这对于煤炭资源开发地区的社会稳定问题提出了严峻的挑战。

---

[1] 数据来源:国家安全生产监督管理总局,http://www.chinasafety.gov.cn/files/2004-08/16/F_6ffe79577f6941418fc0bfcdb9a05cfa_2003mk-1.doc。

[2] 参见童大焕:"矿难是我们绕不过去的坎?",原载于《中国保险报》,笔者摘引自人民网强国论坛,http://www.qglt.com/bbs/ReadFile? whichfile=1192846&typeid=17&openfile=1。

## 二、激励性因子

### (一)市场因素

投资的目的在于取得投资的效益,而实现这一目的最为关键的一步是所生产或提供的产品能在市场中实现其价值。如在跨国企业研究方面颇有造诣的邓宁就把市场因素放在了改变投资环境的重要位置上,很多外资企业更将市场潜力巨大作为其选择在中国投资的一个重要因素。市场因素主要包括市场状况和市场体系,可由本地需求、市场发育程度等来反映。

根据波特的钻石系统理论,挑剔而又庞大的需求将促使企业不断创新,从而在国际市场上体现出强大的竞争优势,是良好的投资环境所应该具备的条件。本地需求包括中间产品的需求和最终产品的需求。其中,中间产品需求的庞大和挑剔性取决于产业集群的发展状况,在一个发展良好的集群内,上下游企业之间相互渗透、合作竞争,往往能产生出更为庞大和挑剔的中间产品的需求。苏州以外资为主导的充满竞争力的IT产业集群和台州以民资为主导的充满活力的摩托车及汽摩配件、缝纫机、制鞋等产业集群所形成的庞大的中间产品的需求及供应,在其引进外资或活跃本地投资中起着重要作用。这样一种产业集群主要分布在东部沿海,而在绝大多数欠发达煤炭资源开发地区却尚未形成。就最终产品的需求而言,可以通过人均社会商品零售额来衡量一个地区的消费规模。显而易见,我国煤炭资源开发地区的消费规模远小于发达地区,而就中部地区而言,煤炭资源开发地区的消费规模要比非产煤区大,煤炭资源开发对中部煤炭资源开发地区的消费规模的扩大有一定的作用。另外,以城镇居民可支配收入、农村居民可支配收入衡量的煤炭资源开发地区的消费能力亦远不如发达地区,差距在2倍以上。

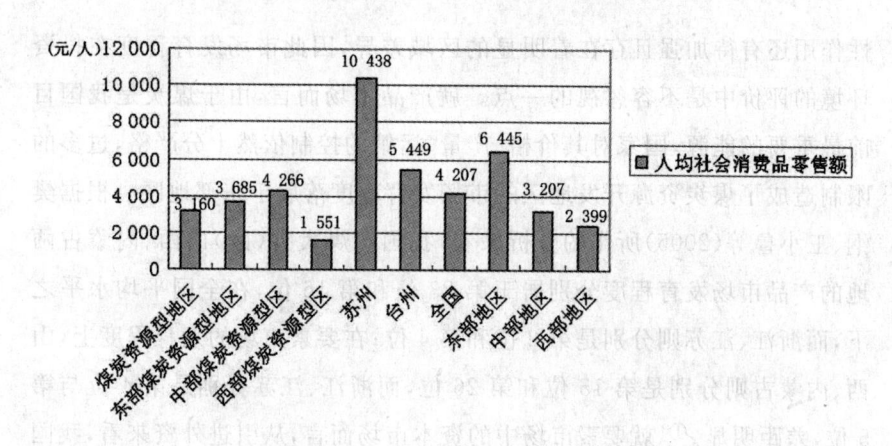

第四章 煤炭资源开发地区投资环境研究 | 145

数据来源：相关各市 2004 年统计公报，《中国统计年鉴 2005》。

图 4-6　煤炭资源开发地区和各地人均社会消费品零售额对比

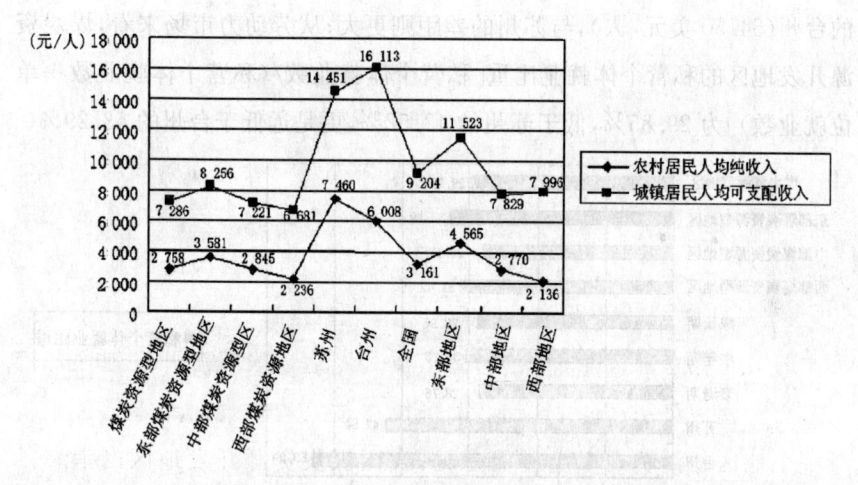

数据来源：相关各市 2004 年统计公报，《中国统计年鉴 2005》。

图 4-7　煤炭资源开发地区的城镇居民人均可支配收入、农村居民人均纯收入

市场体系完善与否可以用市场发育程度来衡量，包含产品市场的发育程度和要素市场的发育程度，这直接影响到投资对要素的市场获取和产品的市场实现，特别是我国仍处于转型时期，市场在资源配置中的基础

性作用还有待加强且存在着明显的区域差异,因此市场发育程度在投资环境的评价中是不容忽视的一点。就产品市场而言,由于煤炭是我国目前最重要的能源,国家对其价格、产量、运销的控制依然十分严格,过多的限制造成了煤炭资源开发地区的市场发育程度落后于东部地区。根据樊纲、王小鲁等(2005)所作的分析来看,我国产煤大省(区)山西、内蒙古两地的产品市场发育程度分别居于第 23 位和第 16 位,在全国平均水平之下,而浙江、江苏则分别是第 2 位和第 4 位;在要素市场的发育程度上,山西、内蒙古则分别是第 15 位和第 26 位,而浙江、江苏分别是第 4 位与第 5 位,差距明显。① 就要素市场中的资本市场而言,从引进外资来看,我国煤炭资源开发地区的人均外商实际投资额是 43.3 美元,仅为全国平均水平的 38.3%,且仅为东部地区的 17.1%,也低于在引进外资上一直绩效不佳的台州(54.50 美元/人),与苏州的差距则更大;从劳动力市场来看,煤炭资源开发地区的私营个体就业比重[私营个体就业数/(私营个体就业数+单位就业数)]为 29.85%,低于苏州的 42.52%,更是远低于台州的 53.29%。

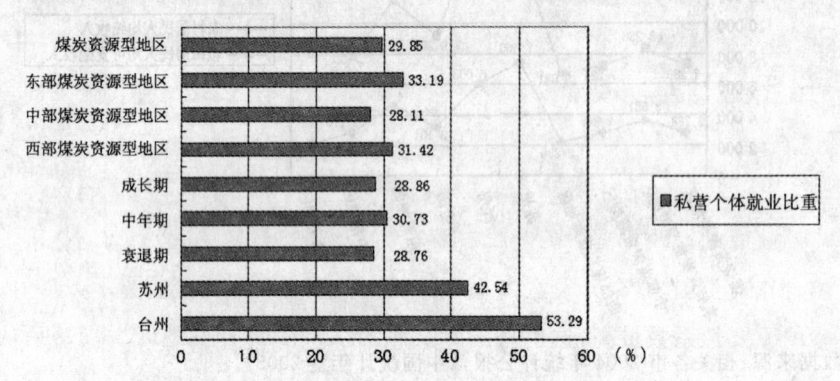

| 地区 | 私营个体就业比重 |
|---|---|
| 煤炭资源型地区 | 29.85 |
| 东部煤炭资源型地区 | 33.19 |
| 中部煤炭资源型地区 | 28.11 |
| 西部煤炭资源型地区 | 31.42 |
| 成长期 | 28.86 |
| 中年期 | 30.73 |
| 衰退期 | 28.76 |
| 苏州 | 42.54 |
| 台州 | 53.29 |

数据来源:《中国城市统计年鉴 2005》。

图 4-8 煤炭资源开发地区与全国各地私营个体就业比重对比

---

① 樊纲、王小鲁:《中国市场化指数——各地区市场化相对进程 2004 年度报告》,经济科学出版社 2005 年版,第 23—27 页。

## (二) 法律、法规、政策因素

法律、法规、政策因素一方面直接影响到资本的收益,另一方面也涉及投资安全性的问题,因此无论是外部资金流入,还是本地民间资本的成长都十分关注这些因素。由于我国是非联邦制国家,在法律、法规层面上基本上不存在着较大的区域差异,这种差异主要体现在具体的司法执法层面上,这将在下一部分加以论述。对外部资金流入或本地民间资本成长有重要影响且存在着较大区域差异的是政策因素,且主要表现为带有某些优惠措施的对外开放有关政策。自改革开放以来,我国推行的渐进式的对外开放政策,对外开放在区域层面上是由点到线再到面、自东向西、自南向北依次推进的渐进式开放,东部地区在这一梯度开放战略下拥有大量对外开放优惠政策,中、西部地区则在一定程度上被政策边缘化了。据郭克莎、李海舰(1995)的统计,东部地区有各类国家级经济开放地区362个,[①]占总数的85.4%;中部地区仅有36个,比重为8.5%;西部更少,只有26个,比重为6.1%。[②] 而我国煤炭资源开发地区主要分布在中、西部地区,即使在中、西部地区内部,除了太原、郑州作为省会城市之外,其他基本上和相关的优惠地区或优惠政策不沾边。这种渐进式的开放战略使煤炭资源开发地区在来自于中央政府的政策层面的竞争上毫无优势可言。

## (三) 行政管理因素

政府的行政管理服务是投资者较为关注的问题。根据零点调查等单位合作对全国10个开发区内529位区内投资者的意见调查显示,这一因素的重要性系数最高,这也是国际文献对煤炭资源开发地区发展落后的

---

[①] 包括保税区、经济特区、经济技术开发区、沿海开放城市、沿海经济开发区、沿江开放城市、沿边开放城市、省会开放城市、高新技术产业开发区、国家旅游度假区,还包括上海市的浦东新区和福建省的台商投资区。

[②] 郭克莎、李海舰:"中国对外开放地区差异研究",载于《中国工业经济》1995年第8期。

原因探讨中提到的较多的因素。政府行政管理因素包括政府的规模、行政效率、政府的司法执法水平、政府寻租行为等。从绝大多数的实证研究来看，我国中、西部地区在这一方面与东部地区的差距较大，而同属于中、西部地区的煤炭资源开发地区也共享了这一缺陷。作为煤炭资源开发地区，煤炭资源开发过程中的政府官员寻租行为是不容忽视的，官商勾结对投资环境的优化和整个地区的稳定和发展产生了极为不利的影响。

## 三、创新性因子

### （一）人力资本、科技因素

人力资本、科技因素的重要性在此无须强调。从国际文献看，人力资本的缺乏往往被当做资源型地区经济发展滞后的重要原因之一。但是上一节的分析中，也提到我国煤炭资源开发地区以受教育年限来衡量的人力资本相对而言并不低，这似乎成了个悖论。事实上，人力资本包含健康和教育，而教育的形式有正规教育、经验积累和区域文化熏陶等。经验的积累与区域文化的熏陶往往能影响正规教育发生作用的方式和程度，特别是区域文化，作为一种非正式制度，其在区域投资环境中的作用越来越受到关注。关于煤炭资源开发地区的区域文化问题，我们在第二章的原因分析和上一节的分析中都有论述，在此不再展开。下面作一些定量描述，用人均财政教育投入、人均财政科技投入来衡量一个地区政府对教育、科技投入的能力。从图4-9可见，我国煤炭资源开发地区人均财政教育投入不到台州的50.41%和苏州的41.52%；在人均财政科技投入上的差距更大，分别不到台州的20.38%和苏州的32.02%。在煤炭资源开发地区内部，用每千万人的高校数和每万人的科技工作人员数[①]来衡量一个地区的科技因

---

① 数据来自于《中国城市统计年鉴2004》中的科研、技术服务和地质勘察业从业人员，并不等于是科技人员，故在此只是一个近似的衡量。

素。从图4-10可见,我国煤炭资源开发地区在这一方面并不比台州差,但是在每千万人高校数上与苏州有着较大的差距;就高校数而言,在煤炭资源内部呈现出明显的由东至西递减和从成长期到衰退期递增的态势。

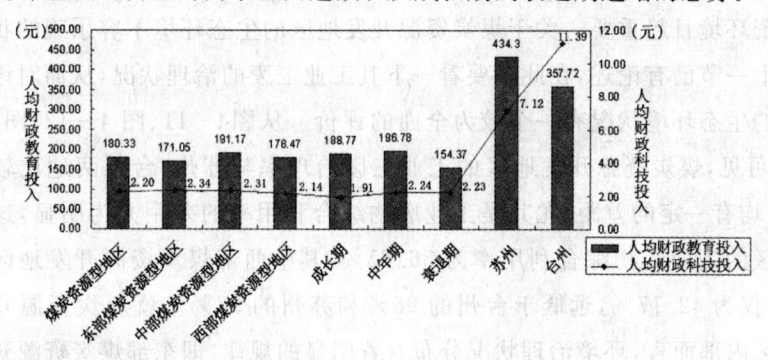

资料来源:《中国城市统计年鉴2005》。

**图4-9　煤炭资源开发地区与全国各地人均财政教育投入和科技投入对比**

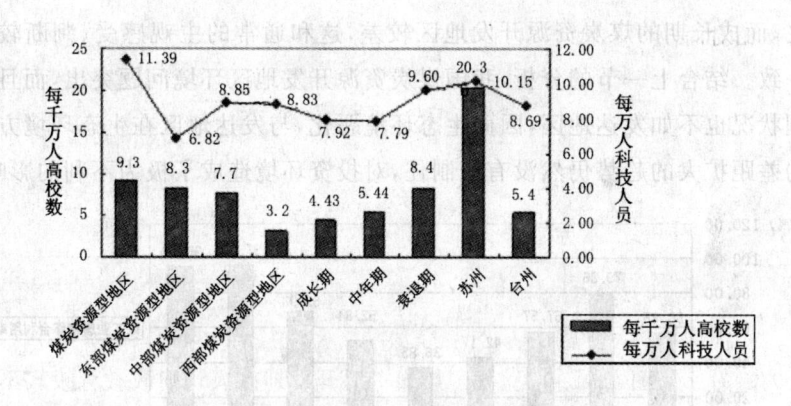

注:在对煤炭资源开发地区分类时没有统计郑州和太原这两个省会城市。
数据来源:《中国城市统计年鉴2004》。

**图4-10　煤炭资源开发地区与全国各地科技因素的对比**

(二)生态因素

随着人类经济社会的发展,高质量和高品位的生存环境、生活质量成了人们的重要追求之一,也成为投资环境的重要组成部分,而且大量的新兴高科技产业本身对生态环境的要求很高。世界上很多著名的科技园区的兴起与它们优越的生态环境不无关系,如美国硅谷。国内很多城市也高举生态的旗帜,最为典型的如北京的"绿色奥运"。因此,生态因素之于投资环境日趋重要。关于煤炭资源开发地区的生态环境不容乐观的状况在上一节已有论述,在此主要看一下其工业三废的治理状况,从而对该地区的生态环境状况有一个较为全面的评价。从图4-11、图4-12、图4-13可见,煤炭资源开发地区的工业三废治理率与苏州、台州两地比较而言,均有一定的差距,尤其是工业废物综合利用率的差距尤为明显,这些地区的工业废物综合利用率为56.85%,其中西部煤炭资源开发地区更低,仅为42.17%,远低于台州的95%和苏州的97%。就煤炭资源开发地区内部而言,环境治理状况分布有着明显的规律,即东部煤炭资源开发地区治理状况最优,中部煤炭资源开发地区次之,西部煤炭资源开发地区垫底;衰退期的煤炭资源开发地区最优,中年期的煤炭资源开发地区次之,而成长期的煤炭资源开发地区较差,这和通常的主观感受、判断较为一致。结合上一节的分析,我国煤炭资源开发地区环境问题突出,而且治理状况也不如发达地区,因而生态环境恶化,与发达地区在生态环境方面的差距扩大的趋势仍然没有遏制住,对投资环境造成了极为不利的影响。

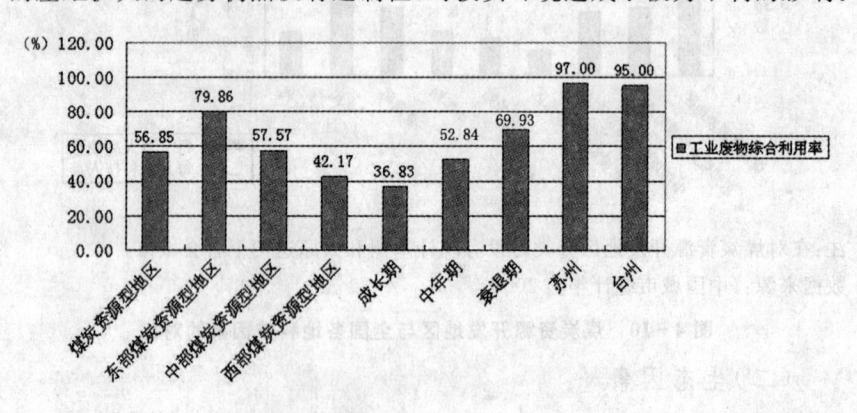

数据来源:《中国城市统计年鉴2005》。

**图4-11 煤炭资源开发地区与全国各地工业废物综合利用率对比**

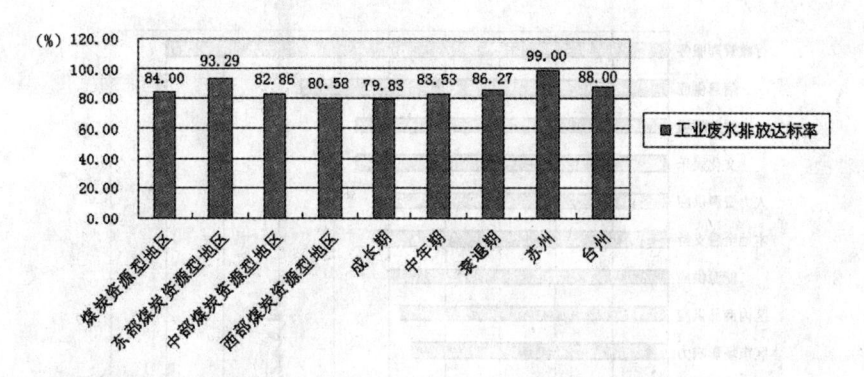

数据来源：《中国城市统计年鉴 2005》。

**图 4-12　煤炭资源开发地区与全国各地工业废水排放达标率对比**

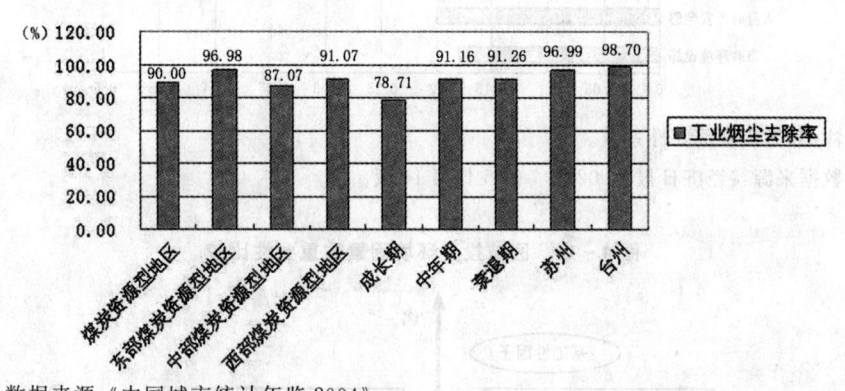

数据来源：《中国城市统计年鉴 2004》。

**图 4-13　煤炭资源开发地区与全国各地工业烟尘去除率对比**

综上所述，我国煤炭资源开发地区的投资环境和以苏州、台州为例的发达地区相比较而言，仍然有着较大的差距：与台州相比，差距主要在激励性因子和创新性因子方面，而在基础性因子方面，除了交通设施和水电供应方面有一定优势以外，其他方面也基本上落后于台州；与苏州相比，则表现为全面的落后。就煤炭资源开发地区内部而言，处于衰退期、中年期的地区的投资环境要优于处于成长期的地区；东部煤炭资源开发地区在区位条件、经济发展水平等基础性因子和激励性因子、创新性因子中的

152 | 破解"富饶的贫困"悖论——煤炭资源开发与欠发达地区发展研究

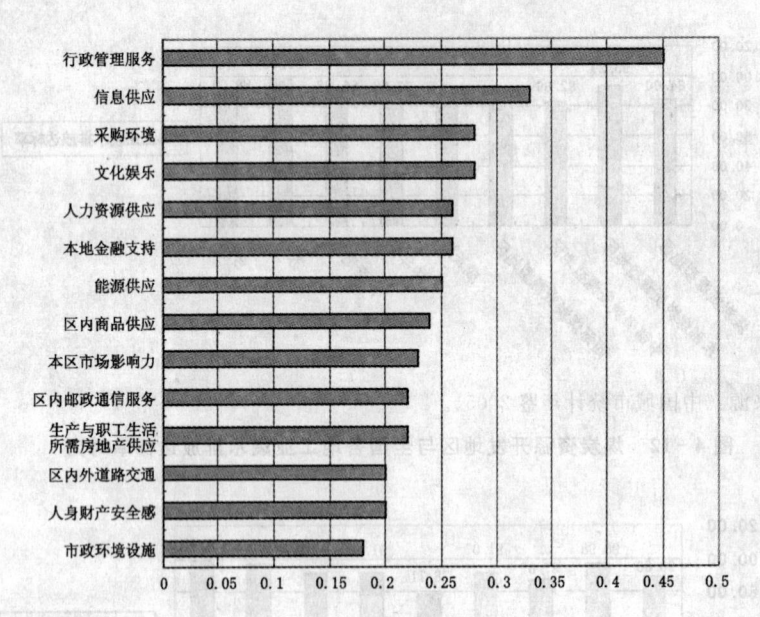

| 因素 | 重要性系数 |
|---|---|
| 行政管理服务 | 0.45 |
| 信息供应 | 0.33 |
| 采购环境 | 0.28 |
| 文化娱乐 | 0.27 |
| 人力资源供应 | 0.26 |
| 本地金融支持 | 0.26 |
| 能源供应 | 0.25 |
| 区内商品供应 | 0.24 |
| 本区市场影响力 | 0.23 |
| 区内邮政通信服务 | 0.22 |
| 生产与职工生活所需房地产供应 | 0.22 |
| 区内外道路交通 | 0.21 |
| 人身财产安全感 | 0.20 |
| 市政环境设施 | 0.18 |

注：数值代表重要性系数。
数据来源：《经济日报》2002年7月5日第14版。

图 4-14　区域投资环境因素的重要性比较

基础性因子

| | 劣　　　　　　　　　　优 |
|---|---|
| 对投资吸引力一般 投资环境一般 | 对投资吸引力强 投资环境优 如苏州 |
| 对投资吸引力弱 投资环境较差 如煤炭资源开发地区 | 对投资吸引力较强 投资环境较优 如台州 |

激励性因子
创新性因子

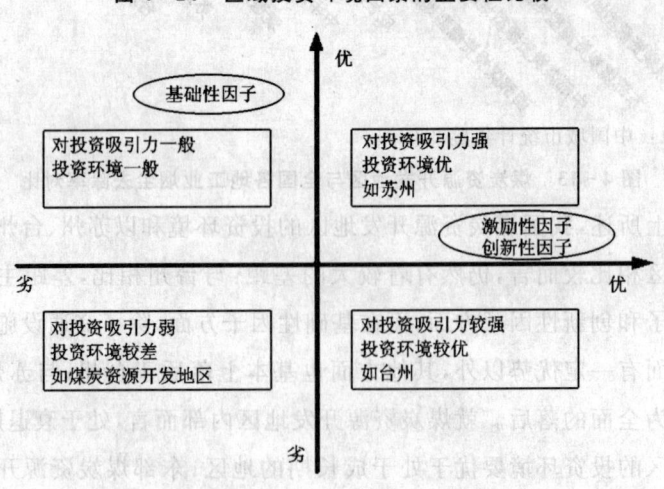

图 4-15　投资环境因子组合图

生态因素等方面有着较为明显的优势,但是在基础设施上不存在优势。应该说,上述的描述和我们在上一节关于煤炭资源开发对投资环境的影响的分析也是基本上一致的。

但是,由于没有给出各因子之间的权重,因此针对于一些各有优劣的情况很难给出区域投资环境的总体评价。根据零点调查等单位合作对全国10个开发区内529位区内投资者的意见调查显示,有关投资环境各因素的重要性如图4-14所示,从中不难发现,激励性因子和创新性因子的重要性要高于基础性因子,因此可以得到如图4-15所示的各种因子状况组合方式及其对投资的影响力或者说是投资环境的优劣评价。根据图4-15,我们可以对煤炭资源开发地区的投资环境作出如下判断:首先,从整体而言,这些地区的投资环境远不如台州、苏州等东部发达地区;其次,就煤炭资源开发地区内部而言,处于衰退期、中年期的煤炭资源开发地区的投资环境要优于处于成长期的地区,东部煤炭资源开发地区要优于中、西部地区。从这里也可以看到,对于煤炭资源开发地区而言,在加强基础设施建设之外,还应该投入更多的精力去优化激励性、创新性因子,从而在尽可能短的时期内达到真正优化投资环境的效果,有助于吸引外来资金和促进本地民间资本的成长,实现经济的增长和发展。

# 第五章　煤炭资源开发与居民
# 福利水平的相关性研究
## ——以鄂尔多斯市为例

## 第一节　鄂尔多斯市人民福利水平概况

鄂尔多斯市(原伊克昭盟)全市下辖7旗1区,总人口近140万,总面积8.7万平方公里。该地区矿产资源丰富,已探明煤炭储量为1 496亿吨,约占全国的六分之一;天然气储量7 000亿立方米,是西气东输的战略要地;境内天然碱储量达6 000亿吨;高岭土、石芒硝矿储量也都相当可观。

改革开放之前,在下辖的8个旗(区)中,准格尔旗(半牧区)、鄂托克前旗(牧区)、乌审旗(牧区)、杭锦旗(牧区)和伊金霍洛旗(半牧区)为国家级贫困(旗)县;鄂托克旗(牧区)、达拉特旗(半牧区)和东胜区(原东胜县,半牧区)为自治区内的区级贫困(旗)县,是内蒙古自治区最贫困落后的地方。

20世纪90年代以来,鄂尔多斯市经济呈现出超常规发展态势,在内蒙古自治区的12个盟市中悄然崛起,成为全区经济最活跃的地方,强劲的经济表现引人注目,经济学界人士称之为"鄂尔多斯奇迹"。本章将主要从人民的福利水平(包括收入、消费、社会心态等)出发,刻画煤炭资源开发对居民福利水平的影响。

### 一、总体经济发展情况

2004年,全市GDP总值达380.38亿元,比上年增长31.0%,占内蒙古自治区GDP的14.03%。与1980年相比,GDP增加了110.3倍,年均增速达 21.7%。"九五"期间，全市 GDP 年均增长速度达18.9%，远高于同一时期全国 GDP 年均 7.15% 的增长速度。2001 年到 2004 年，全市 GDP 年均增长速度为 30.33%，而同期全国 GDP 年均增速为12.04%。①

从鄂尔多斯市人均 GDP 与全国人均 GDP 的对比中不难发现，鄂尔多斯的增长势头远远快于全国水平。如图 5-1 所示，1996 年，鄂尔多斯人均 GDP 为 5 091 元，略低于全国 5 576 元的水平，约为全国平均水平的 91.3%。"九五"计划完成之后，2000 年，鄂尔多斯人均 GDP 为 11 505 元，高出全国平均水平 62 个百分点。到 2004 年，经过 4 年的高速发展之后，鄂尔多斯人均 GDP 增长至 26 000 元，②是全国人均 GDP 水平 10 561 元的 2.5 倍，也远远高于内蒙古自治区人均 11 305 元的水平，是其的 2.3 倍。

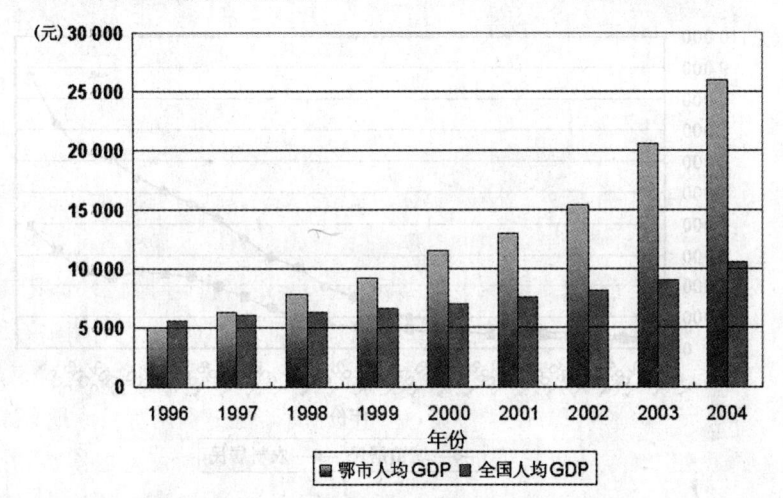

资料来源：《中国统计年鉴 2005》和《鄂尔多斯市统计年鉴 2005》。③

图 5-1 鄂尔多斯市人均 GDP 水平与全国对比

---

① 比率及增长速度由《中国统计年鉴 2005》和《鄂尔多斯市统计年鉴 2005》中相关数字计算得出。

② 由于本书写作时没有准确的统计数字，该结果为估算值。

③ 本章后文中的图表如无特殊说明，资料均来源于相关年份的《鄂尔多斯市统计年鉴》和《中国统计年鉴》。

## 二、收入情况分析

经济的快速发展极大地改变了鄂尔多斯地区人民的生活水平,全市城镇人均可支配收入及农牧民纯收入逐年提高。图5-2反映了自1981年以来城乡居民收入的变化情况。从总体趋势上看,城乡居民收入都保持了上升的势头,城镇居民收入在1989年之后开始以较快的速度增长,并逐步与农村居民收入拉开差距,并且城乡居民收入差距有逐步扩大的趋势。

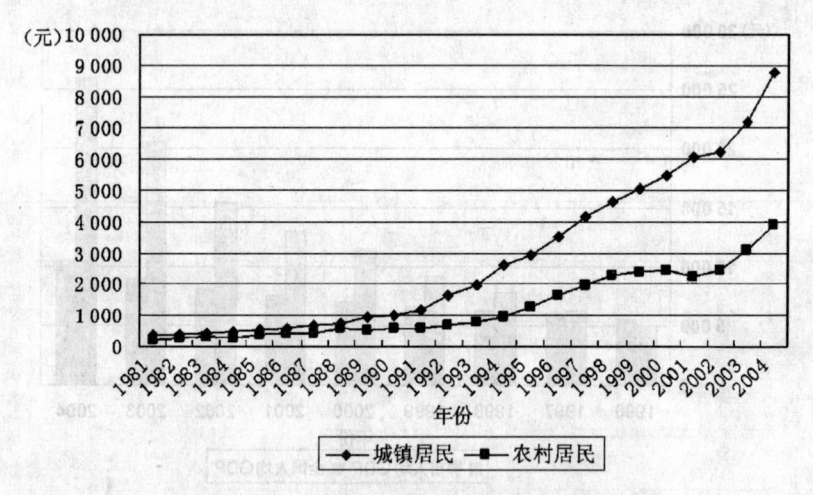

图5-2 鄂尔多斯市居民收入增长情况

2004年全市城镇居民人均可支配收入达8 770元,比1978年增加了30倍,年均增长速度为14.2%;与"九五"初期的4 128元的相比,是其两倍多,在绝对量上略低于全国人均9 422元的水平,但年均增速为11.4%,高于全国年均9.0%的增长速度。而农村居民人均纯收入为3 908元,高出全国人均水平2 936元近三分之一,1997年至

2004年的年均增长速度为10.1%,远高于全国年均5.0%的水平。①在内蒙古自治区的十二个盟市中,鄂尔多斯市城镇居民人均可支配收入和农牧民人均可支配收入均居于第三位,仅落后于包头和呼和浩特市。

2004年城镇居民收入结构的情况如表5-1所示。从绝对量上看,城镇居民家庭平均每人全部年收入为7 500元,低于全国水平约17个百分点,比内蒙古自治区人均水平略高。在各种收入来源中,鄂尔多斯市城镇居民工薪收入所占的比重最大,为78.3%,全国和内蒙古自治区的这一比重约为70%。经营性收入所占比重为8.9%,与内蒙古自治区8.4%的水平基本持平,高于全国水平。财产性收入比例较小,仅为2.6%,略高于全国和内蒙古自治区水平。

表5-1 2004年鄂尔多斯市与全国、内蒙古收入结构对比

|  | 鄂尔多斯 |  | 全国 |  | 内蒙古 |  |
| --- | --- | --- | --- | --- | --- | --- |
|  | 绝对值(元) | 比重(%) | 绝对值(元) | 比重(%) | 绝对值(元) | 比重(%) |
| 城镇居民家庭平均每人全部年收入 | 7 500 | 100.0 | 9 061.22 | 100.0 | 7 351.57 | 100.0 |
| 工薪收入 | 5 876 | 78.3 | 6 410.22 | 70.7 | 5 235.96 | 71.2 |
| 经营性收入 | 665 | 8.9 | 403.82 | 4.5 | 614.22 | 8.4 |
| 财产性收入 | 195 | 2.6 | 134.98 | 1.5 | 83.73 | 1.1 |
| 转移性收入 | 764 | 10.2 | 2 112.20 | 23.3 | 1 417.66 | 19.3 |

数据来源:《鄂尔多斯市领导干部统计手册2004》、《中国统计年鉴2005》。

---

① 数字来源于《鄂尔多斯市统计年鉴》和《中国统计年鉴》,速率由相关数字计算得出。

表 5-2　鄂尔多斯市农村居民纯收入来源

|  | 鄂尔多斯 |  | 全国 |  | 内蒙古 |  |
| --- | --- | --- | --- | --- | --- | --- |
|  | 绝对值(元) | 比重(%) | 绝对值(元) | 比重(%) | 绝对值(元) | 比重(%) |
| 农村居民家庭平均每人收入 | 3 908 | 97.75 | 2 936.4 | 100.00 | 2 606.4 | 100.00 |
| 工资性收入 | 987 | 25.26 | 998.5 | 34.00 | 394.8 | 15.15 |
| 家庭经营性收入 | 2 671 | 68.35 | 1 745.8 | 59.45 | 2 037.7 | 78.18 |
| 财产性收入 | 60 | 1.54 | 76.61 | 2.61 | 56.1 | 2.15 |
| 转移性收入 | 190 | 2.60 | 115.54 | 3.93 | 117.8 | 4.52 |

数据来源:《鄂尔多斯市统计年鉴2005》、《中国统计年鉴2005》。

表5-2反映了2004年农村居民家庭收入来源各部分与全国和内蒙古自治区水平的对比。在各项收入来源中,家庭经营性收入比重最大,为68.35%,低于内蒙古自治区平均水平,高于全国59.45%的水平。工资性收入高出内蒙古自治区10个百分点,但是与全国平均34.0%的水平相差较远,水平偏低。财产性收入和转移性收入比重均较低,分别为1.54%和2.60%,也分别低于全国水平。

对收入结构的分析表明,城镇居民的收入来源仍以传统的工薪收入为主,但经营性收入比重与20世纪90年代初期相比有了大幅度的提高,且高出全国水平,体现了收入渠道的多元化趋势。但农牧民的收入对于家庭经营的依赖性较大,工资性收入比重偏低,还有进一步增长的空间,应当努力拓宽农民的就业渠道,增加农村人口就业,使其收入来源更为合理化。

## 三、消费情况分析

恩格尔系数是居民食品支出占支出总额的比重,是衡量家庭或国家消费水平和经济发展水平的重要指标。一般来说,恩格尔系数越小,则家庭生活水平越高,越大则生活越贫困。联合国根据恩格尔系数确定了划分贫富的标准:恩格尔系数小于30%的生活水平为最富裕,30%—40%为富裕,40%—50%为小康,50%—60%为勉强度日,大于60%为绝对贫困。应当指出,恩格尔系数是一种长期的变化趋势,不必然随着收入水平的提高而逐年下降,因为消费习惯、物价水平、产业结构调整都会对其产生影响,使得某些时期产生回升的现象。表5-3的数据显示,鄂尔多斯市城镇居民的恩格尔系数近年来比较稳定,保持在28%左右的水平,明显低于全国城镇居民的平均水平。按照联合国的这一标准,总体上看,鄂尔多斯市的城镇居民已经达到了最富裕的标准。牧民家庭的恩格尔系数不稳定,但基本上低于全国城镇居民的平均水平。鄂尔多斯市农民家庭的恩格尔系数呈倒U形,2004年的值为37.2%,低于全国农村家庭平均水平。虽然总体上看无论是城镇居民还是农牧区居民都已经达到了联合国所划分的富裕线,但如前所述,由于消费习惯、物价水平等因素的作用,不能以此一项指标断言鄂尔多斯市的经济发展水平已经达到富裕或小康的程度。尤其不能忽略的事实是,在农牧区仍然有大约7万贫困人口没有解决温饱问题。部分地区的生活条件相当恶劣,城乡收入差距明显。在鄂尔多斯市工业化、城市化的过程中,应当加大对贫困人口的帮扶力度,使其尽快脱离贫困线进入小康水平,缩小城乡收入差距,将经济发展所带来的好处扩大到贫困地区,使经济均衡发展。

表5-3 鄂尔多斯市恩格尔系数 (单位:%)

| 年份 | 城镇居民 | 全国城镇平均 | 牧民家庭 | 农民家庭 | 全国农村平均 |
| --- | --- | --- | --- | --- | --- |
| 2000 | 27.3 | 38.2 | 31.9 | 32.9 | 47.7 |
| 2001 | 27.3 | 37.7 | 26.8 | 47.3 | 46.2 |
| 2002 | 27.5 | 37.1 | 27.7 | 44.9 | 45.6 |
| 2003 | 28.5 | 37.7 | 38.4 | 40.0 | 47.2 |
| 2004 | 28.8 | 37.7 | 29.9 | 37.2 | 47.2 |

表 5-4　鄂尔多斯市城镇居民消费结构　　　　　　（单位：元）

| 年份 | 1997 | 1998 | 1999 | 2000 | 2001 | 2002 | 2003 | 2004 |
|---|---|---|---|---|---|---|---|---|
| 食品 | 1 129 | 1 116 | 1 161 | 1 230 | 1 337 | 1 421 | 1 571 | 2 026 |
| 衣着 | 582 | 620 | 658 | 711 | 779 | 913 | 1 006 | 1 128 |
| 家庭设备用品及服务 | 195 | 248 | 236 | 468 | 343 | 411 | 360 | 453 |
| 医疗保健 | 180 | 176 | 238 | 271 | 288 | 268 | 341 | 424 |
| 交通和通信 | 242 | 343 | 306 | 462 | 526 | 689 | 713 | 934 |
| 教育文化娱乐服务 | 429 | 497 | 603 | 653 | 809 | 811 | 762 | 1 018 |
| 居住 | 243 | 329 | 312 | 356 | 407 | 452 | 528 | 715 |
| 杂项商品和服务 | 240 | 232 | 269 | 348 | 402 | 189 | 224 | 335 |
| 人均消费支出 | 3 241 | 3 561 | 3 782 | 4 499 | 4 894 | 5 163 | 5 507 | 7 032 |

从消费支出结构来看，如表 5-4 所示，自 1997 年以来，城镇居民用于食品、衣着、家庭设备、医疗保健、交通和通信、教育文化娱乐服务、居住及杂项的支出都显著增长。食品支出由 1997 年的 1 129 元增长至 2004 年的 2 026 元，增加了 79%。人们已经改变了过去以主食为主的单一的食品结构，食品质量明显提高。以鲜乳品为例，2003 年的城镇居民人均消费量为 21.3 千克，是 1997 年人均消费量的 6 倍多。[①] 衣着支出增加了 94%，家庭设备用品及服务支出增加了 1.3 倍多，居住支出增加了 1.9

---

① 根据《鄂尔多斯市统计年鉴 2004》相关数字计算得出。

倍多,医疗保健支出增加了 1.4 倍多,交通和通信支出增加了 2.9 倍,教育文化娱乐服务支出增加了 1.4 倍。以上各项支出的增长一方面是由于我国近些年来在房屋、医疗、教育、社会保障等方面进行的改革加大了城镇居民家庭支出的部分;另一方面,则反映了居民生活水平的变动。城镇居民家庭平均每百户主要消费品年末拥有量(表 5-5)能从另一个角度更好地说明这一变化。

表 5-5 城镇居民家庭平均每百户主要耐用消费品拥有量

| 指标 | 单位 | 1997 年 | 2004 年 | 2004 年与 1997 年相比 ||
|---|---|---|---|---|---|
| | | | | 差额 | 百分比(%) |
| 摩托车 | (辆) | 52 | 73 | 21 | 40.4 |
| 洗衣机 | (台) | 92 | 95 | 3 | 3.3 |
| 电冰箱 | (台) | 69 | 76 | 7 | 10.1 |
| 彩色电视机 | (台) | 103 | 114 | 11 | 10.7 |
| 照相机 | (架) | 20 | 37 | 17 | 85.0 |
| 排油烟机 | (台) | 10 | 43 | 33 | 330.0 |
| 影碟机 | (台) | 4 | 55 | 51 | 1 275.0 |
| 家用电脑 | (台) | 8 | 14 | 6 | 75.0 |
| 微波炉 | (台) | — | 19 | — | — |
| 移动电话 | (部) | — | 166 | | |
| 家用汽车 | (辆) | 3 | 6 | 3 | 100.0 |

与 1997 年相比,各项指标都有显著增长。影碟机的增长甚至高达 12 倍多;排油烟机的增幅超过 300%;家用汽车拥有量比 1997 年翻了一

番;微波炉和移动电话从无到有,数量可观;其他各项均有少量增长。摩托车、家用汽车、移动电话三项高于全国平均水平,这些指标表明城镇居民的物质生活水平有了显著提高。

## 四、煤炭业对经济发展的贡献

由于多方面的因素,煤炭行业在 2000 年以后开始走出低谷。从 2003 年起,中国经济增长中重工业增加值占工业增加值的比重明显提高,标志着中国进入重化工业阶段。国际经济表明,在经济发展的不同阶段,能源需求增长速度表现出不同的特征,在重化工业阶段,特别是其前期和中期阶段,经济发展对能源的需求快速增长。① 1998 年以后的数据显示,全国的煤炭消耗量在 2000 年以后开始迅速增加,2001、2002、2003 年与上年相比的增长比率分别为 3.54%、9.86% 和 13.21%。煤炭的需求激增也伴随着煤炭价格的上涨和产量的提高。2000 年以后,煤炭价格一路上扬,到 2003 年,平均价格已经比 2000 年增长了约 24%。煤炭产区的产销量激增,从中受益不少。

鄂尔多斯市经济迅速发展的几年正好伴随着煤炭行业的发展和中国煤炭消耗量的增长。对比鄂尔多斯市几个煤炭产量比较可观的旗区的煤炭产量,大致也与这一趋势相同。

东胜区和伊金霍洛旗的煤炭产量自 1998 年起出现轻微的增长,准格尔旗、鄂托克旗的产量则出现轻微的下滑。2000 年以后,四旗区的煤炭产量开始明显增加。其中,增长速度最快的东胜区 2002 年、2003 年的煤炭产量与上年相比分别增长了 23.9% 和 39.7%。这与 2001 年以后重化工业发展导致煤炭需求的激增紧密相关。

---

① 国家信息中心:《CEI 中国行业发展报告——2004 煤炭业》,中国经济出版社 2005 年版,第 5 页。

表 5-6　煤炭消费量与四旗区产量　　　　　（单位：万吨）

| 年份 | 全国消费量 | 比上年增长(%) | 东胜区 | 准格尔旗 | 鄂托克旗 | 伊金霍洛旗 |
|---|---|---|---|---|---|---|
| 1998 | 132 214 | — | 359 | 1 101 | 391 | 752.5 |
| 1999 | 130 119 | -1.58 | 393 | 1 003 | 180 | 841 |
| 2000 | 130 297 | 0.14 | 433 | 1 188 | 79 | 922 |
| 2001 | 134 914 | 3.54 | 673.95 | 1 448.82 | 160 | 1 266.67 |
| 2002 | 148 222 | 9.86 | 834.84 | 2 709.09 | 410 | 1 865.38 |
| 2003 | 167 800 | 13.21 | 1 166 | 3 806 | 600 | 2 439 |

资料来源：全国煤炭消费量来自 http://www.dataempery.com，其他来自相关年份《鄂尔多斯市统计年鉴》。

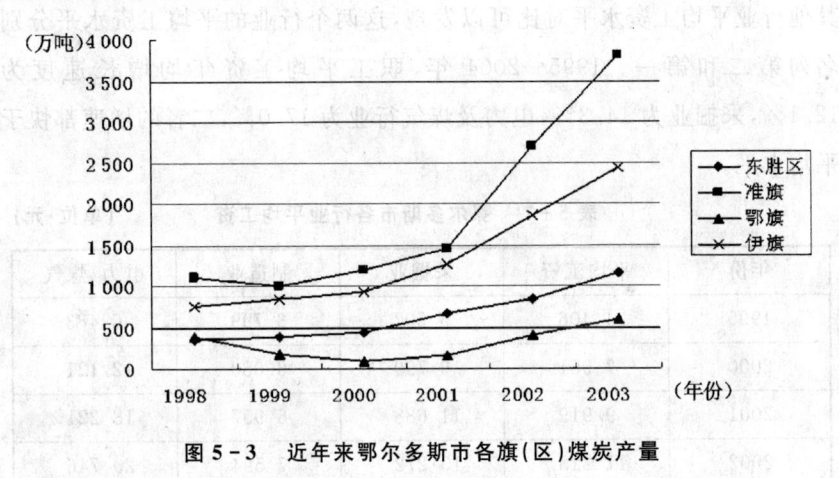

图 5-3　近年来鄂尔多斯市各旗(区)煤炭产量

煤炭行业的发展势头直接带动了当地经济。首先，煤炭行业的发展是城市经济的主要推动力之一。这表现在煤炭行业在鄂尔多斯市工业经济中所占的地位，2005年，全市工业实现增加值246.8亿元，其中，煤炭行业实现增加值93.4亿元，所占比率为37.8%；电力行业实现工业增加值24.8亿元，所占比率为10.0%。这两个行业成为拉动经济增长的最主要的行业,贡献率居于前两位。

其次,煤炭采掘业本身会带动其他行业的发展。首当其冲的是由于大规模的基础建设,促进了建筑、建材行业的发展,拓宽了建筑市场;煤炭销售量的增加必然要求有与之相配套的运输业,从而交通运输行业增加了新的就业;因为具有独特的资源优势,作为煤炭的直接消费者的电力行业获得了极大的发展,在2000—2005年的5年间,电力行业固定资产投资额年均增长62.7%,[①]建成了大量的坑口火电站。从各个行业的对比情况来看,电力行业职工人均工资数额显著地高于其他行业。

如表5-7所示,2004年全体职工平均工资为16 965元,采掘业与电力、煤气行业的平均工资分别高出平均工资水平41.0%和95.2%。与其他行业平均工资水平对比可以发现,这两个行业的平均工资水平分别名列第二和第一。1995—2004年,职工平均工资年均增长速度为12.1%,采掘业为14.3%,电力及煤气行业为17.0%,二者的增速都快于平均水平。

表5-7　鄂尔多斯市各行业平均工资　　　　（单位:元）

| 年份 | 平均工资 | 采掘业 | 制造业 | 电力、煤气 |
| --- | --- | --- | --- | --- |
| 1995 | 4 406 | 5 507 | 3 799 | 6 483 |
| 2000 | 7 951 | 9 799 | 6 080 | 12 121 |
| 2001 | 9 919 | 11 688 | 6 957 | 18 221 |
| 2002 | 11 223 | 13 272 | 7 594 | 20 746 |
| 2003 | 13 151 | 16 914 | 9 286 | 22 637 |
| 2004 | 16 965 | 23 926 | 10 731 | 33 113 |

再次,当地廉价且充足的电力供应吸引了东南沿海的高能耗产业进

---

① 此处用电力、燃气及水的生产和供应业的固定资产投资增长速度来估计电力行业固定资产投资的增长。

行产业转移,大量的企业转入当地进行生产。同时,鄂尔多斯市也开始有意识地发展高能耗产业,主要产品为钢铁、其他电力冶金产品、重要化工产品及一些高耗能的建材。

进一步地,大工业的发展和城市人口的聚集又促进了交通、邮电、商业服务和金融服务业的发展,极大地改变了城市的生活状况。这与前面的分析中鄂尔多斯市城镇居民耐用消费品的拥有量所体现出来的特征——即汽车、移动电话指标增长迅猛,人均拥有量高于全国水平——相吻合。

鄂尔多斯市已成为一座具有综合服务功能且能带动和影响周边地区的新型工业化城市。工业经济的发展对于城市的影响是显而易见的。但工业化的过程是城市人口不断增加、农业就业人口减少、非农行业就业增加的过程,也就是说应该伴随着城市化的进程。如果没有农村劳动力的转移和农牧区经济的发展,只能形成严重的二元经济结构,城乡收入差距拉大,不利于社会稳定和经济的持续发展。

广大农牧区居民在煤炭行业的发展过程中究竟有没有受益,煤炭开发通过什么样的途径影响农牧民的心态和行为,是两个更值得我们关注的问题。所以在本节以后的内容中将主要就这两个问题进行分析,使我们更好地理解资源的开发对于农村和农民的意义。

## 第二节 煤炭资源开发、非农[①]参与和农户收入
### ——以鄂尔多斯市准格尔旗农户为例

从上一节来看,一直被贫困问题所困扰的鄂尔多斯市却在近几年来

---

① 这里的非农是指不从事第一产业活动,因此,非农收入是指除去来自于第一产业之外的收入。

经济发展迅猛,城镇居民人均可支配收入,尤其是农民人均纯收入提高的速度均大大超过我国的平均水平。从直观上看,这与煤炭资源的大规模开发有着紧密的联系。那么,煤炭资源的开发对于农村居民收入水平的提高到底起到多大的作用?煤炭资源开发是否产生了农民收入差距扩大?具备什么特征的农户才能在煤炭资源开发中获益?本节将以鄂尔多斯市准格尔旗为例讨论这些问题。

## 一、煤炭资源开发与非农收入

在煤炭资源开发之前,鄂尔多斯市是一个典型的传统农牧地区,在1990年第一产业比重仍高达47.9%,而广大农村地区,更是完全依赖于农牧业。即使到现在,我们也可以看到,在目前基本上不产煤的杭锦旗、乌审旗,来自于第一产业的收入占农户总收入的比重分别为95.99%和91.58%,而产煤大旗(区),如准格尔旗、伊金霍洛旗和东胜区等地农户来自于第一产业的收入的比重则分别是44.62%、58.54%和62.88%。无论是从纵向的历史比较还是横向的截面比较来看,鄂尔多斯市农村地区农户来自于非农产业的收入的产生和扩大完全与煤炭行业相关。而且,从我们实地调查的情况来看,无论是矿区还是矿区周边的农民,所从事的非农业活动,主要有去煤矿及煤炭加工企业打工、运输、贩煤、承包工程、餐饮、修理等;90%以上都与当地煤炭资源的开发有着直接或间接的联系。因此,煤炭资源的开发对当地产煤区的农户而言,提供了一个从事非农行业、增加非农产业收入的机会,而且这种非农产业的就业与收入的机会基本上是由煤炭资源开发所带来的。所以,非农收入对该地区农户收入分布的影响实际上可以大致等同于煤炭资源开发对当地农户收入的影响。

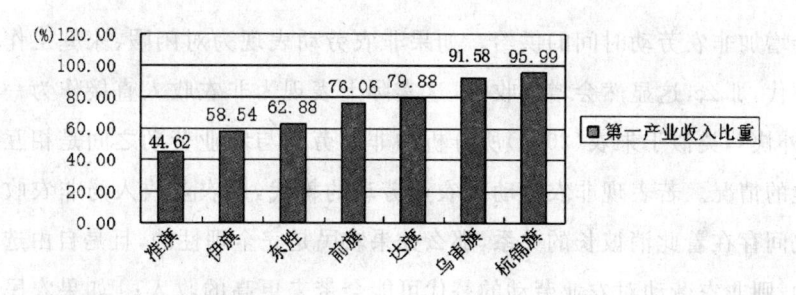

数据来源：由鄂尔多斯市统计局提供。

图 5-4　鄂尔多斯市各旗（区）第一产业收入占
农牧民总收入的比重（2005 年）

## 二、非农收入与农户收入：已有研究回顾与统计描述

（一）已有研究回顾

尽管研究所针对的地区和研究方法不同，但大部分研究表明（Reardon and Taylor，1996；Barhan and Boucher，1998；李实、赵人伟，1999 等），相对于农业收入而言，非农收入一方面从整体上提高了农民的收入；另一方面也可能加剧了收入的不平等，表现为收入分布，即均值提高且分布更为不均。那么，证明了关于非农收入这一作用在准格尔旗是否成立，自然就可以得出煤炭资源的开发对当地农户收入分布的影响，这也就是本节的目标之一。

对于第一个结论，即非农收入的增加将从整体上改善农民的收入，基本上没有争议。但是，关于这一问题的理论分析，从微观角度而言，是农民如何配置时间在闲暇、家庭工作、农业劳动和非农劳动上的问题（Skoufias，1994），这四类时间存在着相互替代的关系，增加其中一类时间会影响另外三类时间的配置，如果在农民是理性经济人，且可以自由选择的前提下，只有当非农劳动带来的边际效用①大于其他类型的效用，才

---

① 如更高的收入水平、更舒适的工作环境、更好的升迁机会等。

会增加非农劳动时间的供给。如果非农劳动表现为对闲暇、家庭工作的替代,那么,这显然会增加收入,这实际上表现为非农收入直接作为一种"外快",类似于朱农(2005)所分析的非农劳动与农业劳动之间是相互独立的情况。若表现非农劳动对农业劳动的替代,即农业收入与非农收入之间存在着此消彼长的关系,那么如果农民是完全理性的,且是自由选择的,则非农劳动对农业劳动的替代可能会带来更高的收入;[1]如果农民不能自由选择,这就难以保证非农收入对农业收入的替代会改善收入,对于他们而言,提供非农劳动可能是一种无奈的选择,比如失地农民。而我们所要研究的对象,恰恰存在这样的情况,如煤炭资源开发占用大量土地、造成塌陷现象等,直接导致部分农户失去耕地,为了生存,选择非农劳动是唯一的出路,这一选择并不能保证非农劳动收入的增加就能提供更高的收入。因此,在此仍有必要分析这种非农收入是否真的提高了当地农户的收入。

对于第二个结论,尽管大部分研究都认为成立,但也有一些研究(Adams,1994;Lachaud,1999;朱农,2005)却认为,随着非农收入的份额增加,总收入的分布逐渐变得均匀,即收入差距会缩小。因此,关于这一问题,没有形成一致的意见,朱农(2005)对之作了较为详细的述评,在此不再详细展开。

(二)统计描述

首先需要交代数据来源:本书的数据来源于笔者组织的两次入户调查,分别在2006年1月16—20日和2006年3月23—26日,我们先后随机抽取了5个村庄,再在这5个村里随机抽取了420户农户,回收有效问

---

[1] 如果在农民的效用函数的变量组合中,收入的权重较大,则只有当非农收入有一定程度的提高,才会作出这种替代。如果在其效用函数中,收入权重不大,可能更看重舒适度等其他变量,那么,这种替代未必会改善收入。

卷360份。

我们将农户的纯收入分为工资性收入、第一产业(农业)收入、非农业(其他)经营性收入、财产性收入和转移性收入等五类;同时,我们根据收入来源,将没有工资性收入和非农经营性收入的农户归为纯农业户,把其他农户归为非纯农业户。

1. 非农收入对农户收入水平的影响

首先从农户收入构成来看,虽然农业收入比重仍然位于第一,但工资性收入比重达34.58%,两者相差不到4个百分点,非农收入的比重高达61.61%,因此,从收入来源来看,就整体而言,非农收入已成为这一地区农户收入的主要来源。

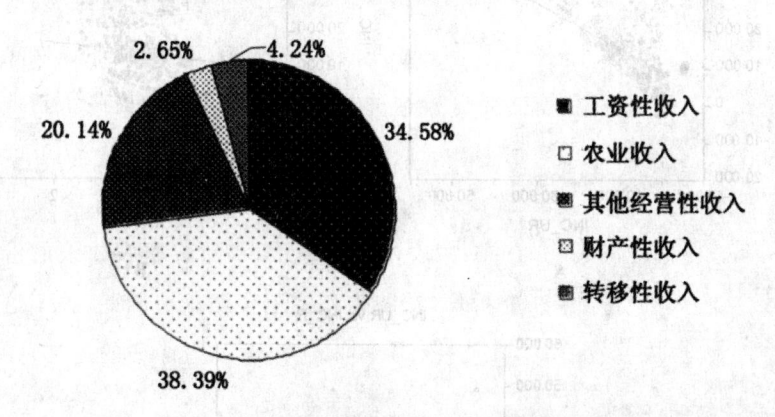

**图 5-5　2005年鄂尔多斯市准格尔旗农户收入来源构成**

其次,从两类农户的收入水平来看,纯农户的平均纯收入为12 518元,低于非纯农户,为非纯农户平均收入的84.3%。也就是说,从平均水平来看,非纯农业户的收入水平要高于纯农业户。

最后,从非农收入与农户收入水平的相关性来看,如图5-6所示,非农收入(INC_UR)与农户收入水平(INC)存在着明显的正相关,即非农收入越高的农户,其收入水平越高。同时,收入水平与非农收入比重(RATE)之间也存在着正相关,通过5%的显著性水平检验。但是,从散点图来看，非农收入比重对农户收入的解释力比非农收入要低得多，非农收入比重越高的农户，其收入水平越高的情况并不明显。这里的原因有多方面，比如上文提到的，存在非农收入对农业收入（INC_R）的替代，如图5-6的C图所示，两者呈负相关性；还有一个原因是我们调查发现，部分矿区农民失地之后，其收入来源虽然基本上表现为非农收入，从而非农收入比重高，但收入不高。

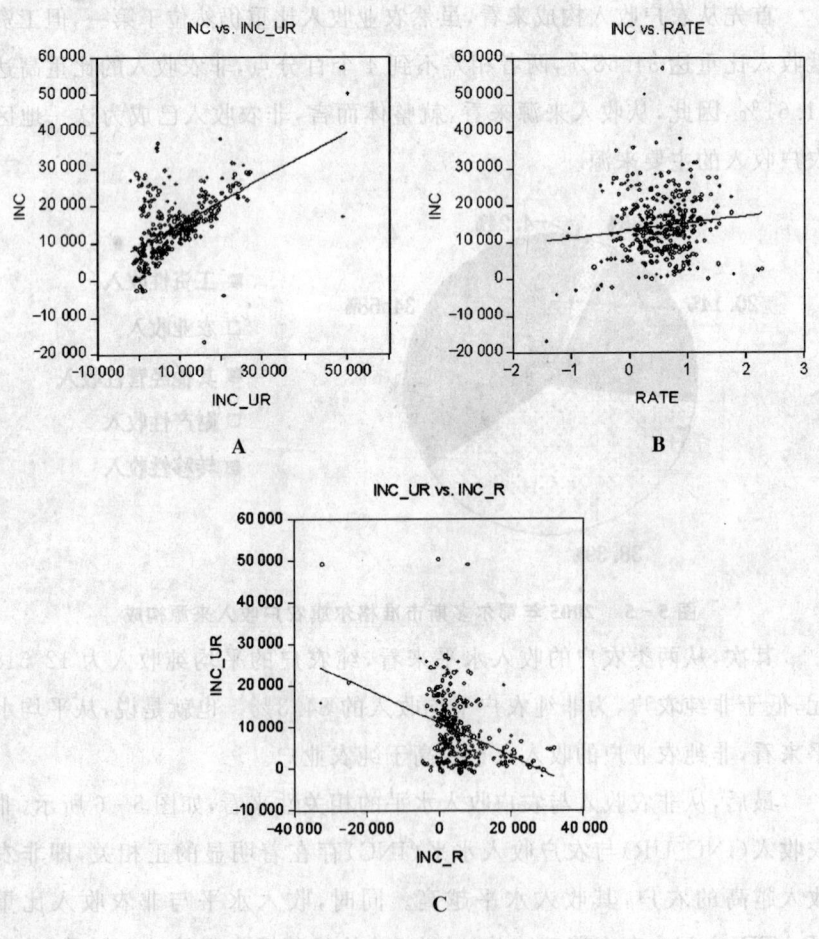

图 5-6 散点图

**2. 非农收入与收入差距**

通常我们用变异系数和基尼系数来衡量收入差距。变异系数的计算公式为：
$$V = S/\bar{Y}$$
其中，$V$ 为变异系数，$S$ 为样本农户收入的标准差，$\bar{Y}$ 为样本农户的平均收入。

基尼系数的计算方法较多，在此我们选择协方差法，其定义式为：
$$G(Y) = 2\mathrm{cov}(Y, F(Y))/\bar{Y}$$
其中，$G(Y)$ 为基尼系数，$F(Y)$ 为 $Y$ 的累积分布，$\mathrm{cov}(\cdot)$ 为协方差，$Y$ 为样本农户的收入。

首先，考察纯农业户和非纯农业户这两类农户的收入差距，从图 5-7 可见，无论是用变异系数还是基尼系数来衡量，纯农户的收入差距都要比非纯农户的收入差距大。

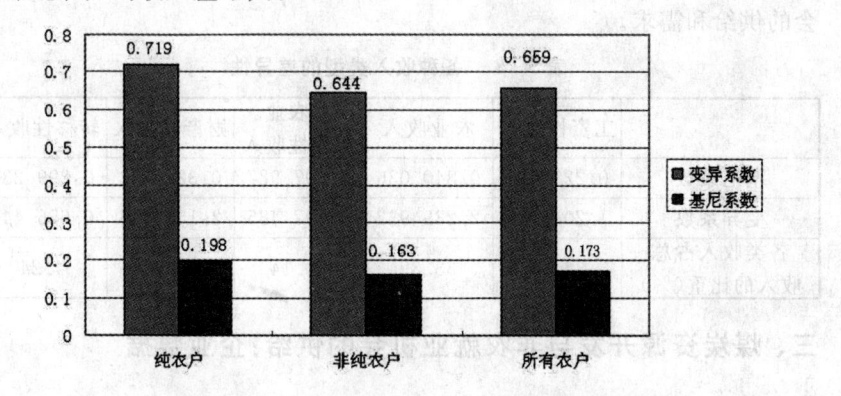

图 5-7  2005 年鄂尔多斯市准格尔旗农户的收入差距

其次，从收入类型来看，占收入来源主导地位的农业性收入和非农业性收入的基尼系数和变异系数之间存在着较大的差距，这也是导致纯农户与非纯农户之间收入差距不同的主要原因。从这五种类型的收入来看，工资性收入的基尼系数和变异系数均是最低的，对于降低整体收入差距起着重要的作用，这也是煤炭资源开发缩小农户收入差距的重要途径。

此外，需要关注的是非农经营性收入的差距最大，且其占收入的比重达到20.14%。随着煤炭资源的进一步开发，特别是煤炭资源开发的进一步市场化，其比重将趋于上升，那么，对收入差距的扩大会起到很大的拉动作用，我们实地调研也发现这一问题，很多农户认为收入差距扩大的原因就是由于这种非农业经营性收入造成的。

就目前而言，煤炭资源的开发以及由其带来的非农收入的增加，一定程度上平抑了纯农业收入的波动，规避了风险，并通过收入差异较小的工资性收入降低了整体上的收入差距。

从我们的研究样本来看，鄂尔多斯市准格尔旗煤炭资源的开发向农户提供了非农就业和获得非农收入的机会，通过这一途径的确提高了农户的收入，并且在一定程度上降低了农户收入的不平等。但是，这一途径是否能够顺利实现这种绩效，从微观的角度来看，取决于这种非农就业机会的供给和需求。

表 5-8 各种收入类型的差异性

|  | 工资性收入 | 农业收入 | 非农经营性收入 | 财产性收入 | 转移性收入 |
| --- | --- | --- | --- | --- | --- |
| 基尼系数 | 0.221 491 | 0.340 036 | 0.397 987 | 0.327 422 | 0.299 238 |
| 变异系数 | 1.204 079 | 2.239 922 | 2.697 485 | 2.152 766 | 0.656 443 |
| 各类收入占总收入的比重(%) | 34.58 | 38.39 | 20.14 | 2.65 | 4.24 |

## 三、煤炭资源开发与非农就业机会的供给：企业数据

煤炭资源开发带动农户收入上升的关键之一是资源开发能否提供非农就业和获取非农收入的机会。一般来说，煤炭资源开发形成了探矿、挖掘、加工、运输、销售等诸多环节，可以提供这些环节以及与这些环节相关的非农就业。对于当地农户而言，非农就业的供给数量和所要求的质量与他们参与非农活动以及获取非农收入息息相关。

从我们调研的结果来看，在非农收入中，来自于工资性的收入占到

80%,居于绝对主导地位,而工资性的收入主要来自于煤炭产业或与煤炭产业相关的企业,因此,我们把非农就业供给问题的研究重点放在企业层面上。从我们所获得的部分企业的用工数据①来看,国有企业与民营企业②之间存在着较大的差异。从表5-9、表5-10来看,中央国企的本旗用工比例不到23.2%,而民营企业的比重达到51.3%,一些小型企业的这一比重更高;而从技术水平要求较高的管理人员的来源地构成来看,中央国企中来自于本旗的管理人员占9.6%,而民营企业的这一比重为19.7%。后者远高于前者。从这一差异我们可以看到,中央企业对当地就业的贡献要远低于民营企业。

表5-9 样本企业一般职工来源地构成　　　　　(单位:%)

|      | 本旗比重 | 本市比重 | 本自治区比重 | 外省比重 |
| --- | --- | --- | --- | --- |
| 国有企业 | 23.2 | 42.7 | 77.5 | 22.5 |
| 民营企业 | 51.3 | 85.2 | 91.6 | 8.4 |

表5-10 样本企业管理人员来源地构成　　　　(单位:%)

|      | 本旗比重 | 本市比重 | 本自治区比重 | 外省比重 |
| --- | --- | --- | --- | --- |
| 国有企业 | 9.6 | 32.8 | 56.9 | 43.1 |
| 民营企业 | 19.7 | 67.9 | 82.1 | 17.9 |

造成这种差异的主要原因有以下几点:

一是企业的生产技术选择不同。国有企业尤其是国有煤炭企业,在

---

① 在实地调研的过程中,我们发现,与农户能够参与非农活动相关的企业主要集中在煤炭采掘业、与煤炭相关的技术要求较低的服务行业,而后者绝大多数由本地民营企业经营,用工方面也没有什么差异,而差异较大的是煤炭采掘业和煤炭运输行业,因此,我们的企业样本最终选定这两类企业。

② 在当地,煤炭采掘业和煤炭运输业企业的性质非常明确地分为两类:中央国企和民营企业。

生产技术的选择上是资本、技术密集型,这导致了对劳动力数量的需求较低,对质量的要求较高,比如准能公司,不到400人完成2 000万吨以上的煤炭产量,如此高的劳动生产率自然也要求劳动力本身具有较高的素质。因此,国有企业难以向一般农户提供非农就业的机会。

二是企业与地方政府的关系不同,民营企业与地方政府之间关系的紧密度要大大高于国有企业。由于该地国有企业直属于大型中央国企,地方政府与企业之间的协商难度要大于土生土长的本地企业。所以,一些涉及地方的利益,如就业等,就更容易在与民营企业的协商中实现;而且民营企业为了发展的需要,也往往倾向于与地方政府以及当地居民搞好关系,这也通常会以提供就业机会为手段。比如当地著名的民营企业——伊泰集团就非常重视这一方面,以多种方式(如村企共建党支部)与地方政府合作,企业提供就业岗位,地方政府负责人员培训,如专门的驾驶员培训等,共同帮助矿区及其周边农户的剩余劳动力转移。

三是与企业管理人员的构成有关。这一点主要是在实地调研中与村民的交谈时发现的。对于一般农户而言,所能从事的非农活动的技术要求不高,因此存在着很强的替代性;而最近几年煤炭企业效益普遍较好,工资相对而言较高,因此外来的非农劳动的供给较大。一般来说,管理人员对这些就业岗位的人选起着决定性的作用,他们极有可能将这些岗位留给与自己有着血缘、地缘等关系的非农劳动力供给者。在这种情况下,由于国有企业的管理人员外地构成比例较高,而民营企业管理人员的本地构成较高,这自然导致了两类企业在吸收农民工的过程中形成的人为差异。我们的调研数据显示:国有企业外省管理人员主要来自于东北和陕西,分别占外省管理人员的52%和23%,相应地,来自于外省的一般职工也主要来自于东北与陕西两地,尤其是技术要求较低的临时工,东北与陕西的比重分别达到49%和24%。

## 四、农户特征、非农参与和农户收入:计量分析

非农就业的实现需要非农就业机会的供给和需求的共同作用,在分析供给方面的问题后,现在进一步讨论需求方,即究竟具备什么样特征的农户能够更易于从事非农活动,什么样的农户能够获得更高的收入,这实际上也是回答了究竟具备什么样特征的农户能够更容易从煤炭资源开发中获益的问题。

### (一)分析方法

对于第一个问题,劳动经济学通常采用 Probit 方法估计一个非农活动的参与方程:

$$\text{Prob}(Y=1) = F(\beta'X)$$
$$\text{Prob}(Y=0) = 1 - F(\beta'X) \tag{1}$$

其中,对于参与非农活动的农户,令 $Y=1$,没有参与非农活动的农户,令 $Y=0$;$X$ 表示选择非农活动所受到的各种因素的影响,如人力资本特征、家庭组成、耕地拥有量等;参数 $\beta$ 反映了 $X$ 的变化对参与非农活动概率所产生的影响。

对于第二个问题,需要估计农户收入方程。如果直接以收入为解释变量,以家庭特征为被解释变量进行截面估计的话,往往会存在样本的有偏选择,表现为在实际的收入方程中并未包含的变量在对有选择的样本进行回归时最显著的决定因素(都阳,2000)。所以,对于这一问题,我们通常遵循赫克曼两阶段法来进行修正(Heckman,1979):从 Probit 估计式中我们可以得到逆米尔斯比率 $\lambda$,将之作为一个估计因子加入到未参与非农活动的农户的收入方程:

$$\log y_i = \alpha Z_i + \gamma \lambda_i + \varepsilon_i \tag{2}$$

其中,$y_i$ 为未参与非农活动的农户的收入,$Z_i$ 表示影响农户收入的解释变量,$\alpha$、$\gamma$ 为待估参数,$\varepsilon_i$ 是随机误差项。

(二)数据来源及说明

本部分的数据来源于同上文。

本节分析所需数据主要有：

家庭类型：纯农户与非纯农户，前者指从事农业活动的农户，后者指参与了非农活动的农户。

家庭纯收入(INC)。

经营土地面积(LAND)：包括耕地、草地、林地、养殖水面等实际经营面积。通常，这一变量被认为与非农活动的参与概率成反比，与农户的收入成正比。

劳动力人数(QUANWORKERS)：该变量一般认为对农户参与非农活动有正的作用；但是对于农户的收入的作用，则取决于劳动力是否实现就业且质量如何。

教育水平(EDU)：家庭劳动力平均受教育年限。不少研究(都阳，2000；朱农，2005 等)认为，该变量对非农参与有着正的影响，但笔者认为可能存在着 U 形关系，原因在于：假定其他条件相同，受教育水平较低的农户迫于生计可能会愿意选择一些较累、较脏的非农活动，从而更容易脱离纯农户的分类；教育水平相对较高的农户则不愿意从事该类非农活动，但又难以从事技术水平要求较高的非农活动，从而参与非农活动的概率较低；最后，只有当受教育水平提高到一定程度之后，即能够从事技术水平要求较高的非农活动时，才又将重新提高非农活动的参与率。教育水平作为人力资本的表现形式，也有助于收入水平的提高。

受过专业培训人数(TRAIN)：一般来说，专业培训有助于非农就业，同时也有助于提高农户的收入。

劳动力的年龄(OLD)：本书选取的是农户劳动力的平均年龄，该变量对非农活动的参与可能有负向作用，因为相对而言，年轻人更倾向于、也更容易在非农部门获得就业。

住所与乡、镇政府的距离（DISTANCE）：乡镇政府所在地是农村地区的经济、政治、文化中心，相对于偏远的农村而言，有着更多非农就业的机会，因此，该变量可能对农户参与非农活动有着负面影响。这一变量在赋值时根据2公里以下、2—5公里、5—10公里、10—20公里、20公里以上分别赋予1、2、3、4、5。

（三）估计结果

根据式(1)的估计，我们得到如表5-11所示的估计结果。从这些解释变量的符号来看，基本上符合我们的预期：劳动力平均受教育年数与非农活动呈U形关系，这是因为该地区在煤炭资源开发过程中产生了不少工作环境不佳的非农就业机会以及对教育水平要求不高的第三产业就业机会，从而使得受教育水平低的农户能够，可能也愿意参与非农活动，同时，煤炭资源的开发也为受教育水平较高的农民提供了收入水平、工作环境较好的非农就业机会（这个转折点约在8年左右，即初中以上教育水平）；与经营性土地面积的平方成反比，即所经营的土地面积越多，参与非农就业的动机也越小；与专业培训成正比，这归功于该地区近年来企业、政府注重对非农专业的培训，从而促进了非农就业的增加；与住所距乡镇政府的距离成反比；与劳动力年龄成反比。从回归结果1-1来看，劳动力数量这一变量虽然难以通过显著性检验，但是从其符号上可以大致判断出，该变量对于非农参与的影响呈正U形，即随着劳动力数量的增加，农户参与非农活动的概率先增后减。

估计完参与方程后，我们得到逆米尔斯比率（根据回归结果1-2），利用式(2)得到参与非农业活动的农户（非纯农业户）的收入方程的估计结果（见表5-12）。从表5-12来看，农户收入水平和劳动力平均受教育年数成正比，这与预期一致；与其中经营土地数量亦呈倒U形关系，即在不考虑其他条件下，收入在经营土地面积大约为77亩时达到极大，这和朱农(2005)的估计结果非常接近，而实际上绝大多数非纯农业户无法达

表 5-11  Probit 模型对农户非农业活动参与方程的估计

被解释变量：参与非农活动的农户为 1；否则为 0。

| 解释变量 | 回归 1-1 | 回归 1-2 |
| --- | --- | --- |
| EDU | -4.049 3*** <br> (-4.752 2) | -3.914 5*** <br> (-4.712 9) |
| EDU$^2$ | 0.273 9*** <br> (4.524 0) | 0.264 8*** <br> (4.476 5) |
| LAND$^2$ | -5.19E-05* <br> (-1.730 3) | -5.17E-05* <br> (-1.740 6) |
| TRAIN | 0.199 1* <br> (1.783 1) | 0.177 3* <br> (1.665 4) |
| DISTANCE | -0.379 8*** <br> (-4.075 7) | -0.367 1*** <br> (-4.020 1) |
| OLD | -0.040 3* <br> (-2.755 8) | -0.042 6*** <br> (-3.153 5) |
| QUANWORKERS | -2.068 4 <br> (-1.300 6) | |
| QUANWORKERS$^2$ | 0.374 3 <br> (1.351 9) | |
| C | 20.818 5*** <br> (5.105 4) | 17.793 6*** <br> (5.716 7) |
| Pseudo-R-squared | 0.151 2 | 0.145 2 |
| Log likelihood | -139.190 2 | -185.886 0 |
| OBS | 346 | 346 |

注：＊＊＊、＊＊、＊分别表示各解释变量通过显著性水平为 0.5%、1%、10% 的检验。括号内的值为 Z 统计量。

表 5-12 非纯农户收入的估计

被解释变量：log(INC)

| 解释变量 | 回归 2-1 | 回归 2-2 | 回归 2-3 |
| --- | --- | --- | --- |
| EDU | 0.049 4** <br> (1.974 1) | 0.054 8** <br> (2.268 2) | 0.054 3** <br> (2.295 8) |
| TRAIN | -0.111 3 <br> (-1.438 0) | -0.096 7 <br> (-1.228 7) | -0.186 2** <br> (-2.167 4) |
| LAND | 0.026 2*** <br> (4.271 8) | 0.024 95*** <br> (4.321 1) | 0.025 4*** <br> (4.259 0) |
| LAND^2 | -0.371 9*** <br> (-3.667 9) | -0.000 181*** <br> (-3.664 0) | -0.000 192*** <br> (-3.797 1) |
| OLD | 0.050 7 <br> (0.654 9) |  | 0.115 1* <br> (1.940 8) |
| OLD^2 | -0.000 637 <br> (-0.719 8) |  | -0.001 384* <br> (-1.922 3) |
| QUANWORKERS | 2.034 1*** <br> (4.064 3) | 2.203 1*** <br> (4.583 8) |  |
| QUANWORKERS^2 | -0.371 9*** <br> (-4.047 5) | -0.397 0*** <br> (-4.385 2) |  |
| INVERSMILLS | 0.513 9* <br> (2.073 1) | 0.461 5* <br> (1.985 0) | 0.445 8* <br> (1.918 9) |
| C | 5.092 2*** <br> (5.105 4) | 5.789 8*** <br> (5.581 0) | 6.349 0*** <br> (4.064 6) |
| Adjusted R-squared | 0.272 0 | 0.269 02 | 0.238 2 |
| DW | 2.22 | 2.24 | 2.04 |
| OBS | 256 | 256 | 256 |

注：***、**、*分别表示各解释变量通过显著性水平为 0.5%、1%、10%的检验；括号内的值为 T 统计量。

到这一规模,因而,非纯农业户收入与土地面积成正比;关于受专业培训人数,在回归2-1和回归2-2中并不显著,但在回归2-3中通过了3%的显著性水平的检验,其符号均为负值,这是因为一般情况下,由于各种原因收入较低或者失业的农民是政府进行专业培训的对象,而且一般而言,这种培训无法保证在短期内提高收入,因此其与收入呈负相关。而劳动力平均年龄和劳动力数量之间存在着一定的相关性,故只能将这两个变量分开进行估计。从回归结果2-1和回归结果2-2中看到,非纯农业户收入与劳动力数量呈倒U形关系,随着劳动力数量的增加,起初收入也增加,但当劳动力数量增加到一定程度后(在不考虑其他变量的前提下,劳动力数量约为3),收入又将随着劳动力数量的增加而降低。在回归结果2-3中,我们发现非纯农业户收入和农户的年龄也呈倒U形关系,即农户收入随着劳动力年龄的增加而逐渐上升,但当年龄增加到一定程度后(不考虑其他条件的情况下,大约在47岁),收入又将呈递减之势。

从上述的估计结果中,我们可以得出以下两点:

1. 具有以下特征的农户更易于参加非农活动:受教育水平较高、住所距乡镇政府距离近、劳动力平均年龄较小、接受过专业培训等。

2. 具有以下特征的非纯农业户有可能获得更高的收入:受教育水平较高、劳动力平均年龄较高但不超过50岁、经营的土地面积较多、劳动力数量较多但不超过3个等。

从以上分析我们可以得出以下结论:

煤炭资源的开发,为矿区农民提供了从事非农行业的机会,而非农收入比农业收入要高,所以,煤炭资源的开发实际上就为煤区农民提供了增加收入的机会,具体表现为:一是非纯农业户的收入水平要高于纯农业户;二是非农收入占农户总收入的比例越高,农民的收入就越高,但由于非农收入与农业收入之间存在替代关系,两者的正相关关系并不明显。

同时,非农收入机会的出现还缩小了农民之间的收入差距,具体表现为:一是非纯农户的收入差距比纯农户的收入差距小;二是工资性收入占总收入的比例越高,收入差距越小,但非农收入中的非农经营性收入对收入差距却有负面影响。与煤炭相关的企业,是煤区非农行业从业机会的供给者,比较而言,由于生产技术选择、管理人员构成以及与当地政府之间依存关系等因素存在着差异,民营企业对煤区就业的贡献程度要高于中央企业;另一方面,农民作为非农就业机会的消费者,能否真正享有这样的机会以及享有的程度,又受到农民自身年龄、接受教育年限和接受专业培训与否等因素的影响。

发挥煤炭资源开发对增加农民收入和缩小收入差距的作用主要通过非农就业和非农收入的形式来体现。因此,这一作用能否顺利实现,取决于非农就业机会的供给方和需求方,通过上文的分析,我们认为:

从非农就业机会的供给方来看,无论是中央企业还是地方企业都应该注重与当地政府的联系,要适当地承担本地经济社会发展的责任,这本身也是对煤炭资源开发所造成的负外部性的纠正。应当借鉴准格尔旗那日松镇的做法,该镇以矿村党支部的形式尝试村企共建党支部,为村民与煤炭企业之间的交流与协调提供了组织机构和空间;伊泰集团所奉行的"驻村和村、驻邻和邻"的理念也值得推广。这些措施和理念都有效地推动了所在地农民的非农就业和非农收入的提高。

从非农就业的需求方而言,首先,在普及义务教育的基础上尽可能提高村民的受教育水平和质量,是提高农民非农活动参与率和农户收入的治本之策;其次,积极开展多种有针对性的专业培训,应该将重点放在劳动力剩余现象比较突出的家庭,注意避免流于形式;再次,对于一些年龄较大的矿区失地农民,由于他们参与非农就业的机会较少,应当通过建立、健全社会保障体系,使之老有所养。

此外,值得注意的是,当地农民的非农就业对煤炭行业的依赖性很大,这一问题在目前煤炭市场看好、当地煤炭资源丰富的前提下一般不会凸显出来。但是,从我国的资源型地区的发展历程来看,过度依赖会导致农户难以应付煤炭市场的波动,最终可能对农户收入的提高产生不利的影响,尤其是在资源枯竭之后。准格尔旗的沙圪堵镇开始利用来自于煤炭行业的资本积累,发展具有当地传统特色且劳动密集型的地毯产业,为农民提供新的就业机会和新的收入来源,这是为避免重蹈我国目前部分枯竭型资源型地区发展的覆辙而进行的有益尝试。

## 第三节 煤炭资源开发与矿区农民社会心态的变迁
### ——基于村庄微观角度的分析

社会心态通常是指人们在社会生活中随着经济关系、政治体制以及整个社会环境的发展变化而长期积累起来的、自发形成的、在社会群体中较为普遍存在的、具有一定共同性的社会心理反应或心理态势。社会心态作为一种意识性的存在,是不可直接感知的,但是它直接支配着相关群体的价值取向、思维方式、行为模式,从而能够在这一相关群体中形成一套被普遍接受的,并具相对稳定性的,包含行为方式、行为准则和习俗的非正式规则。在对煤炭资源开发地区经济发展的研究中,特别是在发展相对滞后原因的探讨中,往往都无法回避对这些地区人民社会心态的讨论。一方面,伴随着煤炭资源的开发而来的是大规模的土地征用、基础设施的建设和企业的兴建,原先的村庄演变为矿区,直接冲击了原住民的生活生产结构和依赖于此的社会心态;另一方面,社会心态就在这种冲击和本身固有的历史惯性的抗争中经历着变迁,并往往直接影响着矿区经济发展绩效和民众的经济福利状况。而且,矿区民众的价值取向、思维方式、行为模式本身就是矿区人民生活中最本质的内容。因而,很有必要厘清煤炭资源开发对矿区民众社会心态的影响机制。

但是,从笔者所了解的文献来看,这一类讨论往往只是停留于表面层次的泛泛而谈,关于煤炭资源开发对矿区民众社会心态的影响机制缺乏深入细致的分析,尤其是缺乏来自于实地调研的经验数据的支持。根据煤炭资源的开发过程,初期的开发往往是在农村,然后形成矿区直至城市,所以为了更清晰、全面地反映出民众社会心态的变迁过程,我们选择了处于开发初期的矿区农民作为研究对象。本节试图建立一个煤炭资源开发对矿区农民社会心态影响机制的分析框架,并以鄂尔多斯市的某一矿区为例进行经验研究。

## 一、煤炭资源开发对矿区农民社会心态的影响机制:一个理论分析框架

在我们所试图构建的理论分析框架中,将以传统农户作为分析的起点,即假定在煤炭开发之前,这些矿区所在地的农户是较为典型的中国传统农户,具有典型的传统性心态。可能很多人认为由于新中国成立以来集体化的冲击和改革开放以来市场化的改革,这样的假定可能与事实不符。但是,一方面为了理论分析需要,因为只有在这一假定下才能清晰地刻画出煤炭资源开发如何作用于农户社会心态的变迁,避免其他因素的干扰;另一方面,一些研究(张杰,2004)仍然认为,中国农村,特别是中西部农村,这种典型的传统性仍然十分明显,即便是东南沿海经济较发达地区的农村和农户也在很大程度上难以摆脱这种传统性。关于这种传统心态的描述,周晓虹(1998)作了很好的概括,分别是平均主义倾向、保守主义倾向、实际与狭隘的功利主义倾向和内向压抑的封闭主义倾向。这种深植于农民内心的社会心态的形成与继承的基础在于"聚族而居、安土重

迁、以'种地'为生的传统中国农民对土地怀有深深的崇敬和依恋,他们因种地和聚族而居形成了对血缘和地缘的重视,并且自觉或不自觉地受着传统礼俗的影响和制约"①。

首先,煤炭资源的开发对矿区农民社会心态的最直接也最根本的冲击来自于耕地的征用。耕地恰恰是这种典型的社会心态所赖以存在的物质基础,对于数千年来一直以种地为生的农民而言,"农业或者农业土地是一种生存保险,更是尊严的依托。土地是按照一定的规则传递的,人们从父辈那里继承土地,起源于亲属关系且在对祖先的祭祀中逐渐加深的那种情感也表现在对某块土地的个人依恋上。关于绵续后代的重要性的宗教信仰,在土地占有的延续上得到了具体体现"(费孝通,1939)。因此,中国传统农民对土地的依恋无法用"舒尔茨式"的理性农民来解释,其体现的不仅仅是经济利益,还寄托着传统、尊严、文化等非经济品。所以即使是"以末致富",仍不忘"以本守之",来自于土地、农业之外的收入只能是"拐杖"(即黄宗智所提出的"拐杖逻辑")。对于他们来说,丧失土地意味着不得不告别虽然艰苦但不失安逸的田间劳作方式并将动摇建于其上的整套传统心态。

其次,煤炭资源的开发过程必然是工业化的过程,更高层次的工业文明冲击着传统的农业文明。在传统的农耕社会,农民受"日出而作、日落而息"的作息生活的影响,时间观念淡薄,不注重效率,形成了安于现状、缺乏创新精神、追求自给自足的生活,这与代表现代文明的工业文明中所强调的时间感、效率感、合作精神、乐于接受社会变革等的价值观、思维方式和行为模式是格格不入的。在论述传统农民及农村社会变革的动因时,很多学者认为,与现代文明的接触是引导农民抛弃旧

---

① 周晓虹:《传统与变迁——江浙农民的社会心理及其近代以来的嬗变》,三联书店1998年版,第66页。

有价值观和生活方式的关键所在(Redfield and Roges,1934;英格尔斯,1992;周晓虹,1998)。一方面工业文明由于它本身所具有的优越性通过示范效应向传统农村和农民扩散和传播；另一方面，更为主要的是，失地的现实和生存发展的需要迫使他们，特别是较为年轻的一代思考并努力尝试如何在工业文明中立足。值得一提的是，部分在面对这种工业文明的挑战中成功的乡村精英的示范作用在这个工业文明的扩散中所起的作用非常大。

最后，煤炭资源的开发伴随着大量交通、通信等生产、生活基础设施的建设。这一点在煤炭资源开发地区的经济发展中尤为明显。生产和生活设施的完善，大大便利了被开发的农村及农民与外界的接触和联系，这推动了农民开始突破以往主要限于血缘与地缘关系的接触面与社交圈，生活和交际的圈子呈涟漪状扩散，这对于原先封闭、内向的社会心态带来了强大的冲击。

从上述所描述的机制来看，似乎与一般性的工业化与城市化并无太大的区别。但是我们认为，结合我国目前的实际情况，即目前处于开发初期和尚未开发的煤炭资源丰富地区主要集中在极为落后且偏僻的中西部地区，煤炭资源开发对矿区农民社会心态的影响还是有其特色的：

第一，与目前较为关注的在城市化进程中的失地农民相比较，煤炭资源开发地区失地农民完全集中在中西部较为落后且极为偏僻的农村地区，他们在煤炭资源开发前几乎不能和现代的城市文明和工业文明接触，可以说生活在"世外桃源"，煤炭资源的开发是在极短的时期内迅速且彻底地改变了他们原先的生活环境。而一般因为城市化进程而失地的农民往往生活在城市的郊区，无论是生产还是生活已经进入了整个城市经济运行的系统，在这种长期近距离的交往和联系中，他们对他们所面对的状况要比矿区的那些失地农民显得更为熟悉，这些状况对传统心态的冲击也没有那么强烈。

　　第二,从工业文明的冲击来看,这也不同于东部沿海发达地区的农村与农民。东部沿海发达地区从历史上而言就有过资本主义的萌芽,而且自鸦片战争以后,这些地区的农村很大程度上卷入了整个世界的商品生产与销售的分工网络中,商品经济意识较浓;同时,自改革开放以来,这些地区的农民和农村或者因为地利之便(如苏南临近上海,珠三角临近港澳),或者因为生存需要(如温台地区)自觉不自觉地去主动接触现代工业文明,前者是一个扩散和自我寻求的过程;特别是后者,完全是一个自我需求的过程。对于矿区农民而言,这种工业文明的进入是自天而降般的。因此,东部沿海地区的农民的心态在面对工业文明的冲击时所显示出的不适应性肯定远远弱于矿区农民。

　　第三,在短期内所发生的巨变一方面深刻地影响着矿区农民的传统心态,不可阻挡地改变着他们的价值观念、思维方式和行为模式,从趋势而言,将更多地体现出所谓的现代性[①];另一方面,这种短期性无法改变社会心态与生俱来的惯性,而这种惯性往往和新的观念相互交织,即为所谓的"边际人",一旦外部环境,如制度环境,特别是涉及农民生活生产的制度安排处理不当,极有可能嬗变成一些扭曲的社会心态,这将直接影响着整个区域的健康发展和人民的生产生活,如在一些处于开发初期的地区,出现了因为收入分配不公所产生的仇富心理;大量处于开发中、晚期的资源型地区的民众对资源部门有着较强的依赖心理等等。煤炭资源的开发在短期内给当地农民在心态上带来的冲击是不可避免的,如何形成一个良好的制度安排等外部环境,是亟待解决的

---

① 关于农民社会心态的现代性的表述,笔者倾向于英格尔斯(1992)的总结,"现代性的个人常常表现为见多识广,积极参与,具有明显的个人效能感,具有独立性和自主性,乐意接受新观念和新经验"。

问题。因此,这也是我们需要关注矿区农民社会心态变迁的关键所在。

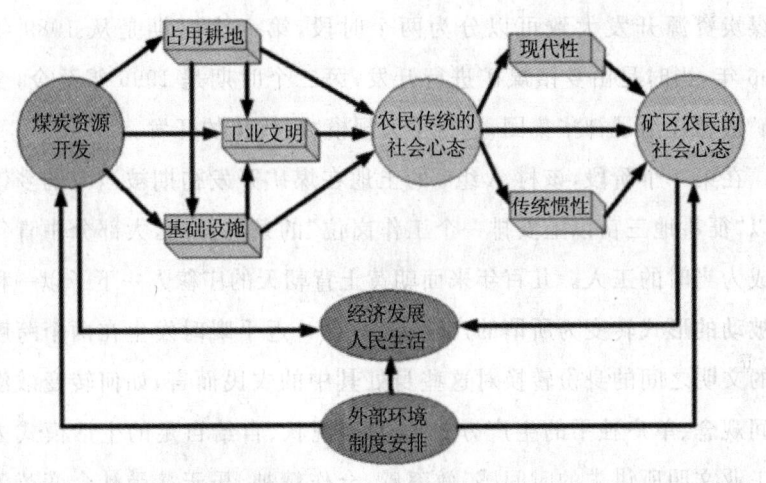

图 5-8 资源开发与矿区农民社会心态的变迁

## 二、煤炭资源开发对矿区农民社会心态影响的经验研究:以鄂尔多斯市 B 村为例

### (一)定性描述

以上给出了一个煤炭资源开发对矿区农民社会心态变迁的影响机制的理论分析框架,我们在此基础上以鄂尔多斯市 B 村为例,进行经验研究。该村自 1988 年左右开始开发煤炭资源,在煤炭资源开发之前,乌兰木伦河流经的 B 村自然条件在鄂尔多斯市来说是比较好的,有着在该市少见的"水田",因而以种植业为主,全村没有任何工业。此外,该村人少地多,传统农耕生活基本上可以解决吃饭问题,尽管人均年收入三五百元,但几乎没有人出去打工、经商;地处偏僻,去鄂尔多斯市(当时为伊克昭盟)政府所在地只有一条土路,坐车需要近 12 个小时;现代传播媒介更无从谈起,在 80 年代中后期,该村方圆十几里只有一台黑白电视机,靠一

台柴油发电机发电才能看,因此这是一个极为封闭的农耕社会。① 因此,B村在煤炭资源开发之前的整体状况基本上符合我们之前的假定。该村的煤炭资源开发大致可以分为两个时段,第一个时期是从1989年至1996年,当时是由乡镇煤矿进行开发;第二个时期是1996年至今,乡镇煤矿被转让给了神华集团,进行了大规模、现代化的开发。

在第一个阶段,该村A组②的土地在煤矿开发初期被当时的乡镇煤矿以"征耕地三亩以上安排一个工作岗位"的条件征用,大部分中青年村民成为当时的工人。几百年来面朝黄土背朝天的庄稼人一下子以一种极为被动的形式转变为所谓的产业工人,这一近乎瞬时发生在两个跨度较大的文明之间的身份转换对这些身处其中的农民而言,如何转变散漫的时间观念、单户独干的生产方式③、安于现状、自给自足的生活模式去适应工业文明所讲求的时间感、效率感、合作精神、乐于接受社会变革等的价值观、思维方式和行为模式,是一个极大的挑战。尽管这些农民对土地有着深深的依恋,但是面对强势的工业文明和工业文明赋予的丰厚利益,如工资水平较高,身份提升,特别至关重要的是进入这些企业能够解决养老保险等在农民眼中所谓的退路的问题,也是土地所寄托的重要意义所在,因此,至少在当时,这一姑且称之为工业化的过程倒是相对顺利,没有出现很大的骚乱。工业文明的突然到来以及与农业文明的冲突因为乡镇企业这一较为特殊的企业体制的安排且在一定程度上兼容了土地之于农

---

① 这种隔绝的程度还可以用一个小例子说明,这一地区的村民以前不敢吃鱼,而是将之炸了喂猪,到20世纪80年代才开始知道鱼是可以吃的。

② 我们把该村分为A、B、C三组。乡镇煤矿开发时期,A组村民土地被征用,大部分成为乡镇煤矿的"占地工",1996年神华集团进驻并进行大规模开发后,B组村民土地逐渐塌陷,C组村民土地也被征用,但只是给予一定的补偿,并不解决就业。

③ 虽然也曾经历过人民公社化的集体劳动,但这段经历并没有培养出中国农民的合作精神,最终还是被单打独斗的家庭联产承包责任制所取代。

民的功效而避免了激化,从而能够有足够的时间容许两者的磨合。工业文明就这样在这个村庄生根扩散。

当然,煤炭开发的同时必然伴随着大规模的基础设施的建设和完善。首先是道路设施的建设和完善。如今,该村去东胜市仅需一两个小时;我们在该村随机调研了106户,其中摩托车拥有量为每百户87辆,汽车拥有量为每百户38辆,而在煤炭开发前的20世纪80年代初,村里人很少能见到汽车,经常会出现一群孩子追着汽车跑一两里路的场景,该村的铁路也是因煤而建。有一个流传甚广的段子,说是通车之时,该村有位放羊的老汉跑去看火车,惊叹道:"长见识了,这家伙趴着跑还这么快,要是站起来跑更不得了。"试想一个曾经如此封闭的农村要不是煤炭资源的开发,而仅仅依赖于自身的演化,在我们这个发展不平衡的发展中大国,何时才能"长见识"。其次,通信设施的建设和完善也大大便利和加速了村民与外界的联系。B村于1993年全村通了程控电话,手机在中青年一代基本普及,通信费用每户年平均在1 000元左右;另外,不少村民家中已购置电脑,网络的使用在这个村庄也必然将流行起来。交通、通信事业的发展,大大拓展了当地村民与外界交流的半径,通过这些媒介也加速了外面信息的流入、先进的城市文明和工业文明的扩散速度与进程,而这些将直接改造当地农民的传统心态。

1996年以来,该乡镇煤矿被神华集团收购,开始了大规模的开发,该村B组的耕地开始出现塌陷而无法使用,目前主要补偿方式是在五年内每亩每年补偿800元,分配到个人头上,每个成年人每年2 000元,若五年后仍无法耕种,则继续补偿,据当地人说,这种耕地事实上很难恢复。同时,该村C组的土地及财产(包括耕地、荒地以及附于土地上的不动产)也被征用,且一次性买断,按人头算,基本上是成年人人均4万元。①

---

① 个别农户因为不动产较多而能分到更多的钱。

这一次的土地征用不同于第一阶段,并没有安排工作,也就是他们无法像A组的农民那样轻松地,甚至是被动地完成从农民到工人的身份转变,他们依然还是农民,却没有了农民最后的退路——耕地。同时,随着煤价的上涨,煤炭市场行情的看好,那些在煤矿企业工作的工人和部分有能力、有关系、有头脑的村民通过运输、贩煤、承包工程等方式,收入提高较快;而部分村民与这些人相比,除了所谓的按人均分的补偿收入之外,其他来源的收入偏低,甚至没有。在煤炭资源开发之前,这个收入分配较为均等的村庄一下子进入到了收入差距不断扩大的时期,传统的"不患寡而患不均"的小农意识无法适应这样一种变化,部分村民又将之归结为某些政策的因素,因此出现了该村C组集体上访的群体性事件以及出现雇工用炸药炸死企业主的完全变态的个体行为。

耕地的丧失、工业文明和城市文明的进一步渗入以及由此带来的这个村庄社会、经济结构的变迁,不断冲击着这些原住民的社会心态。如前面分析的那样,这种社会心态的变迁很大一部分表现为现代性的增长过程,同时也因为传统心态的惯性和一些外部环境与制度的问题,可能导致一些扭曲甚至变态的心态。

(二)定量分析

为了更清晰地反映这种变迁,我们作了更为细致的入户调查,随机性地选择了该村分布在A、B、C三组的村民,共106户,涉及的问题包括家户的基本情况、收入情况、支出情况以及有关社会心态方面。[①] 在此主要涉及心态问题的讨论,主要分为以下几个方面:

1. 市场意识与冒险精神

应该说,市场意识与冒险精神是现代性社会心态的重要构成之一,也

---

[①] 我们在设计问卷时选择了周晓虹(1998)的调查问卷中的部分问题,从而能够和20世纪90年代中期温州、苏南这两个走在时代前列的地区的农民进行比较。

是与传统的农业文明最本质的区别之处。韩跃峥(1996)认为伊盟农牧民缺乏市场意识,将之归结为商品意识滞后;开放和竞争意识差,故步自封,消极被动;信息意识不强,搜集分析和利用信息的能力差;科技意识不浓;效率意识差,只管生产、不管效益;法律意识淡薄等六个方面。那么,煤炭资源开发对B村的农民而言,有没有改变这种心态呢?他们是否形成了市场意识与冒险精神?在106户居民中,有100户村民完整地回答了该组问题。

首先,关于职业的选择,我们的问题是"如果有机会重新选择,您将选择何种职业"。从回答的情况来看,主要集中在经商(包括开煤矿、搞运输等)和煤炭企业工人两类,选择前者的占66%,后者为30%,另外有2%、1%、1%的户主分别选择了公务员、读书上大学、种地。因此,从现在的情况来看,就整体而言,该地区的商业意识极为浓厚,根据周晓虹(1995)所做的问卷调查,周庄、温州虹桥农民选择经商的比例分别为27.1%、43.6%,均低于B村的66%。但是在B村内部,却存在着较大的差异,A组村民选择经商的比例为83.3%,B组村民选择经商的比例是68.2%,而C组村民选择该项的比例仅为25%。这种选择的结果和煤炭开发过程中的制度安排不无关系:对于A组而言,较早通过身份的转变接触工业文明,有完善的保险和较高的收入;对于B组村民而言,尽管也已丧失耕地,但是按年发放的补偿金足以弥补失地的损失,而且这批补偿金承担了土地所具有的保险的功能,这使得他们更有可能去从事风险较大的行业;对于C组村民而言,境况似乎远不如前两组,最终的退路成为一次性的支付,如何成为煤炭企业工人去获得一份稳定的收入和养老保险是他们孜孜以求的东西,选择去煤炭企业工作的比例高达62.5%。在另一个问题"如果你能从村里的煤矿中获得收益,拿到钱后您首先要做的三件事(依主次顺序)"中,我们发现,住房(改善居住环境)是农民的首选,近50%的村民将之列为第一项;经营投资位居第二,有近95%的村民将之作为要做的三件事之一;改善生活条件(尤其是买汽车)位居第三;接着是子女教育投资;少数富裕村民提到了旅游,无论是汽车消费还是旅游,这些城市消费文明发展到一定阶段的特征在这个20世纪80年代中期人均收入才三五百元的村庄里成为消费的时尚。

其次,关于这里农民的风险和流动意识。我们的问题是"如果你现在生活比较稳定、收入也达到小康水平,外省有一个地方生活条件差、风险大,但赚钱多、机会也多,你愿意去吗",回答情况见表5-13,选择"很愿意"和"愿意"的占54%。而根据周晓虹(1998)的调研,极富流动性和冒险精神的温州虹桥村民在1995年选择这两项的合计为50.9%。可见,这一地区农民的风险和流动意识开始有了很大的提高,但这并不表明他们在这方面就已经超过温州人了,我们这里只是询问他们的想法,并没有涉及实际行动,而从实际行动上看,该村基本上没有出现外出做生意的现象,与温州人在这方面的差距还是极为明显的。同样,我们也发现在B村内部的三个组也呈现出不同的状况,B组与C组选择"不愿意"和"很不愿意"的比例分别为46%和44%,远高于A组的17%;相反,选择前两项的A组村民的比例高达75%,远高于B组和C组的45%与50%,具体原因不再解释。还有一个问题值得注意,我们发现C组村民选择"很愿意"的比重高于A组。对于C组村民而言,失去土地之后,极大的生存压力抵消了部分村民那种逆来顺受、随遇而安的被动心态,产生了类似于"置之死地而后生"的效应,风险意识和流动意识在这种压力下喷薄而出,这无疑是对原先传统最致命性的打击。但是,从情况较为类似的温州虹桥来看,巨大的生活压力可能会导致严重的心理失范和行为越轨,与其内心深处还潜伏着的旧传统相互交织,可能会成为社会进一步发展的障碍(周晓虹,1998)。

表 5-13  农民的风险和流动意识(N=100)　　(单位:%)

|  | 很愿意 | 愿意 | 说不清 | 不愿意 | 很不愿意 |
| --- | --- | --- | --- | --- | --- |
| A组 | 16.67 | 58.33 | 8.33 | 16.67 | 0.00 |
| B组 | 9.09 | 36.36 | 9.09 | 40.91 | 4.55 |
| C组 | 18.75 | 31.25 | 6.25 | 43.75 | 0.00 |
| 合计 | 14.00 | 40.00 | 8.00 | 36.00 | 2.00 |

最后,在"您所认识的人中最有能耐的人是做什么的"问题中,有100户回答了该问题,其中选择办企业、开煤矿、运输等属于自主经商的高达72%,去国有煤矿工作的居第二位,为28%,且主要在B组和C组,尤其是C组,比重为48%。从这一问题我们可以看出,B村村民普遍把商人作为最崇拜的人,商业意识之浓厚可见一斑。而且,这些成功的乡村精英将会产生一种比任何说教都起作用的示范效应,引导整个村庄的社会心态的变迁。

以上可见,该村村民的市场意识、冒险精神从无到有、生根发芽。这一过程很大程度上归功于煤炭资源的开发,但是,需要指出的是,整个国家的制度安排在其中也起到了很大的作用,试想我们国家若仍处于计划经济时代,资源开发能在这个落后、偏僻、封闭的村庄里产生这种崇商、重商的社会风气吗?

2. 对孩子的期望

在106户居民中,有96户居民回答了该组问题。首先,生育观念发生了很大的转变:即使在没有计划生育的前提下,所有在50岁以下的居民都认为只要两个或一个孩子;在35岁以下的居民中,53%的居民只要一个孩子。同时,在关于对孩子学历的期望的问题中,除了4户人家回答是高中,其余的都选择了大学或者研究生,具体比例是:研究生为52.1%,大学生为43.7%,高中生为4.2%,A、B、C三个组也没有表现出明显的差异性。从这里也可以看出,这里的农户对孩子的需求已经从数量转向质量,比较重视孩子的学习,高学历是他们对孩子的期望。其次,从希望孩子所从事的行业来看,从表 5-14 可见,依次为工人、科研人员、干部、教师、老板、医生。可见,脱离农业、从事现代职业是他们对孩子的普遍期望。但是,不容忽视的是,选择工人(注:全部选择煤炭工人)的比重偏高,占到 37.5%,表现出了对煤炭资源的较强的依赖性,这是传统的依赖心理的延续,当然,这和当前该村煤炭企业工人的收入高于一般村民有着很大的关系。从分组情况来看,作为最早接触工业文明且成为工人的 A 组村民,其对孩子职业的预期相对而言多元化,选择科研人员的比重比另外两组要高,选择煤炭企业工人的比重则比另外两组低;后两组对煤炭工人的偏爱程度较高,尤其是 C 组,高达 50%,这种依赖性很大程度上与他们对征地过程中的一次性补偿政策不满有关。最后,对于孩子工作地点的要求,我们的调研发现,留在本地的比重偏高,平均为 52.08%,C 组村民选择该项的比重更是高达 68.75%;而基本上转化为工人的 A 组村民对"外省"、"外国"的选择分别为 22.2%、16.7%,远高于 C 组的 18.75%和 6.25%。这一对比说明,原先的小农心态的惯性依然在顽强地挣扎,而越早接触工业文明的村民在这一方面越具现代性。这个村庄对于下一代的期望,已不再是传统社会所盛行的那一套了,下一代如何摆脱农业、如何在现代文明中成功立足成为他们最大的心愿;但是从这些职业来看,表现出了与他们自身完全不同的定位,除了有更多的现代性外,还有一种稳定性的要求。

表 5-14 希望自己的孩子从事的职业(N=96) (单位:%)

|  | 工人 | 科研 | 干部 | 教师 | 老板 | 医生 |
| --- | --- | --- | --- | --- | --- | --- |
| A 组 | 27.78 | 27.78 | 27.78 | 5.56 | 5.56 | 5.56 |
| B 组 | 35.71 | 14.29 | 28.57 | 14.29 | 7.14 | 0.00 |
| C 组 | 50.00 | 18.75 | 18.75 | 6.25 | 6.25 | 0.00 |
| 合计 | 37.50 | 27.08 | 25.00 | 8.33 | 6.25 | 2.08 |

### 3. 对收入分配问题的看法

在市场经济中,收入分配不再是计划经济时期的平均主义,也不是传统社会中小农经济的分配方式,所拥有的禀赋数量和生产效率成为收入分配的尺度。在煤炭资源开发的过程中,这个曾经户均收入比较平等的村庄内部,贫富差距逐渐扩大(近99%的村民都这么认为),不断地冲击着"平均主义"这一小农意识的核心成分之一。从问题"您认为您所在的乡镇里贫富差距大吗"的回答结果(有104户农民回答了该题)来看,主要集中在"大,但可以接受"上,而且我们在询问的过程中,不少农民向我们表达了这样一种看法:"这是因为别人有本事。"对于这一问题,村庄内部也存在着不同的看法,相对而言B组的看法较为柔和,而A组与C组选择"很大,无法忍受"的比重较高。对于A组村民而言,从其收入来看,普遍要高于后面两组,为什么会有这样一种心态呢?原因在于针对贫富差距问题,比较的对象不同,A组村民大部分在神华集团神东公司(国有煤矿)上班,他们容易将自己与公司其他人员比较,特别是与管理层比较,那么产生这种心态也是自然的。在B村,C组村民的心态一直比较特殊,他们对贫富差距的扩大最为不满。

表5-15  对收入差距的看法(N=104)         (单位:%)

|     | 很大,无法忍受 | 大,但可以接受 | 不大 |
| --- | --- | --- | --- |
| A组 | 28.57 | 64.29 | 7.14 |
| B组 | 9.09 | 68.18 | 22.73 |
| C组 | 46.67 | 46.67 | 6.67 |
| 合计 | 25.49 | 60.78 | 13.73 |

从以上分析可以得出以下结论:

煤炭资源开发往往是在短期内将偏僻、封闭、落后的农村变为矿区,直接冲击着中国农民传统的社会心态。耕地的丧失、工业文明的进入和与物流、人流、信息流的加速互动,使矿区农民的社会心态在传统与现代之间的激荡中演化、变迁。如何规范这种心态的变迁,引导其尽可能向健康的状态发展,是非常重要的。

建立一个有关影响机制的理论分析框架,并以 B 村为经验研究的对象,通过实地调查资料进行深入细致的分析。从 B 村的变迁过程来看,除了来自于煤炭资源开发的过程,制度安排在这个变迁过程中起着极为重要的作用。

首先,从大的制度环境来看,这一地区煤炭资源的开发过程正好伴随着我国市场化取向改革的历程,不少外地人和本地少数"头脑活络"的村民利用煤炭资源开发的各种机会迅速致富,起到了很好的示范效应,现代文明中最为核心的市场意识才能够在这个过程中得以生根发芽。市场意识对于经济发展的作用在此不需多加强调,只要这种意识能够枝繁叶茂,那即使有一天这里没有煤炭了,村民们依然能够发家致富。

其次,小的制度安排也深刻地影响着矿区农民社会心态的变迁过程。早期的乡镇企业这一较为特殊的企业体制的安排,在一定程度上兼容了土地之于农民的功效而避免了两种文明的冲突激化,从而能够有足够的时间容许两者的磨合,工业文明进而能够在村庄生根扩散。但是,这种直接将失地农民转化为工人的制度安排只是历史进程中的一个过渡而已。于是,新的制度安排与原先的制度安排将这个原本一体化的村庄迅速演化出三类不同的社会心态,在市场意识、冒险精神、职业取向、收入分配、子女期望等方面都呈现出明显的差异性,且对这个制度安排作出了完全不同的评价。

此外,可能与正式制度安排无关的是,我们发现,B 村的村民从自己的择业到对孩子的就业都一直渗透着对煤炭资源开发的较大的依赖性。这一方面可能是农民曾经对土地依赖心理的一种继承与转移;另一方面,尽管他们中的绝大多数人都意识到要是没有煤了该怎么办的问题,但这仅仅是意识,这个极富公共品色彩的意识不能左右在自己的预算集内表现得极为理性的农民的行为,依赖于煤炭资源至少在目前是他们预算集内的最优解。

因此,无论从政府作为正式制度制定者的角度出发,还是从个人理性所形成的集体非理性(对煤炭资源的依赖)来看,政府都很有必要完善自己的正式制度安排,引导矿区农民的社会心态在煤炭资源开发的过程中朝着健康的方向发展,实现正式制度与社会心态这一非正式制度的和谐发展。

# 第六章 煤炭资源开发带动欠发达地区发展的对策

前面几章我们分别分析了煤炭资源开发与地区经济增长、产业发展、投资环境、人民生活之间的关系,可以看出,煤炭资源开发地区与其他地区相比,经济增长相对滞后,产业结构具有单一、重型、层次低的特点,投资环境与全国其他地区相比也处于相对劣势的地位,煤炭资源开发在一定程度上整体带动了当地人民生活水平的提高,但可持续带动能力不强。煤炭资源开发过程中涉及的利益主体包括中央政府、地方政府、煤炭企业和当地人民。中央政府主要通过一些基本的制度安排(如资源产权安排、资源管理体制、资源价格改革、财税政策等)影响其他利益主体;地方政府主要是通过一些具体的政策安排(如征收煤炭价格调节基金、拍卖采矿权、征收生态保护和土地复垦基金、筹措非煤产业发展基金、改善投资环境等)使地方从煤炭资源开发中获益;煤炭企业通过发展循环经济、延长产业链、提高附加值,使企业在获得更多的利润的同时促进地方经济发展和带动人民生活水平提高。在本章中,我们将从煤炭工业自身发展、中央政府、地方政府等角度出发,结合前面所分析的煤炭资源开发与地方发展之间存在的诸多矛盾(或问题),有针对性地提出一些能够协调各方利益的、操作性强的合理化政策建议。

## 第一节 构建煤炭工业循环经济体系

国务院 2005 年 6 月 7 日颁布的《国务院关于促进煤炭工业发展的若

干意见》中提出,要加强综合利用与环境治理,构建煤炭循环经济体系。这为煤炭资源开发地区充分利用资源优势带动地区经济发展指明了方向。煤炭工业实施循环经济有很宽的辐射面和很强的带动力。我国中西部绝大多数的省和自治区都有煤炭工业,因此,很容易形成以煤炭工业为中心,带动周边相关行业相应发展的局面,对园区和地区层次实施循环经济具有很强的推动作用。

## 一、煤炭工业发展循环经济的总体思路及应遵循的原则

煤炭工业实施循环经济的总体思路为:以经济效益、环境效益和社会效益三维整合为目标,以 3R 原则(Reduce——减少排放、Reuse——再利用、Recyle——资源循环)及煤炭工业配套三原则为手段,以技术创新、组织创新、管理创新和强有力的政策为支撑,充分发挥市场机制的作用,彻底改变煤炭工业粗放的增长方式,精心设计、安排循环经济发展模式和战略规划,使煤炭工业走上健康、稳定、可持续发展的道路。[①]

煤炭工业配套三原则是指就近循环原则、高质量循环原则及能力配套原则。就近循环原则实际上是产业布局优化原则。从国家宏观层面来看,是运用相关产业的集群化发展来调整产业宏观布局不合理的状态。如大力发展坑口电厂,变输煤为输电,缓解铁路运输压力,节约运输成本,降低了沿路转移的污染和损失,从而为国家带来宏观经济效益。从煤炭企业及矿区微观层面来看,可以拓宽内部市场,分散经营风险,可使整个矿区单一行业内部各工序之间紧密相连,也可使不同行业之间有机配置,形成安排有序、布局合理的整体性的循环经济网络体

---

[①] 王文飞:"煤炭工业实施循环经济的总体思路",载《煤炭经济研究》2005 年第 8 期。

系。高质量循环原则具有三个内涵:一是循环经济网络内的各项目均要达到规模经济要求;二是煤与非煤产业都要优先选用先进技术和工艺;三是煤和非煤产品(包括副产品)都要坚持高质量,而且品种要适销对路。能力配套原则是循环经济系统性所决定的。要求在安排物流的前后顺序时,在能力上要相互衔接、匹配,尽量把末端废弃物"吃干榨尽"或减到最小。

煤炭工业实施循环经济要遵循以下几条原则:

第一,以资源和能源的稀缺性、有限性以及煤炭资源的不可再生性为基本出发点,突出厉行节约这条主线,并把源头治理作为第一优先级。主要体现在两个方面:一是千方百计提高煤炭资源回收率,最大限度地避免开采和加工过程中造成的资源浪费,要结合实际情况,确定资源回收率标准,采取有效的政策和措施,并建立行之有效的执行保障体系;二是大力节约煤炭工业自身在生产、加工过程中的能耗及物耗,煤炭工业不仅是能源及原材料的生产部门,也是高耗能及原材料部门,节约潜力巨大,不能等闲视之。

第二,以环境承载力的有限性及环境问题会造成灾难性后果为基本出发点,把清洁生产和提高经济效益结合起来,贯穿整个生产、加工及转化的全过程。煤炭工业的环境问题有行业的特殊性。大气环境、生态环境问题比较突出,还要解决安全环境和劳动作业环境问题,比其他行业复杂得多,治理成本也高得多。因此,要把治理环境的项目与经济效益结合起来,尽一切可能使投入有所回报。即便如此,仍需政府的政策扶持,有的还需要直接给予经济补贴。

第三,把一体化整合作为实施循环经济的重要基础。以横向一体化方式组建大型企业集团,提高集中度,实现规模效益,提高市场竞争力,并以此作为循环经济工业园区的基础。有条件的企业也可适度发展纵向一体化,像神华集团那样,实现矿、电(油)、路、港、航"一条龙"发展。但可能绝大部分企业单靠自己的力量是做不到的，还需要国家的大力支持和综合协调才有可能实现。大型企业也可收购或租赁部分小煤矿进行改造，实现资源优化整合，实现正规化生产，提高机械化水平，提高资源回收率，解决小煤矿由于规模过小和非正规开采所带来的一系列问题。

第四，在搞好煤炭主业的基础上，在有条件的地方发展以煤为本、以煤炭生产基地为中心的相关多元化产业集群，充分发挥协同作用和聚合作用。当前的主导方向是发展煤—电、煤—焦、煤—化、煤—建以及煤—路等相关产业，但是，在选择项目时，也要非常慎重。煤炭工业发展非煤产业，并不是越多越好，更不能简单地把非煤产业比重的高低作为企业优劣的衡量标准，要摆脱僵化的思维定式，切实做到以市场为导向，以经济效益为中心，并结合当地和企业的具体条件，经过充分论证，再行决策，以免陷入盲目性。

第五，煤炭资源开发地区在发展循环经济的实践中，要防止出现新一轮的产业结构趋同。例如，鹤岗、双鸭山、七台河、鸡西、大同、淮北等城市，在考虑下一步煤炭资源的深加工时想法基本一样，比如都说要上大电厂，我们认为这与我国的电力市场的供求关系可能会发生矛盾，需要国家有关部门给予宏观指导与协调。各地区在考虑具体沿哪条路径延伸资源加工时，一定要根据自身条件予以正确选择。

第六，充分发挥市场机制的作用，并把法律、法规、政策，技术创新，组织创新及管理创新作为循环经济的四大支撑体系。法律、法规、政策是非常重要的外在动力，三个创新是可靠的内部保证。

## 二、煤炭资源开发地区循环经济模式的建立与分析

### （一）矿物开采加工程序的分析

受隶属关系、条块分割等因素的影响，传统采矿业是将矿物开采与加

工分开进行,造成资源利用率低和浪费,就是在采矿企业之间也是各自为政、各行其是,按照这种方式组织生产不但会造成只重视自身矿物的开采加工,忽略其他共生矿物、伴生矿物的开采、加工、利用,造成资源的浪费,而且矿物的随意存放、丢弃还会造成环境污染,破坏生态环境。按照循环经济的减量化、再利用、资源化原则的要求,矿物的综合加工、利用,应在资源共享的前提下,产业之间尽可能充分利用产品,尤其是副产品、废弃物。为深入分析,首先对煤炭与其他矿物的开采、加工、利用程序进行研究。

(1)矿物开采。煤炭开采分地下、露天两种,除了煤炭外,还有矸石、煤层气(瓦斯)、水、伴生矿物、共生矿物等。传统上仅开采、利用煤炭,其他矿物基本上废弃不用,不仅对煤炭安全生产构成威胁、浪费资源,而且还会造成环境污染。循环经济模式要求在技术创新的基础上,采用先进的开采方法,搞好各类矿物的分采、分运、分类加工、综合利用,如煤层气的抽放利用、油页岩的分类开采、矿井水的综合利用等,针对煤炭利用中污染物主要是硫化物的问题,提倡劣质煤的开采应尽量采用地下汽化、液化技术,甚至直接在地下转化为热能供电厂及其他行业利用。

(2)矿物深加工。传统的煤炭加工仅仅是指选洗加工,停留在生产煤炭、销售煤炭的水平上,产品的附加值较低。循环经济模式强调对煤炭进行深加工,要求分类开采,按用途对煤炭、伴生矿物、共生矿物、煤矸石等进行加工,采用汽化、液化、水煤浆、煤变油等技术,生产高附加值的产品,并对生产、加工中产生的副产品、废弃物等进行分类处理加工,使其成为其他产业的资源,综合、循环利用,提高资源的利用程度。

(3)矿物利用。传统模式下,仅重视煤炭的加工利用,忽视了对副产品、废弃物等的利用。在煤炭及其他矿物共生矿区的循环经济体系中,不但重视煤炭的深加工,更重视其他共生矿物、伴生矿物及副产品、废弃物的利用,倡导就地开采、就地加工、就地处理、就地利用,以达到低开采、低投入、低排放、再利用的目的。

(二)煤炭与其他矿物共生矿区循环经济体系的构建

依据煤炭与其他共生矿物、伴生矿物开采、加工、利用的特点,按照循环经济原则的要求,构筑循环经济体系。

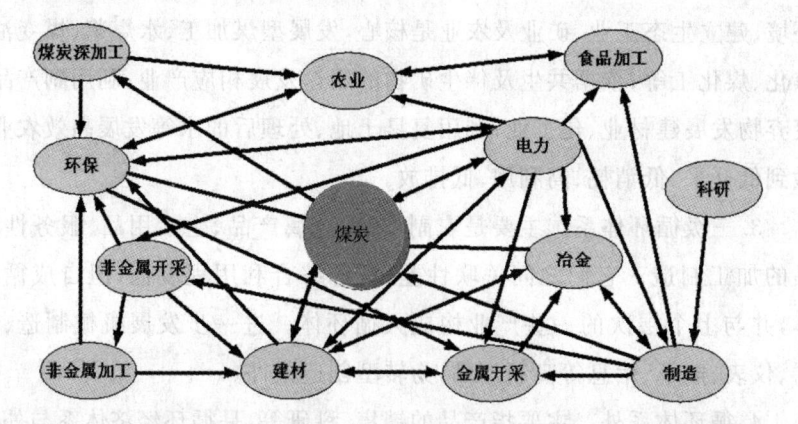

资料来源:任一鑫、王新华、于喜展"煤炭与其他矿物共生、伴生矿区循环经济体系建立的探讨",载《煤炭学报》2004年第10期。

图6-1 煤炭与其他矿物共生矿区循环经济体系模式

煤炭工业实施循环经济的模式①:

1. 一级循环体系。该体系由煤炭开采、非金属矿物开采、金属矿物开采、电力、环保等组成。它是煤炭与其他矿物共生、伴生矿区循环体系的主体。环保作为独立的产业建立,不归任何企业。其收入由排污企业或单位按量交纳的排污费和对外销售产品的收入构成。该体系以煤炭开采为主,共生、伴生矿物开采为辅,大力发展坑口电厂,大力发展环保及治理环保型企业,实行煤、电、环保、共生及伴生矿物开采等资源共享、相互利用、循环利用、协调发展。

---

① 王文飞:"煤炭工业实施循环经济的总体思路",载《煤炭经济研究》2005年第8期。

2. 二级循环体系。该体系主要由煤炭深加工、共生及伴生矿物深加工、冶金、建材、农业等组成。各产业、企业既能在本层次内，也能与上个层次的产业、企业之间进行产品、副产品、废弃物的交换利用。煤炭、共生及伴生矿物的加工利用是主体，副产品、废弃物的综合利用是辅助，治理环境、建立生态工业、矿业及农业是核心，发展型煤加工、水煤浆、煤变油、焦化、煤化工等；依据共生及伴生矿物的用途发展相应产业；利用副产品、废弃物发展建材业、化工业；利用复垦土地、处理后的水等发展高效农业，做到低开采、低消耗、高利用、低排放。

3. 三级循环体系。主要是农副产品、金属产品、生活用品、服务性产品的加工制造。它们之间关联性差，资源综合利用程度低，但自成循环体，并与上个层次的一些产业构成大循环体。进一步发展机械制造、仪器、仪表、电子、信息等高新产品，为转型创造条件。

4. 循环体系外。主要指产品的销售、科研等，是循环经济体系与外部进行交流的主要渠道。

(三) 循环体系内产品加工分析

1. 矿产资源精深加工转化业。积极推广煤炭洗选新技术、新工艺，提高原煤入洗率；加快煤化工、煤变油、煤电工业的发展，实施煤焦油加工、粗苯精制和炭黑的煤化工工程；实施型煤、洗煤、水煤浆、铸造焦等项目。发展好品种煤、洗精煤、焦炭、供热、煤气、煤泥综合利用产品、节煤添加剂、低质煤发电、工业萘、纯苯等精细化工原料和产品、煤焦油系列产品，生产甲苯、改质沥青、酚醛树脂、煤质活性炭、触煤载体炭、脱硫炭、溶剂回收炭、净化炭、腐植酸盐类产品、电石系列产品、合成涂料、合成纤维、制药等。搞好瓦斯利用、矸石发电、灰渣水泥、灰渣砖、矸石釉面砖、褐煤蜡、高岭土、铝矾土等产品项目。

2. 建材业。采用国际先进技术，开发高档次、多品种的煤矸石和石墨系列产品，大力发展水泥和利用"四废"加工墙体材料，建设混凝土空心砌块、煤矸石新型建筑材料项目;开发轻质板材、麦秸板材等绿色建筑材料,形成系列化工建材产品;进一步开发白黏土、玄武岩等非金属矿。开发超高功率石墨电极、高档石墨、中空球型连铸保护渣、高纯石墨、石墨纸、光谱纯石墨、柔性石墨、高档镁碳砖、石墨超微粉及制品、道路水泥、大坝水泥、粉煤灰快硬早强水泥、优质高填充量矿渣水泥、炻质地板砖、加气混凝土、混凝土空心砌砖、新兴防水卷材、新型建筑装饰材料等。

3. 机械加工制造业。开发大功率电牵引采煤机、节能高效炉、煤矿安全防爆设备、电子分析仪、电抗器、旋喷钻机等机电产品;开发陶瓷内衬钢管、自动化热浸锌制品、钢格板等项目;开发通信设备、计算机软件、信息网络等高科技项目,逐步实现机电光一体化;开发特种钢、多功能建筑装修机械、螺旋钢管、保温钢管、不锈钢带、硅钢板、硅钢片、薄板、新型高效农机具、粮食烘干设备、节能复式电机、低速电机、对旋风机等产品。

4. 发展生态农业。建设高标准绿色食品原料生产基地,合理调整和优化种植结构,扩大绿色食物种植面积,扩大绿色蔬菜、药材等经济作物面积,扩大饲料地、保护地面积,提高粮食优质品率。大力发展畜牧业、水产业,建设绿色畜牧养殖基地,提高肉奶蛋产量和畜牧业产值占农业总产值的比重。推进农业产业化经营,建设具有规模效益的优势农副产品生产基地,提高农副产品转化率和精深加工率。

5. 高新技术产业。优先发展信息业,推进经济社会信息化;积极发展新材料产业,发展纳米材料、超细粉体材料、功能高分子材料;开发丙纶细旦短丝、玄武岩连续纤维、池窑拉丝玻璃纤维、高纯氧化铁等。提高高新技术产业产值占工业总产值的比重。

(四)循环体系内产品流向分析

1. 煤炭。循环体系对外以销售煤炭成品为主。循环体内煤炭主要流向电力、煤炭深加工、煤化工、焦化、水煤浆、煤炭气化、煤变油、型煤、金属加工与冶炼、非金属加工、建材等用煤户；煤矸石流向电厂、水泥、矸石砖、道路施工、塌陷区处理等地方；矿井水流向电厂、种植养殖、煤炭等矿物加工、其他工业及生活等用水地方。

2. 电力。是循环体系大力倡导发展的产业，产品除大量流向循环体外，体内流向矿物开采、加工等所有用户；排放废气回收流向化工厂；炉渣、炉灰流向建材；余热流向工业、农业、生活、娱乐等。

3. 非金属矿物。流向非金属矿物加工企业，加工后的成品及半成品流向体系内外；副产品、废弃物流向建材、施工行业。

4. 金属矿物。流向金属冶炼厂，副产品、废弃物流向建材及施工行业；成品及半成品除流向体系外，流向加工厂；加工后的产品部分流向体系外，其余流向煤炭、电力、施工等行业。

5. 环保。水流向电厂、煤炭加工、农业、生活及其他工业；土地提供给种植养殖业、工业、生活等；共生、伴生矿物在分类处理后提供给相应加工业，如煤矸石、煤泥给电厂，煤矸石、煤泥、冶金厂炉渣、电厂炉渣、煤灰给建材和施工行业；高岭土给建材、陶瓷、轻工、化工行业；其他按用途流向相应产业。

6. 建材。主要流向煤炭、施工行业及循环体系之外。

7. 农产品。流向加工厂，加工后的成品、半成品除体系内用外，流向体系外；副产品、废弃物在体系内流动。

综上所述，在循环体中可建立以下产业链体系：煤、电、制造、种植、养殖体系；煤、电、金属冶炼、商业、制造、种植、养殖体系；煤、环保、高效农业体系；煤、伴生物综合利用、电、建材体系；煤、煤化工、纺织、商业体系；煤、煤化工、精细化工、其他工业体系；煤、高岭土、陶瓷、建材、化工、其他体系；煤、其他矿物、深加工、其他体系等。这些体系不但能实施产业链延伸，而且能相互进行产品、能量的交换，尤其能进行副产品、废弃物的交换与综合利用，实现部分资源的循环利用。

## 第二节　中央政府应采取的对策

### 一、要把采掘业纳入第一产业的范畴

长期以来，我国一直将采掘业列为第二产业，但按照联合国的产业分类标准，矿业是从自然界直接取得物质和能量的产业，应属第一产业范畴。矿业生产的是初级产品，附加值低，它的效益主要体现在后续产业，应当属于基础产业。但我国的财税政策不但没有对矿业地区实行低税负，反而使矿业的综合税负比制造业高出一倍。矿业的劳动对象是不可再生的矿产资源，矿业生产的级差收益差别很大，并且随着采矿时间的拉长，成本递增，效益递减，这与加工业有很大不同，但现有政策对这一点基本没有考虑。我国的矿山企业一般缺乏区位优势，承担着比一般企业更多的社会职能。

基于以上认识，我们认为，我国矿业产业政策，应当按照国际惯例进行调整，尽快把矿业调整为第一产业，以整体形式纳入国民经济体系，确立矿业的基础产业地位。只有这样，才能建立和健全与国际规则接轨的法律、法规和相关政策体系，设计出科学的矿业发展规划，促进矿业健康发展。

### 二、成立"煤炭资源开发与地区发展领导小组"，统筹煤炭资源开发与地方发展

鉴于目前煤炭资源开发与地方经济发展中存在着管理体制不顺、利益分配不均、非法侵权开采、浪费煤炭资源、破坏生态环境等问题，我们认为，要坚持以邓小平理论和"三个代表"重要思想为指导，深入贯彻和落实科学发展观与和谐社会的要求，统一进行规划，规范行政管理，兼顾各方利益，依靠科技进步，实现能源资源开发市场规范有序、企业进退有据、探

采科学合理、环境有效保护、产业合理延伸、区域经济协调发展。特建议成立由国务院授权、国家发改委牵头,国土资源部、财政部、铁道部、劳动和社会保障部、环保总局、国家安全生产监察总局和各省、市、自治区组成的"煤炭资源开发与地区发展领导小组"。领导小组由国家发改委等部委的相关职能部门人员和省、市、自治区的分管领导组成的办公室作为日常办事机构。其主要职能是:统筹国家、地方和中央煤炭企业的发展规划;统筹煤炭资源和其他资源的开发;统筹煤炭资源开发与地方经济、社会、生态的发展;协调有关各方利益和重大发展关系,对涉及煤炭资源开发和地区建设发展的重大问题作出决策。为保证决策的科学性,同时设立由有关方面专家组成的专家咨询委员会,监督、检查有关地方和煤炭企业对发展规划的执行情况。相关省市也可以成立类似的机构,协调辖区内的煤炭资源开发与地方经济发展。

  该机构负责制定针对煤炭资源开发地区的合理的区域政策体系。区域政策的主要内容包括:

  1.区域煤炭资源合理开发、利用政策。在对一个区域自然资源和社会经济条件正确分析与评价的基础上,合理确定该区域煤炭资源开发与利用方向,以充分发挥地区优势、带动区域经济发展。

  2.区域产业结构优化政策。在正确分析区域煤炭资源条件、具体产业发展关联度以及主要资源条件对各产业发展的支撑或限制程度的基础上,对本区域产业结构进行优化,以适应本区域自然条件与社会经济可持续发展的要求。

  3.生产力的合理布局政策。一方面可持续发展战略下的煤炭产业布局不仅取决于区域资源优势及经济效率标准,而且还要服从于区域生态承载力和环境容量。通过合理确定或调整相关产业布局,在发挥区域比较优势的同时,减轻或避免环境污染和生态退化。尤其是对于城市在生态环境敏感区域布局不合理的产业,要通过综合治理,使产业布局服从于环境与经济的双重要求。另一方面,生产力的合理布局政策还包括区域可持续发展能力建设措施。特别是对经济欠发达地区,应优先安排资源开发和基础设施建设项目并给予投资的倾斜,特别是注意打破行政性垄断,如铁路部门,以增强这些区域摆脱生态与经济恶性循环的能力和自我发展的能力。

4. 区域协作共同发展政策。可持续发展要求按照因地制宜、合理分工、优势互补、共同发展的原则,鼓励生产力要素由经济发达地区向欠发达地区流动。为此,应使各煤炭开发地区间的功能分工互补。把各煤炭城市纳入区域共同发展的轨道,在比较优势原则和劳动地域分工的基础上,挖掘和营造小环境的特色氛围,进行同行业内的优势互补,防范重复建设和过度竞争,促进生产要素在区域空间内的重组和流动,提高区域资源配置的整体效益。比如说,在煤炭的加工转化方面,有水煤浆、矸石发电或煤制油、煤炭焦化、煤化工等,究竟选择哪个方向,必须进行周密论证,既要考虑各地的煤质,又要考虑附近同类地区的发展方向。为了避免地区间不必要的竞争,煤炭资源开发与地区发展领导小组就有必要在相邻的地区间(如黑龙江的鹤岗、双鸭山、七台河、鸡西)建立一个协议分工机制,确定各个地区煤炭转化的方向。

5. 区域生态环境的综合治理对策。对主要区域生态环境综合治理的方针、规划方案及实施措施作出安排,包括耕地占用、水土流失、土地沙漠化、土壤盐渍化及工业污染的综合治理与防治政策。

## 三、改革煤炭资源管理体制

### (一)加强资源开发规划管理

制定《煤炭资源管理和保护条例》,规范煤炭勘探、开采和利用行为。按照综合开发、合理利用、集约化经营、可持续发展原则,规范煤炭资源勘探计划、开发规划的编制和审批。资源勘探开发登记、矿业权设置必须符合煤炭开发规划和矿区总体规划。国家要控制大型矿区勘察开发规划的审批。

## （二）引进多元主体投资进行勘探开发，建立中央政府和地方政府利益统筹兼顾机制

煤炭资源开发地区的管理体制应该由国家所属的中央企业代行所有权并直接管理、垄断开发和经营的体制，转向国家终极所有、中央和地方多主体利益兼顾、中央企业、地方企业以及其他国内外投资者平等开发和经营的体制，实行所有权、开采权和经营权的分离。由单纯向资源型地区的财政转移支付，转为通过资源管理权和开发权的下放，使资源型地区可以通过地方企业参与资源的开发，通过开发权的市场交易招商引资，吸引资金流向这些地区，提高地区经济的自我发展能力，促进经济发展。资源是国家的，并不等于必须由中央企业垄断开发，资源归国家所有并不等于地方不能开发，不等于不能实行所有权与经营权的分离，不等于就必须由国家直接经营，就只能由中央企业直接开发。管理者必须是政府，而投资开采者既可以是中央企业，也可以是地方企业；既可以是国有企业，也可以是民营企业；既可以是中国企业，也可以是外国企业。可以在国家统一管理、不破坏资源的前提下，划出部分区块由地方政府招商引资，由有能力、有资质的业主进行综合开发利用，实现煤炭资源开发与地方经济的有机结合。既要最大限度地维护矿产资源的国家所有权益，实现资源价值最大化；又要切实维护投资者、农村集体和当地群众的利益，以促进社会和谐发展。

## （三）规范矿业权管理

按照产权明晰、规则完善、调控有力、运行规范的要求，培育和规范探矿权、采矿权市场，加强对市场运行的监管。通过招标、拍卖、挂牌等竞争方式有偿取得探矿权、采矿权。转让探矿权、采矿权必须遵循市场规则，得到政府部门的许可，并依法办理转让手续。

无论是计划经济体制，还是市场经济体制，实行"矿产资源统一规划、合理布局、综合勘察、合理开采和综合利用"，是在我国矿业发展实践经验总结的基础上确定的我国矿产资源管理的一贯方针，符合我国可持续发

展的基本国策和资源国情。计划经济体制下,计划一统到底、包罗万象;社会主义市场经济体制下,要在国家统一规划的指导下,在市场体制的作用下,实现资源的合理配置。

但现在由于没有规划的指导,探矿权、采矿权完全由市场配置,目前已经产生"跑马圈地"、抢占资源(矿业权)的投机行为,特别是"化整为零"的区块勘探登记,将给统筹规划、合理布局、合理开发的工作带来很大障碍,并加大开发成本,甚至造成资源的破坏和浪费。而《矿产资源规划》是宏观的、战略性的,不能指导项目审批以及探矿权、采矿权登记管理工作。

将经审批的《省(企业、勘探区)煤炭资源勘探计划》和《省、企业(矿区)煤炭生产开发规划》,应明确列入国家规划矿区的范围,依法实行有计划的开发利用;经过审批的规划,是审批煤炭资源勘探项目和煤炭建设项目的依据,也是探矿权、采矿权登记以及转让审批的依据。

在编制和审批《煤炭生产开发规划》的过程中,按照有利于煤炭资源的合理利用,有利于实现煤炭工业的战略性调整,有利于煤炭行业大企业大集团、集约化经营的战略调整,有利于煤炭工业的健康发展等原则,加大政府协调力度,建立现代企业制度,引导各投资主体向资源、资金、技术、人才集中的方向发展,并依法有效地保证投资人的利益。

## 四、完善我国对煤炭工业的税费政策

煤炭工业是国民经济的基础工业,产品附加值低,其效益主要体现在后续产业中。遵循这一经济规律,我们认为,煤炭业的税费体系应调整到低于制造业的平均税费水平。具体来讲,完善我国对煤炭的税费政策主要包括以下几个方面:

(一)恢复煤炭产品税或降低增值税的负担

1.恢复煤炭产品税

借鉴美国、加拿大、澳大利亚等煤炭生产先进国家的经验,煤炭等矿业初级产品不征增值税而改征产品税,并实行鼓励煤炭发展的特殊政策。

2.增值税征收办法

(1)扩大地方政府对增值税的分享比例

增值税作为我国的主体税种,也是煤炭企业最大的税收负担所在,又按照中央政府与地方政府对增值税收入75%和25%的分享比例,煤炭企业的税费很大部分就形成了中央政府的财政收入。而在煤炭资源丰富的地区,煤炭企业的利税往往是地方财政的支柱,这样就造成了这些地区的地方财政收入与中央财政收入的比值低于全国的平均水平。但前文已述,对煤炭企业征收增值税本身并不合理,恢复煤炭产业的基础产业属性,将其从第二产业中剥离,而给其与农业同等的地位,自然解除了煤炭企业缴纳增值税的义务,也就为环境保护税等新的税种开设释放了税源,这是针对煤炭产业税费改革的关键。但是,考虑到这一改革对中央与地方政府利益调整的深度和广度,短期内还可以采取在不改变征收条件的情况下,加大中央政府对地方政府增值税返回比例的方法作为过渡,我们认为,该比例可以控制在30%左右,使得中央政府对煤炭企业缴纳增值税的实际占有比例为75%×(1-30%),即52.5%,以接近近年来我国中央政府财政收入略高于地方政府的总体水平,逐步变动既得利益的分配格局,以为最终新税种的开设作好铺垫,而新的税种应仍为中央地方共享税,且地方共享的比例不应低于地方财政与中央财政整体之间的比例。

(2)将生产型增值税转为消费型增值税

在增值税征收办法没有调整的情况下,比照石油企业做法,允许煤炭企业购建生产用固定资产、矿井水平延深、开拓等井巷工程支出按照17%的比例作为增值税进项税进行抵扣,以促进煤矿增加投入,保证安全生产,提高煤矿整体水平。缩小国有重点煤矿和乡镇煤矿之间的成本差距,有利于公平竞争。

(3)调整税基,免征企业内部相互提供产品增加的增值税和营业税

①继续保留对煤炭企业内部自产自用产品不计税政策,符合国务院确定的"不增加国有重点煤矿税负水平"的原则。由于大型煤炭企业内部分工较细,并实行内部独立核算,其内部的营业税单位主要还是为煤炭生产服务,这些部门使用企业内自产产品属于法人项下生产自用,不应视为销售计税。

②对企业办社会的非生产自用煤,不视同销售计税。由于历史的原因,政企不分、企业办社会现象在大型煤炭企业非常突出,由于企业办社会政府不给补贴,又不返还教育费附加,企业负担更显沉重。据1997年统计,国有煤炭企业办医院、学校、敬老院、托儿所、浴池等社会福利的年净支出在50亿元以上。在当前政企不分的特殊情况下,应允许企业在办社会投入中,外购部分准予扣税,自产自用不应视为销售计税,这样也能使过高的税负有所下降,有利于国有企业生存和发展,也较为公平合理。

③扩大和放宽增值税进项税抵扣范围。放宽农副产品抵扣范围。国家应考虑煤炭生产用材料的特殊性,凡从农民手中购进的煤矿特殊用料、井下用充填沙、石子、石灰石、黏土、草帘、草袋、柳笆等,应视为农产品准予按10%进项税抵扣。

(4)对煤炭综合利用产品继续实行减免税政策

(二)修改资源税征收方法

进一步调整煤炭资源税政策,扩大资源税的调节作用。① 从实际情况来看,仅仅提高资源税税额标准,对保护煤炭资源的作用是有限的。要解决我国现行的资源税征收体系存在的问题,需要对资源税制度进行全面调整和改革。

---

① 自2005年5月1日起,财政部和国家税务总局提高了河南、安徽、宁夏、福建、山东、云南、贵州和重庆的煤炭资源税税额标准。这是继2004年年底提高了山西、内蒙古和青海的煤炭资源税税额标准后,财政部和国家税务总局对煤炭资源税的又一举动。

根据现行的资源税征收标准,资源税是按产量征收的,这实际上是造成煤炭盲目开采的主要原因。从长远看,应当考虑改变资源税计量依据,由现在的按企业产量征收改为按划分给企业的资源可采储量征收,促使企业尽量提高资源回采率。同时,调整资源税征收办法,将税率与资源回采率和环境修复挂钩,按资源回采率和环境修复指标确定相应的税收标准。建议对小煤矿实行特别的资源税系数。基于小煤矿回采率仅是大中型煤矿的1/3,资源消耗量高3倍,征收资源税应高3倍。这有利于保护煤炭资源,规范并壮大煤炭产业,培植大煤炭企业集团。规定煤矿最低回采率标准,制约资源破坏。

### (三)煤炭企业所得税地方分享比例应归煤炭资源开发地区支配

目前,中央直属煤炭企业所得税由中央政府和省(自治区)政府按6∶4分成,这样不能维护煤炭资源开发地区的地方利益。我们认为,这些企业缴纳的所得税应当按照属地征收的原则就地入库,地方分享的40%部分应全额留归煤炭资源开发地方支配。我们以鄂尔多斯市为例来分析其理由:

1. 神华集团的三户全资企业(神华煤炭运销公司结算部、神华准格尔能源有限责任公司和神华集团万利煤炭有限责任公司)落户鄂尔多斯市二十多年来,鄂尔多斯市在财力十分紧张的情况下,始终举全市之力坚持"支持神华、服务神华、受益神华"的思想,在井田划拨、土地征用、给水、排水等方面给予了全方位、多角度的支持和服务,仅道路、水库等方面的累计投资就达20多亿元,有力地推动了神华集团的快速发展。按照"地方政府支持企业发展,企业促进地方经济繁荣"的良性互动发展格局,企业实现的包括企业所得税在内的各项税费收入都应当就地入库,共享税中属于地方的部分应当全部留归煤炭资源开发地区支配。

2. 煤炭开采带来的负效应整治刻不容缓。第一是造成采空区塌陷。

到 2005 年 5 月底,伊旗境内造成耕地塌陷达 20 229 亩,涉及 26 个社和 3 906 人。第二是导致地下水位迅速下降,植被受到破坏。仅伊旗乌兰木伦镇因此而减少林地、草地面积达 28 329 亩,造成当地间接经济损失每年高达 2 000 多万元。同时,因地下水位的下降,原有耕地严重退化,一类地(水地)急剧退化为二类地(湿地)、三类地(旱地)。很多人工井或地表水源干涸,使采区周围 1 551 平方公里之内的 58 692 常住人口及牲畜的饮水受到影响。第三是造成环境污染,主要表现为煤尘污染、水源污染和废料污染,不仅采矿区附近的庄稼全部变成黑色并大量减产,而且使附近的河流受到极大的污染,生产企业的煤夹石等废料随意倾倒等严重影响当地人民正常的生产和生活。第四是采区内耕地塌陷,农作物减产,人畜饮水受到影响,常常引发农牧民集体上访等不稳定事件,致使市旗两级政府工作被动,迫不得已增加对农民的补偿,仅万利煤炭采区内因水地变旱地、煤粉尘污染、道路占用、耕地减少等一年就需要给当地农牧民补偿 500 多万元,加重了地方财政的负担。第五是煤炭作为非再生资源,随着开采量的增加,储量在逐年减少,采矿区周边的地质结构也在发生变化,进一步加剧了水土流失,专项整治和及早谋划调整产业布局和经济转型已刻不容缓。

## 五、完善煤炭价格形成机制

价格是商品价值的表现形式,是对所有生产耗费的补偿。煤炭价格不仅包括产品生产耗费和保持合理的投资收益率,而且必须包括资源成本、煤矿退出成本、发展成本、环境成本和社会保障成本等,这是煤炭工业可持续发展的前提。这是改革和完善煤炭价格形成机制的基本目标和出发点。

价格形成机制,应当是指以市场配置资源为基础,以完善、有效的政府宏观调控为手段,通过建立有利于产业结构优化与行业可持续发展的科学的价格指数、完整的成本核算框架、完备的市场交易体制,引导煤炭合理生产、流通与消费的定价与调价制度安排。

(一)改革和完善煤炭价格形成机制的目标和原则

按照社会主义市场经济的要求,坚持市场配置资源与国家宏观调控相结合,在保证煤炭有效供给和不再增加国家财政负担的前提下,充分考虑社会经济发展水平和用户承受能力,积极稳妥地推动煤炭价格形成机制的建立与完善。具体要坚持以下几项原则:

1. 完全成本、充分补偿原则。煤炭价格合理性的基础是建立在企业成本核算真实、完整的基础上。煤炭企业成本必须准确反映它的资源成本、生产成本和环境成本以及退出和发展成本。资源成本是企业获得矿权的全部支出,生产成本是企业生产过程中的全部费用支出。环境成本是开采、运输和使用煤炭过程中对环境破坏的补偿成本。退出成本是企业调整(减员)、关闭的全部支出(也有人称改革成本),发展成本是煤矿用于开发新的资源、建设新井的投资(至少是资本金部分)。就生产成本来讲,应该是生产过程的实际耗费。以工资为例,目前煤矿职工工资低于全国平均水平,这是极不合理的。以上这些是构成煤炭成本基础。加上不低于社会平均利润率的合理投资收益率就应该是合理的煤炭价格。这是维持煤矿简单再生产的最基本的条件,否则就会导致煤炭产能萎缩,对我们这样一个以煤为基础能源的大国的经济发展产生不利影响。

2. 劣等资源条件定价原则。煤矿的劳动对象是地下矿物资源。煤炭生产成本受资源赋存条件的影响极大。根据马克思级差地租理论,在资本主义国家中,能够存在下去的企业,其商品价格是依据劣等资源条件的生产价格逐步形成的。我国煤炭资源与主要产煤国家相比,开采条件属于中等偏差。好的资源并不多。根据国土资源部对我国煤炭资源可供性分析,我国可供(经济可采)煤炭资源仅有 900 亿—1 100 亿吨。必须因地制宜开采一些劣等资源。开采劣等资源的煤矿,要耗费更多的物化劳动和活劳动,如果按平均成本确定价格,这些煤矿由于严重亏损,不可能开办。但国家又需要这些煤矿生产,以满足国民经济对能源的需求。因此这些煤矿耗费的劳动也是社会必要劳动,应得到充分补偿。国家要通过征收资源使用费用和所得税对不同煤矿收益进行调节。

3. 供求平衡的原则。煤炭是关系国计民生的重要生产资料。供求状况对各行各业有很大影响。因此,必须形成有利于煤炭供求大体平衡的价格形成机制。价格对于供求双方都有巨大的调节作用。合理的价格水平和价格形成机制,既能抑制不合理的消费需求,又能促进生产和流通,从而保证供求关系的动态平衡。

4. 比价合理原则。在行业之间,国家应切实采取措施,控制下游产品价格涨价幅度低于上游产品涨价幅度,这才能使它们之间的比价逐步趋向合理,而不是上游产品涨价后,下游产品也轮番涨价,造成比价复归。随着我国改革与开放的深入,逐步实现国际、国内比价合理化也是一个应当解决的问题。在行业内部必须理顺煤种和品种比价,体现优质优价,保护紧缺的煤种资源,提高主焦煤的比价。

(二)明确以市场为取向的改革思路,构建煤炭价格形成机制

1. 建立和完善我国煤炭价格形成机制。确定煤炭成本费用核算框架,把资源、环境和企业退出、发展支出列入成本开支范围,完整、准确地核算煤炭成本与价值。建立起符合我国煤炭市场实际,与国际市场紧密联系,准确反映煤炭价格变动趋势,能够引导市场,规避买卖双方价格风险,反映煤炭主产区、主要发运港口内外贸市场交易价格和长期协议价格变动的价格指数体系。

2. 完善煤炭交易规则,规范市场交易行为。推行直接销售,减少中间环节。降低流通费用,建立铁路、煤矿、用户经济制约关系,严格按合同办事。

废除煤炭订货制度,鼓励大中型煤炭企业与大型电力企业签订长期供货合同,使煤炭供需市场化,维护产需各方经济利益。

3. 在鼓励产销见面、直接销售的基础上,可建立以全国煤炭交易中心为主,以区域市场为补充,符合市场经济发展要求,有利于政府宏观调控,市场主体自由交易,多种交易手段(如网上订货)和多层次交易场所并存的现代化综合煤炭交易体系。

4. 积极培育和发展大型煤炭企业集团,不断提高煤炭产业集中度,减少市场竞争主体,提高竞争效率,优化结构,促进产业升级,提高国家对煤炭的控制力,保障我国能源安全。

5. 加强煤炭需求方面的管理,把节约能源特别是煤炭资源放在重要位置。制止高耗能行业盲目投资和低水平重复建设。鼓励企业采用新技术、新工艺和新装备,淘汰高耗能、高物耗、高污染的落后生产工艺和技术,降低消耗,节约能源。

6. 煤炭价格一直是国家宏观调控的主要目标。过去在国家价格管理部门中一直设立煤炭价格管理机构,据了解,前一时期因煤炭价格放开,国家煤炭价格管理机构已经撤并。煤炭是我国的主要能源和重要工业原料,煤炭价格是否合理,关系到煤炭稳定供应能力,关系到我国能源的安全,为保持煤炭市场的稳定,国家发改委可考虑在价格司内增设煤炭价格处,以便统一监管和协调全国煤炭价格。

## 六、建立煤炭资源开发地区发展的动态监控系统

煤炭资源开发地区的经济发展呈现出一定的波动性。煤炭资源开发地区经济发展的波动性与国家宏观经济稳定增长的目标是相背离的,而且经济的波动性也会直接影响到煤炭资源开发地区各项事业的发展。同时,煤炭资源开发地区会因资源枯竭而易于出现"矿竭城衰"现象。所有这些问题必须通过建立早期的预警系统予以诊断、预警并适时采取相应

的对策予以解决。

煤炭资源开发地区出现危机常常具有某种先兆，表现为某些宏观经济指标下降、地区综合排名落后、地区功能单一、矿业企业效益下滑、地区财政情况恶化、下岗失业人数上升等。据此可以建立煤炭资源开发地区发展的动态监控系统。

与一般的经济预警系统类似，煤炭资源开发地区发展的动态监控系统主要发挥以下几个方面的作用：

1. 正确评价当前煤炭资源开发地区发展的状态。煤炭资源开发地区出现危机常常表现为一些煤炭资源指标的变化，因此，可以建立煤炭资源开发地区发展的评估指标体系，通过这些指标的变化来反映地区社会经济发展的状况。

2. 及时预测未来某一时期煤炭资源开发地区发展的可能趋势。煤炭资源开发地区动态监控系统应当能够在煤炭资源开发地区将要进入结构性危机时，及时发出信息，起到预警作用。煤炭资源开发地区宏观经济运行中的某些问题通常在一些指标的变化中反映出来，这就为建立预警系统并据此进行预报提供了可能性。

3. 及时反映国家相关政策对于煤炭资源开发地区发展的影响效果。对于煤炭资源开发地区经济发展中出现的某些不正常状态，相关部门需要进行及时的调控，煤炭资源开发地区动态监控系统可以成为衡量调控政策成效的工具。

煤炭资源开发地区发展的动态监控系统的建立需要一系列前提条件。第一，要有完善的信息获取途径。目前我国各地区的统计口径与计算方法存在着一定的差别，这使得不同矿业地区之间的数据资料的可比性较差，而且地区之间不能实现数据资源共享，在一定程度上制约了早期预警系统的建立及其作用的发挥。为此，当务之急是要建立全国性的矿业地区信息共享机制，每一个煤炭资源开发地区需要有一个经济监测系统来提供本地经济发展的预警信息,同时通过互联网实现数据资料的共享。第二,由于煤炭资源开发地区以及地区中各实体存在着不同的利益差距,这会在一定程度上影响构成早期预警系统的数据信息的真实性与可靠性,因此,矿业地区政府、矿业主管部门以及其他管理机构需要在其中扮演领导者的角色。第三,必须建立全国性的并具有较高权威性的监测指标体系,定期针对相关的煤炭资源开发地区进行分析,同时结合独立的地质专家、资源专家、环境专家的意见建议,撰写地区可持续发展的评估报告。

## 第三节 地方政府应采取的政策

从前面几章的分析可以看到,我国煤炭资源丰富地区长期处于欠发达状态。尽管在近几年煤价向价值回归的方向上涨的过程中,这些地区经济增长有一定的提高,但是,就整体而言,形势并没有完全扭转,产业结构、投资环境、人民生活水平等方面仍然落后于全国的平均水平。即使是部分新兴煤炭资源开发地区经济增长迅速,如鄂尔多斯、榆林等地,也面临着一些问题,如投资环境特别是生态环境的不佳导致资本外流、经济增长的可持续性以及这种增长的福利能否惠及广大民众等等(程志强,2006)。如何改变这种欠发达的面貌,如何在今后的发展中摆脱或者避免资源诅咒是这些地区地方政府亟待解决的问题。而且,在上文的分析中所提到的煤炭工业循环经济发展战略能否真正实施,有赖于地方政府利用经济、法律、政策等手段来支持;中央政府所采取的对策能否产生效果,也取决于地方政府的配套措施的实施,而且地方政府本身也是很多中央政府政策的执行主体。因此,我们很有必要从地方政府的角度出发,讨论其在通过煤炭资源开发带动欠发达地区发展中所要采取的对策。

## 一、根据经济发展阶段制定相应的发展战略

从地区产业结构演进的一般规律来看，主导工业部门通过其前向、后向和旁侧联系，带动其他产业部门的发展，使地区工业综合发展水平逐步提高。在一个支柱产业的完整生命周期中，地区工业综合发展指数逐步上升，支柱产业的相对地位下降，最终形成一个相对均衡的产业结构。新的支柱产业的兴起，会打破原有产业结构的均衡，使综合发展水平下降。

表6-1 煤炭资源开发地区的生命阶段和发展战略

| 生命阶段 | 工业结构特征 | 发展战略 |
| --- | --- | --- |
| 起步期 | 煤炭作为支柱产业尚未形成，地区工业基础薄弱，工业在整个地区经济中的地位较低 | 实行产业倾斜战略，使支柱产业迅速形成生产能力，加强产业和城市发展规划，重视基础设施建设 |
| 成长期 | 煤炭工业迅速成长，非煤工业落后，工业结构单一，综合发展程度低 | 进行原煤的深度加工，提高产业综合发展水平，做好后续煤矿建设的规划和基础设施配套工作 |
| 成熟期 | 与煤炭工业相配套的工业发展较快，地区工业发展水平快速提高 | 发展非煤产业，培植新的经济增长点，发展高技术含量、高附加值产品，做好报废煤矿职工的安置和土地利用方式的合理转换工作 |
| 衰退期 | 煤炭工业的地位已微不足道，工业综合发展程度高 | 做好报废矿井的人员分流、转岗培训及社会保障工作，大力发展第三产业，增加就业岗位；整治报废矿区环境，发展特色农业，加强报废矿区的土地利用和城市规划 |

当新的支柱产业的相对地位达到最大值后,综合发展指数再次上升,如此往复,形成波浪式发展过程,但每次往复都是一次质的飞跃。但在长期的计划经济时期,煤炭资源开发地区产业结构受计划体制的影响,少数煤炭资源开发地区的煤炭业下游产品生产被人为割裂出去,地区仅承担煤炭基地的功能。随着煤炭工业接近衰退期,地区工业综合发展指数仍然较低。

根据所处的生命阶段,可将煤炭资源开发地区的发展分成不同的类型。不同类型的地区面临的问题和发展战略不同,笔者将其概括成如下模式(见表6-1)。

(一) 起步期

处于起步期的地区,根据资源优势,煤炭工业将成为地区的支柱产业。地区的产业结构单一,煤炭工业作为支柱产业的地位尚未确立,工业综合发展指数低。总结煤炭资源衰竭地区的经验,我们认为处于起步期的地区的发展应注意以下几点:(1)要优化产业结构,以煤炭资源的开采加工为主导产业,在此基础上,依靠自身优势,积极发展多种经营,大力培育第三产业,逐步做到以一个产业为主导,几个产业做支柱,从单一的煤炭产业转变为多元的产业经济,实现可持续发展。(2)要合理确定开采强度和服务年限。煤炭开采强度过高,会缩短煤矿的寿命,经济上不合理;反之,产量定得过低,也会影响企业经济效益和国家财政收入。因此,必须把开采量定在一个比较科学、合理的水平上。(3)改变传统的用工制度,可采取管理与开采分离的办法来解决:煤矿建设需要一支技术有保证、专业能力强且富有效率的管理队伍;而"开采"大军则通过公开向社会招标,实行吨煤工资制,运用合同规范双方的权利和义务,彻底摒弃以往那种大包大揽的用工制度,这样矿区即使到了煤炭开采后期也无须为他们的再就业发愁。新采煤矿如此,老矿区的新建矿井也应如此。(4)新采矿区(井)必须坚决改变传统的"先污染、后治理"的老路,从开采的第一天起就要做好规划,把环境污染消灭在萌芽之中。(5)新采矿区(井)可根据当地交通、信息、经贸等各方面情况,因地制宜,即宜建城就建城,宜建镇就建镇,就近有城市或城镇的宜利用就利用,彻底改变有煤矿就必然产生城市的传统观念。

## (二)成长期

成长期的煤炭资源开发地区,支柱产业发展迅速,煤炭工业的产值比重达到最高水平。工业综合发展水平有所提高,但煤炭的下游工业生产发展不足,工业经济效益较低。这一阶段需要着重解决的问题是:(1)进行原煤的深加工。成长期地区的原煤产量大幅度上升,应充分发挥原料优势,进行深度加工。发展电力、煤化工、炼焦、建材等高附加值、高技术含量、高加工度的煤炭下游产品,提高经济效益。(2)提高产业综合发展水平。利用支柱产业的带动和推动作用,发展相关产业,如轻工业、第三产业等,以提高综合发展水平,平衡就业岗位的男女性别比失调的矛盾。(3)做好后续煤矿建设的规划和基础设施配套工作。

## (三)成熟期

进入成熟期以后,地区的煤炭工业总体规模基本稳定,地区工业综合发展水平较高,煤炭工业的产值比重有所下降,煤炭资源和需求市场已对进一步扩大生产规模形成约束。因煤炭工业的技术进步和机械化水平提高,员工过剩现象突出;另外,先期开采的矿井已进入报废期,人员分流和存量资产的调整任务日益加剧。所以要注意以下几点:(1)培育新的支柱产业。根据地区产业结构的演化规律,支柱产业是不断更替的。由于新的支柱产业形成需要一定的成长期,所以,当煤炭工业进入成熟期后,为了减少因支柱产业的衰退而造成的地区经济发展的波动,应提前培植新的支柱产业,以逐步替代煤炭工业。(2)加快技术进步。成熟期地区产业结构的数量构成已相对稳定,工业综合发展程度较高,产业部门的数量扩张已成为次要。加快技术进步和发展高技术产业尤为必要,对现有企业进行技术改造,发展新兴的高技术产业,以提高地区产业结构的技术层次,提高产品的市场竞争力。(3)报废矿区的环境治理和经济发展。

(四)衰退期

可采储量趋于枯竭,产量下降,煤炭工业对地区工业产值的贡献率大大下降,已被新的支柱产业所替代,工业综合发展指数较高。在衰退期的后期,地区的工业职能已转换。从分类的角度来看,多数地区已演化成综合性工业城市,如阜新市等。此类地区急需解决的问题有:(1)努力做好煤矿报废后的人员分流、转岗培训及社会保障工作。(2)针对煤炭资源开发地区普遍为重型工业结构的特点,大力发展第三产业,增加就业岗位,吸收部分煤矿工人。(3)对报废矿区的塌陷土地进行复垦,发展特色农业,解决部分煤矿职工的再就业问题,改善城市环境,丰富农副产品供应。(4)加强报废矿区的土地利用和城市规划,充分利用老矿区的生产、生活服务设施发展非煤产业,实现土地利用方式的转变和存量资产的合理调整。

这里特别要指出的是,处于成熟期和衰退期的煤炭资源开发地区尤其要注意发展替代产业。发展替代产业要遵循以下原则:

1. 根据国家对城市的功能定位进行发展。我国一些煤炭资源开发地区在经济结构转型过程中,需要国家或所在的省份对其进行功能定位,在此基础上,在国家的支持下,由资源型地区变为别的类型的地区。比如说,抚顺市曾是我国的著名的煤都,在煤炭资源衰竭后,国家建设了从大庆到抚顺的输油管,由此大力发展了炼油、石化及精细化工。接着,抚顺市提出要建成中国北方石化城,如果得到国家或辽宁省的认可,那么其转型方向就是发展石化工业和精细化工,城市形象由煤炭城市变成了石化城市。

2. 利用当地特有的资源发展特色产业。煤炭资源开发地区可利用塌陷区发展养鱼业、花卉业等。例如,安徽省淮北市,在煤炭开采过程中,累计形成了22万亩的塌陷地,通过治理形成了规模可观的鱼塘,利用鱼塘发展水产养殖已具有一定规模。又如,河南省的焦作市,利用采煤塌陷地发展花卉业已取得良好的经济效益。利用当地特有资源发展特色旅游业,可将开采煤矿留下的各种遗迹稍加"包装",供游人参观。萍乡矿务局大力发展浮法玻璃、客车生产等多元产业,逐步形成了替代产业,非煤产业的收入已经超过了煤炭产业。德国的鲁尔就是将过去的煤矿设施稍作改造作为特色餐馆,将过去的钢铁厂架子稍作修整,用做展览场所。还可以借鉴德国的做法,将某些开矿遗迹开辟为旅游地。黑龙江省鸡西市近年来利用当地优势发展替代产业的经验也是值得借鉴的。如表6-2所示。

表6-2 鸡西发展替代产业的具体途径、主要做法及效果

| 具体途径 | 主要做法 | 主要效果(以2004年为例) |
| --- | --- | --- |
| 发展旅游业 | 生态游、边境游、民族风情游"多游并举" | 接待国内旅游者54万人次,旅游收入0.73亿元;接待入境旅游者4.3万人次,旅游收入0.13亿美元 |
| 发展生态农业 | 绿色食品种植、加工 | 绿色食品种植业产值20亿元 |
| 发展药材加工业 | 建设制药龙头企业 | 药材加工业产值近5亿元 |
| 拓展边境贸易 | 中俄"海参崴"贸洽会 | 外贸进出口总额1.06亿美元 |

资料来源:于立、姜春海"资源型城市产业转型:辽宁省个案",载《改革》2005年第11期。

3. 煤炭资源开发地区发展什么替代产业应由市场去决定。众所周知,随着交通、通信水平的不断提高与完善,各地发展工业方面的条件差异已越来越小。也就是说,某个工业项目布局在A地可以,布局在B地也可以。从另一角度看,某地区发展C产业可以,发展D产业也是可以的。但究竟发展哪个,不是由地区政府的领导者或规划者来决定,而是由企业家来决定,因为他们最清楚应发展什么和不发展什么。作为"导演"的地方政府,只能提出替代产业的大致发展方向,其政策的着眼点是为资

源型地区创造良好的软硬环境,其中也包括资金支持。

4.要特别注意运用差异化转型战略,针对绵延几百里的不同矿区,创造出不同类型的模式:一是地处郊区和农村的煤炭企业,转型要以现代农业为主攻方向,充分利用农业基础,坚持贸易牵头,加工先行,带动农业发展提升,搞好国家级农业开发园区建设,向贸工农一体化转型。二是在人口密集的地区,重点发展第三产业,强化城市服务功能。三是利用原来的煤电基础,发展煤衍生产业和非煤产业,如煤化工、煤层(成)气、电力电子、机械制造和信息等工业以及第三产业中的新兴服务业(含建筑业、维修业、家庭服务业)。四是利用大专院校的科技优势,努力创办高科技企业。如,辽宁省阜新市就借助辽宁工程技术大学的科研力和辐射力,使其在阜新发展新兴产业中发挥"火车头"作用。

另外,煤炭企业在转型过程中要勇于清除体制障碍。转制与转型相结合,以转制带动转型,是国外的一种普遍做法。法国洛林煤炭公司原是一家最大的国有企业,但在转型过程中,为了解决劳动力就业,政府扶持创办了一百多个企业,完全脱离了国有母体,规格较大的采取股份制形式,规模小的则一律由私人经营;德国鲁尔煤炭公司转型后也成为以私有资本为主体的股份制公司,在资本运营中发挥了很好作用;波兰于1990年颁布了《国有企业私有化法》;罗马尼亚制定了《私有化法》和《采矿法》,等等。上述国家无论对国有还是私营企业都一视同仁,给予支持,如出资帮助解决企业的债务和富余的劳动力,均收到事半功倍的效果。

国外把转制与转型结合起来一并进行,收到一定成效,值得我们借鉴。但我们要按照社会主义市场经济体制要求,实现公有制形式多元化,坚持股份制和股份合作制的方向,特别是要大力发展多种形式的民营煤炭企业,并充分发挥它们在转型中的积极作用。

## 二、积极营建良好的投资环境

统筹规划,做好煤炭资源开发地区内部的功能区划,切实保护好该地区的生态环境,推进煤炭城市的合理布局,完善基础设施建设,加强软环境的建设,营造良好的投资环境,将资源开发的收益顺利、有效地转化为当地投资,充分发挥乘数效应,促进本地经济全面增长。

（一）做好煤炭资源开发地区内部的功能区划

自然环境不佳是我国绝大多数煤炭资源丰富地区面临的首要问题,从各国和各地区经济增长的经验来看,一个国家或地区可以在缺乏自然资源的条件下实现经济高增长,但几乎不可能在恶劣的自然环境中实现持续的高增长。由于早期开发不注重环境保护以及这两年对于短期利益的追求,在煤炭资源的开发利用过程中出现了严重的生态破坏情况,使得原先脆弱的生态更是雪上加霜。另外,从国家的区域政策角度来看,我国极有可能进行四大功能区的划分,如果这些地区因其较弱的自然环境承载力而被确定为限制开发区,则将更多从环境保护的角度出发去发展这些地区。能源工业的发展将直接受国家的区域政策所限。因此,必须要结合国家可能出台的有关功能区划的法律、法规、政策,提前做好这些地区内部的功能区划,明确各种类型的功能区,特别是禁止开发区和重点开发区。

首先,根据国家"十一五"规划的相关精神,明确禁止开发区,并通过正式规划等具有法律效应的文本将其规范化。确定之后,将区内居民迁往其他区域,并给予一定的补助;禁止在目前技术水平下导致生态环境恶化的一切经济活动;积极争取中央等各级政府对生态环境脆弱区的各项补助,并征收煤炭环境补偿基金,用于禁止开发区的生态环境治理。

其次,尽管整体而言,新兴煤炭资源开发地区生态环境脆弱,自然环境的承载力较弱,大规模集聚经济和人口的条件不够好,部分地区还关系到较大区域或全国范围的生态安全,但是,这些地区仍有局部区域具有较强的承载力,所以,这些地区要根据有关自然条件、生态环境、经济基础等指标体系,慎重选择一些资源环境承载能力较强、经济和人口集聚条件较好的区域作为重点开发区。重点开发区将成为这些地区产业和人口聚集的中心,减缓禁止开发区与限制开发区的人口压力,充分发挥聚集效应,承担起这些地区经济发展的重任。

(二)按照科学发展观的要求,实现煤炭资源绿色开发,征收环境补偿基金

粗放型的煤炭资源开发往往造成环境污染和生态破坏,而生态因素的恶化又直接恶化投资环境,最终影响经济的长期增长和人民福祉的提高。但是,无论是从地区还是从国家的角度而言,煤炭资源又不得不开发,因此,实现煤炭资源绿色开发是必然的选择。

1. 实现煤炭资源绿色开发

近年来,绿色开采、绿色矿山、绿色矿业等理念相继提出,得到广泛的认可,产生了强烈反响。有关单位也将相关理论与技术作为攻关目标,与环境协调的矿物资源开采被列入了国家自然科学基金重点资助项目。目前更多强调在开发矿产资源的同时保护好其他资源与生态环境。煤矿绿色开采技术体系如图 6-2 所示[①],神华集团在神东矿区提出的绿色开采技术体系准则、实现途径、目标如图 6-3 所示。

我国的国情、全面建设小康社会及科学发展观要求我们有必要将矿区资源与环境作为一个整体,通盘考虑各种自然资源,实现矿区资源的综合、立体、协调的开发利用,简称为矿区资源绿色开发。这里的立体是指矿区土地、地表水、矿产等同位异类资源立体开发,综合是指包括煤层、煤层气、矿井水等共伴生矿物资源综合开发,协调是指与环境协调一致、符合可持续发展要求。在矿山环境扰动量小于环境容量的前提下,实现社会经济效

---

① 钱鸣高、许家林、缪协兴:"煤矿绿色开采技术",载《中国矿业大学学报》2003年第4期。

第六章 煤炭资源开发带动欠发达地区发展的对策 | 229

益最优和生态环境影响最小、"低开采、高利用、低排放"的绿色开发[①]。

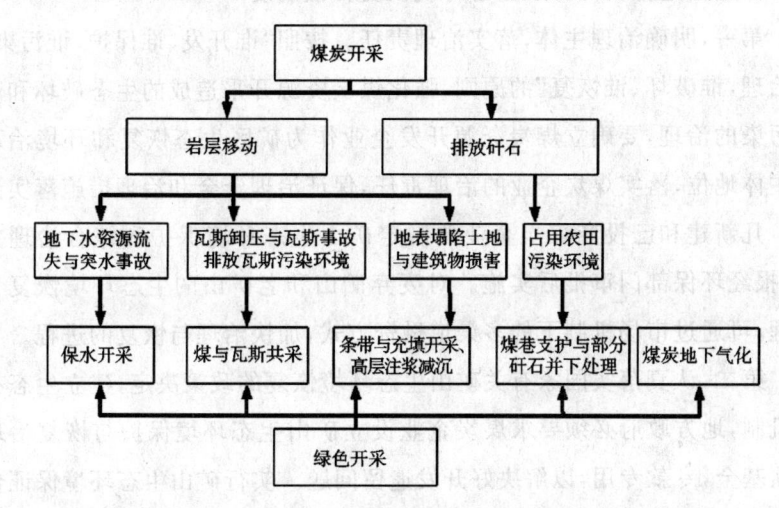

图 6-2 煤矿绿色开采技术体系

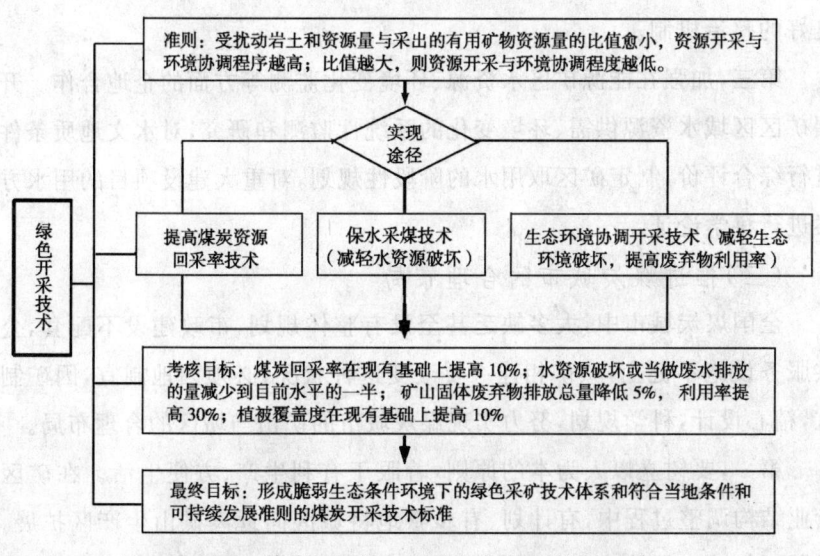

图 6-3 神华集团绿色开采技术体系准则与目标

---

① 汪云甲:"数字矿山与矿区资源绿色开发",载《科技导报》2004 年第 6 期。

### 2. 建立煤炭资源开发生态环境恢复补偿制度

第一,明确治理主体,落实治理责任。按照"谁开发、谁保护,谁污染、谁治理、谁破坏、谁恢复"的原则,强化煤炭资源开采造成的生态破坏和环境污染的治理,要确立煤炭资源开发企业作为矿区生态恢复和环境治理的主体地位,落实煤炭企业的治理责任,保证治理资金和治理措施落实到位。凡新建和已投产煤炭企业要制定矿山生态环境保护和综合治理方案,报经环保部门审批后实施。对废弃矿山和老矿山的生态环境恢复与治理,可通过市场机制下的多渠道融资方式,加快治理与恢复的进程。

第二,认真落实国家有关矿山生态环境恢复的政策决定,建立生态补偿机制,地方政府必须要求煤炭企业设立矿山生态环境保护与恢复治理专项基金,专款专用,以解决好开发遗留问题。实行矿山生态环境保证金制度,从企业销售收入中提取3%－5%的生态环境恢复保证金,以形成良好的整治机制。

第三,加强在能源矿区水资源、环境变化监测等方面的企地合作。开展矿区区域水资源供需、环境变化的系统性监测和研究,对水文地质条件进行综合评价,制定矿区取用水的阶段性规划,对重大建设项目的用水方案进行科学论证。

### (三) 推进煤炭城市的合理布局

全国煤炭城市中,大多缺乏甚至没有整体规划,市政建设不配套,公共服务设施不健全,城矿相连。要改变这种状况,必须因地制宜,因矿制宜,精心设计,科学规划,努力实现煤炭城市的矿山与城区的合理布局。

第一,要树立以人为本的原则,着眼于有利生产、方便生活。在矿区产业结构调整过程中,有计划、有步骤地将城区向远离矿山生产区扩展,使城区与矿山保持一定的距离。同时新城区必须按照完整的城镇去规划和建设。既要考虑人居环境的改善、公共服务设施的齐备,又要考虑新兴产业的大发展,使煤炭城市具备相对健全的综合服务功能,从而使煤炭城市成为真正意义上的城市。

第二,做到生产区和生活区的分离、矿区和城区的分离。随着经济社会的迅速发展,无论是从建设现代化的矿山的角度考虑,还是从改善矿工生活及其居住环境考虑,都要求生产区和生活区分离,只有这样,才能从根本上改善人居环境,并且有利于矿山安全生产和生产规模的扩大。一些地区根据实际情况,在重点开发区按照高起点规划、高标准建设、高效能管理的"三高"要求,对城市进行新一轮规划。坚持工业向园区集中、人口向城镇集中、土地向大户集中的"三集中"原则。采取谁投资、谁受益,谁受益、谁投资,资产置换,土地置换,拍卖冠名权等措施,加大城建直接融资比重,鼓励出让、转让市政公用设施经营权,实现城建资金滚动使用和逐步增值,把"政府不拿一分钱,城市旧貌换新颜"的设想变为现实,加快再城市化的进程。

第三,根据矿区矿点自然分布的特点,科学规划。矿区城镇布局调整,要考虑中心城市的发展及矿山城镇群的合理布点,围绕中心城市,形成若干个矿山城镇。其格局可以是条带状的,也可以是串珠形的,还可以是集团式的。

(四)加大基础设施投入,加强软环境建设

尽管煤炭资源开发地区的基础设施水平整体上要比中西部地区的平均水平要好,但是,由于煤炭资源大量外运,已造成这些地区运力非常紧张,基础设施,尤其是与外界连接的基础设施处于严重供小于求的状况,制约了这些地区的发展。此外,部分煤炭资源开发地区,尤其是新兴的煤炭资源开发地区,由于经济发展长期滞后,本地基础设施也比较薄弱。因此,这些地区一方面要积极争取中央政府的支持,通过多种方式发展与外界尤其是煤炭资源输入地连接的铁路、公路、港口等交通基础设施建设,如可以以"保证对输入地煤炭供应"等条件与煤炭资源输入地合作,共建相关的交通设施,通过合作实现区域共赢。另一方面,抓住近年来财政收人增长较快的机遇,政府可考虑加大对本地尤其是重点开发区的市政基础设施建设,降低投资成本,提升投资的吸引力。另外,近年来,不少私人矿主赢利较多,很多煤炭资源开发地区有一定数量的民间资本,可以考虑在各类基础设施的建设中,通过各种税收、补贴等优惠政策,引入本地民间资本,形成多元化的投资主体,这样,可以在弥补建设资金不足的同时,避免资本大量外流,且有可能提高投资效率,可谓一举多得。

另外,导致煤炭资源开发地区投资环境不佳的一个非常重要的原因是软环境尤其是政府行为不到位,权力寻租现象比较严重。这些制度因素被大量的文献研究证实是导致资源诅咒产生的根本性原因。因此,对于地方政府而言,非常重要的是要强化地方政府的服务意识,进一步规范政务行为、执法行为,深化审批制度的改革,提高地方政府的行政效率和服务水平,切实营造一个亲商、扶商、安商、富商的良好氛围,创建一个良好的投资软环境。

## 三、努力优化煤炭资源开发地区产业结构

一个地区经济增长的基础建立在主导产业的发展之上,因此,经济增长的稳定性与可持续性有赖于主导产业的产业关联效应、主导产业发展的稳定性、可持续性以及主导产业的可更新性。由于煤炭资源的不可再生性以及对于煤炭行业的依赖,这一问题无论是在传统煤炭资源开发地区还是在新兴煤炭资源开发地区,都极为突出。虽然这是资源型地区发展的一个老生常谈的话题,但也是我国资源开发地区至今未能克服的困难。如何促进产业结构升级和产业结构的合理化,实现地区经济可持续发展,是煤炭资源开发地区地方政府面临的重大课题。

### (一)采取多种方式,因地制宜地发展与煤相关行业

我国煤炭资源开发地区普遍依赖于煤炭的外运,停留在煤炭产业价值链的低端,资源开发对地区的带动作用难以凸显。因此,很多煤炭资源

开发地区都试图大力发展煤炭深加工行业。但是,大部分地区目前仍处于欠发达状态,单凭一己之力难以在资金、技术、人才、管理、市场需求等条件上满足煤重化工行业的需要。如果不顾实际地发展重化工业,极有可能产生资源丰富的拉美国家曾经犯过的发展战略选择错误所导致的资源诅咒。这是否意味着这些地区将长期被锁定于卖煤的低层次产业结构?

笔者认为,经济结构的升级受限于资源禀赋、技术条件、市场需求、经济制度等多种因素,是一个系统、渐进的过程。因此,在短期内,这些地区很难依靠自身实力发展具有一定技术水平的煤重化工业。但是这些地区可以根据自身的实际情况,通过区内的大型中央企业或者通过与发达地区的合作等方式,因地制宜地发展与煤相关的行业,从产业的前向联系出发,积极培育各具特色的煤炭资源深加工产业集群;从产业的后向联系出发,有条件的区域可以发展煤炭采选设备的生产,形成具有竞争优势的设备生产基地。在一个不太长的时期内实现产业结构的升级。如鄂尔多斯、榆林等地可以依靠神华集团强大的资金、人才、技术、组织资源条件,发展大企业主导型的煤炭深加工行业产业集群;而在以中小企业为主的地区,通过市场细分,由中小企业间的竞争与协作,发展煤炭深加工或者采选设备行业中的一些市场细分产品;还有一些地区可以与发达地区的合作,如山西可以考虑融入环渤海经济区,与京津合作,充分利用自身的资源优势,引进这些先进地区的大企业和相应的技术、人才、管理等高级生产要素,实现地区间的优势互补。

无论是依赖于外力还是依靠本地中小企业间的竞争与协作,煤炭资源开发地区都需要考虑采取产业集群的方式。特别是对于依赖于中央企业或区域合作而建立的与煤相关行业,尤其要注意鼓励本地的中小企业与之配套,形成以大企业为主导的产业集群。这种基于产业关联效应的配套过程可以形成一种较强的地理黏性,"粘住"这些大型企业,从而使得产业关联效应通过产业集群的形式本地化后,可以将资源的比较优势转化为竞争优势,保证经济增长的可持续性。可以通过建立工业园区等形式,为相关企业的集聚提供必要的基础设施和管理组织的保障,但一定要注意培养园区内企业间的产业关联。地方政府在这一过程中要加大对这种细分产品及配套企业在研发投入上的支持,出台吸引相关人才的优惠政策。

### (二)促进非煤接续产业的发展

有选择地扶持有发展前途的非煤接续产业,实现新兴煤炭资源开发地区的经济可持续发展。不可再生的煤炭资源最终肯定会耗竭,而重点开发区已有一定规模的人口、产业的聚集,很难整体外迁,因此,要吸取一些已枯竭城市的教训,遵循市场导向、经济效益、科技进步、发挥优势、环境保护、产业相关、产业协调等原则,根据各地实际情况发展非煤产业。

从国内外的经验来看,特别是大量有关资源诅咒的文献强调,自然资源开发尤其是自然资源部门的繁荣(natural resource boom),往往通过资本外流、劳动力成本上升、本币升值、人力资本挤出等途径制约非煤产业的发展,甚至导致非煤产业的萎缩,产生所谓的"逆工业化"的结果。而这种影响对于两大产业而言是一种没有内部化的外部性,因为在纯粹市场经济下,非煤产业的损失无法得到货币等形式的补偿;而且非煤产业的发展是大多数煤炭资源开发地区优化产业结构的必然选择;另外,煤炭资源开发地区存在着严重的资金外流,而煤炭资源开发地区经济转型对非煤产业发展的要求又需要大量的资金支撑。因此,这需要地方政府的适当介入。目前来看,主要有三种思路[①]:

#### 1. 行政干预

行政干预制定起来最为简单,实施起来也最为有效,但过多的行政干

---

① 这里主要借鉴了耿明斋、裴松宪:《资源型区域可持续发展探索》,社会科学文献出版社2006年版,第52—54页。

预会制约市场机制的发挥,并容易产生负面的社会影响。具体而言就是由地方政府统一制定投资规划并以行政手段强制执行,即规定区内煤炭企业必须在规定的时间内和规定的限额内投资建设一项非煤项目,如届期不能建成运行,则给予相应的行政处罚,或处以高额罚金,或限制其煤炭开采。其基本逻辑为,本地资源开采所进行的资本积累应该为本地的发展作出相应的贡献。这种行政干预虽带有粗暴干涉的特征,但对煤炭企业、当地人民及社会而言,都有其合理的一面。对煤炭企业而言,虽然在煤炭资源的开采中取得了丰厚的利润回报,但只有进行再投资才能实现资本的增值,这依赖于新产业兴起带来新的投资机会,一般而言,新产业兴起的起步阶段,政府的适时干预不但是有益的,也是必需的;其次对当地人民而言,煤炭的长期开采带来了很多负面影响,如住房塌陷和土地破坏等,从而也使人民的生活与煤炭开采紧紧地连在了一起,一旦煤炭资源枯竭,老百姓就将失去生活来源,以煤炭资源所产生的资本积累发展非煤产业,将为当地百姓提供稳定的就业渠道和生活来源;再次,对社会而言,区域发展的不同阶段需要培育不同的主导产业来发挥区域优势,从而实现经济社会的可持续发展。

2. 政府指导,统筹规划

这一种思路明确提出,煤炭企业必须投资建设一定规模非煤项目的要求,但不规定时间界限,也不以关闭矿井等行政干预的形式强制执行,而是通过提取非煤产业建设基金的方式促使煤炭企业投资举办非煤项目。具体说,就是从某个时间起,地方政府从无投资非煤项目的煤炭企业按照产量提取非煤产业发展基金,比如每吨煤提取 5 元(具体数额可根据煤炭企业承受能力及产业发展需要酌定),基金由地方政府设专账由专人管理。在保证如期收回和地方财政进行风险担保的前提下,地方政府可将基金投资于建设非煤项目,但基金的所有权仍归煤炭企业。一旦煤炭企业达到了地方政府关于非煤产业项目建设的要求,就将从煤炭企业提取的产业发展基金如数退还。

### 3. 建立长期非煤产业发展基金

前述两种思路都基于捆绑的方式,有针对性地强调由煤炭企业来投资非煤产业从而实现产业升级,这两种思路长期来看可能不是最佳方案。因为不同的产业其产品生产的工艺过程、使用的技术、设备、原材料及产品的市场可能都是不一样的,一个管理者对某一个产业领域的情况可能十分熟悉,并具有该产业领域完备的管理经验和市场眼光,但这不代表在另一产业领域具有同样的知识和管理能力,如贸然进入新的产业领域,可能没有成功的把握。不少企业在发展的过程中有过这方面的教训:本来在某一产业领域发展得很好,但当贸然进入另一个产业领域后,因不熟悉该产业的情况而导致了失败。煤炭开采工艺简单,销售渠道也相对单一。而非煤产业的生产和销售过程往往更加复杂,所需的管理水平也更高。因此,一个会管理煤炭企业的业主未必能管理好一个非煤企业,让煤炭业主创办非煤产业,把煤炭企业和非煤企业捆在一起,让煤炭业主去管理非煤企业,有可能会造成非煤产业企业的损失。所以,从非煤产业的长期可持续发展的角度考虑,建立一个规范的、能够长期运转的非煤产业发展基金是另外一条极具意义的思路。具体办法是:从某一时间开始,按照产量从煤炭企业定额提取非煤产业发展基金,比如每吨煤提取5元,地方财政也可适当投入一定数额作为发起基金。基金在金融机构设立专户储存,并委托金融机构保管,所有为基金提供资金的煤炭企业均为基金份额持有者和收益人。由地方政府牵头组建基金管理公司,并依据国家有关法律、法规制定基金管理章程,设立相应的管理机构,建立监督机制,招聘专业基金管理人员组成经营管理班子对基金进行经营管理。基金可以借贷或股权形式投入一些在本地具有优势且发展前景好的非煤产业项目,以定期收回的利息或股份分红资金作为基金经营的收入,并根据收入多少确定基金的利得水平,向基金份额持有人进行分配。这一思路将发展非

## 第六章 煤炭资源开发带动欠发达地区发展的对策

煤产业纳入现代科学管理的轨道,但同时也会带来风险,其风险主要在于两个方面:一是如何最大限度地保证基金投资能够定期收回并具有适当的赢利水平;二是如何保证选到诚实可信而又有能力的基金管理者,保证其不弄虚作假和向基金份额持有人负责。这需要科学的制度设计和有效的监督机制。

以上三种方式各有利弊,具体操作时,我们建议,要尽量避免完全依赖行政强制的第一种方式,近期优先选择以经济手段促使达到行政目标的第二种方式,中长期尝试选择以经济手段为主的第三种方式。

此外,需要进一步指出的是,结合我国绝大多数煤炭资源开发地区属于欠发达地区的现状,笔者认为,这些地区尤其是近年来经济增长速度很快的新兴煤炭资源型城市,在选择非煤产业时一定要注意本地区的实际情况,不宜好高骛远,选择一些本地区无论是从技术、人才、管理还是长期的资金供给上都无法保证的产业,这样只能产生竞争力低下的、需要政府提供不正当保护的企业,重蹈很多自然资源充裕的国家和地区的覆辙。同时,考虑到与煤直接相关的重化工业的发展对技术、人才、资金的需要量很大,由于受其欠发达现状的制约,能否在这些地区发展成功很难说,即使成功了,其贡献可能主要限于财政收入、GDP等指标,对于该地区的就业,尤其是一般民众的就业、收入等贡献可能不会太明显(因为欠发达的现状也表明了这些地区一般居民的受教育水平、技能等难以满足这些行业的要求,自然也难以直接分享这些行业的发展所带来的好处)。因此,这些地区在努力摆脱资源诅咒的过程中要考虑支持那些能够充分带动本地普通民众就业的产业,从而为本地的就业、居民的收入水平的可持续性提高提供一个长效性的途径。在这个过程中,也可以考虑与东部发达地区的合作,以资源换产业,如在保证对合作区域的能源供应的同时,引进这些地区在产业结构升级换代过程中需要转移的低污染的劳动密集型产业。

## 四、提高人民的收入水平,尽可能避免贫富差距的进一步扩大

我国资源开发地区长期以来受各种因素制约,人民收入水平低,存在着不少的国家级贫困县,分布着大量的农村与城市贫困人口;与此同时,近年来煤炭价格的高涨,制造了大量煤炭富豪,收入差距整体上呈扩大之势;另外,"县富民穷"的现象十分突出,如2004年,鄂尔多斯、阳泉、晋城的人均财政收入分别为全国平均水平的3.2倍、2.17倍、2.35倍,而城镇居民的可支配收入则仅为全国平均水平的93%、86%、85%。因此,这些地区的地方政府始终面临的问题是:如何提高人民的收入水平,尽可能避免贫富差距的进一步扩大,让资源开发惠及普通民众,在地区繁荣的同时实现人民富裕。

### (一)采取各种措施解决地区就业问题

就业水平的提高是增加人民收入、降低收入差距的必要手段。煤炭资源开发地区的地方政府要采取各种措施提高本地民众的就业水平,尤其是农村居民的非农就业水平。由于劳动力市场尤其是农村劳动力市场仍不够成熟,需要政府的适当介入,在企业劳动需求与居民劳动供给之间构建通畅的信息交往网络。企业可以与地方政府协商,提供企业所需的工人应该具备的素质、技能等方面的信息,这样,地方政府可以有针对性地对未就业人员进行技能培训,避免出现流于形式的劳动力培训,形成企业与政府、政府与农民、农民与企业的三角关系,在这个过程中充分发挥不同主体之间的比较优势,降低交易费用,提高交易效率。具体而言,煤炭企业应该遵循"驻村和村、驻邻和邻"理念,尽可能地解决当地村民的就业问题。煤炭资源开发需要大量的民工、一线工、爆破工、拉工、装载工、清洁工等,这些工种都是体力劳动,对文化素质要求不高,必须首先考虑安排当地村民。可以由煤炭企业向当地政府提出要求,再由政府去组织村民。这样就避免了煤炭企业和当地村民之间直接的利益冲突,也强化了政府公共管理和社会

服务的职能。在一些矿区可以以矿村党支部的形式尝试村企共建党支部，为村民与煤炭企业之间定期的交流与协调提供组织机构和空间，也有助于就业机会的增加。此外，煤炭开发必然带来相关服务行业的发展（比如交通运输、餐饮、修理配件、美容美发、家政服务等），政府要积极组织村民进行相关的职业技术培训，引导更多的村民从事这些行业。

煤炭资源总会有挖完的时候，煤炭资源开发地区难免会遇到产业结构转型，而产业结构转型会使大量的企业破产或转产，从而造成大批产业工人下岗，并由此带来一系列社会问题。因此，人力资源能否顺利地从衰退的矿业产业转到新兴产业，是煤炭资源开发地区可持续发展能否成功的关键因素。根据对国内外经验的总结，我们大致归纳出以下几点：1. 培训新技能，把培训职工、提高技能作为重新就业的重要途径，促进矿业人员重新就业。2. 资助自谋职业，提倡和鼓励自谋职业者，政府给予一定的资助费用。3. 对吸纳再就业者的公司给予特殊优惠，政府对安置煤矿富余人员的企业实行税收和信贷优惠。4. 扶持创办小企业，通过企业园圃扶持下岗职工创办小企业，由国家资助非营利性的"孵化器"，为新创办的小企业无偿制定起步规划，在初期及成长期为之提供各种服务，如创造厂房、车间、机器、办公室等条件，还配备专家、顾问作具体指导。5. 再就业管理现代化，对再就业职工采用计算机管理，与各地劳动部门联网，提供求职热线等，使劳动力能够快速转移出去。① 6. 把支持矿区生态恢复与扩大就业、再就业结合起来。煤炭资源开发地区在采矿开发过程中，地区的地形、地貌、植被和大气环境的破坏比较严重，地质环境破坏诱发的各类问题日渐突出。重视矿城的环境修复，把矿工再就业和矿区环境修复工作用法律的条文规定下来；把煤炭转型同国土整治结合起来，列入整个

---

① 辽宁工业转型课题组："区域（辽宁）煤炭产业转型的理论和实践（上）"，载《科技日报》2002年7月19日。

地区规划,并为此专门成立国土整治部门,负责处理老矿区遗留下来的土地破坏和环境污染问题。企业关闭后,迅速抹掉老矿区的痕迹,对其进行重新包装,建居民区、娱乐中心、栽树种草等。

借鉴国际经验,结合我国具体情况,在解决煤炭资源开发地区就业问题时,要把环境修复工作当做一个新兴产业来培育,把这个产业和矿工的就业和再就业结合起来,让矿工参与重建家园。围绕扩大就业和再就业,将矿区土地复垦和矿工从事第一产业有机结合起来。利用矿区土地复垦来发展现代生态农业,探索扩大就业和再就业路子,这方面抚顺市已经先走了一步。利用矸石山复垦,种树种草,开展养殖业,这种做法一方面可将改善环境和有效利用土地结合起来;另一方面可解决矿工就近就业,不占农民土地,减少各种矛盾,沉陷矿区改造后可搞生态恢复,种植经济作物,解决就业。此外,为了加快资源型城市环境修复,国家还可考虑提供特别优惠政策,让民间资本参与沉陷矿区改造,加快治理,为城市经济转型营造良好的社会氛围。①

辽宁阜新的经验也值得我们借鉴。阜新是一个煤炭城市,煤矿开了好几十年,有的煤矿资源枯竭了,工人下岗了,怎么办?与其买断工龄,不如帮工人自行创业。一个工人买断工龄,可以领到三万多元钱,这三万元钱并不交到工人手上,用这三万元钱帮工人在农村建一个塑料大棚,种蔬菜、花卉、蘑菇,每年大约有一万多元收入。现在这些工人城里有房子,农村也有房子,星期一到星期五在农村干活,星期六、星期天回城里去,生活很安定。②

另外,要通过发展第三产业创造就业岗位,比如:家电上门维修、上门送报、房屋维修、小时工、看护病人、学生"小饭桌"、接送孩子上下学

---

① 李天国:《关注资源型城市就业》,中国网2005年2月1日。
② 厉以宁:《厉以宁经济评论集》,经济科学出版社2005年版,第113—114页。

等;大力提倡自谋职业,鼓励他们积极参与街头巷尾小市场买卖活动,如小集市、早市、夜市等,消化一部分下岗职工;扶持有能力的下岗职工兴办各种各样的加工型企业,像日用小百货、豆腐房、馒头大饼铺等;还可开展劳务输出,把有条件的剩余劳动力转移到他乡乃至异国的劳务市场。

(二)通过多种手段调节收入分配,避免收入差距扩大

收入分配的两极分化不仅限制了居民购买力的实现,使通过扩大需求拉动经济增长的渠道失去效力,而且危害到社会安全和稳定,使经济发展缺乏必要的健康社会环境。

第一,提高低收入群体的收入。政府在对未就业人员进行培训时,要向剩余劳动力较多、收入较低的农户倾斜,可以向他们发放一定数额的培训代金券,这对于困难家庭参与就业和从煤炭资源开发中享受到更多的福利有很大的帮助。同时加大对低收入家庭孩子的教育补助,提高其下一代的受教育水平,提高这些家庭摆脱贫困的可持续性。

第二,进一步完善社会保障体系。对于年龄较大的矿区失地农民和煤矿失业工人,由于他们参与非农就业或者再就业的机会非常少,应当通过建立社会保障体系,使之老有所养。因此,地方政府在财政支出上须优先考虑这部分弱势群体。具体地说,在煤炭资源开发的过程中,对失地农民的补偿要到位,特别是年龄较大的农民,在征地过程中要解决其养老问题。而在矿产资源枯竭型地区的年老失业矿工,考虑到地方财政的紧张,需要中央政府转移支付的支持。

第三,人们对贫富差距扩大的反感,很大程度上因为收入差距的扩大不是因为个人能力的差距,而是存在着一些非法或者灰色收入。尤其是煤炭资源开发地区,这些情况比较严重。因此,地方政府应该尽快完善个税征管机制,避免高收入群体偷税漏税;规范政府行为,建立高效、廉洁的政府,坚决打击非法收入,杜绝权力寻租现象。

## （三）解决煤炭资源开发地区区域内部差距问题

地方政府应该关注煤炭资源地区内部区域差异的问题，使民众享受均等化的公共服务。在这些地区中，产煤区与非产煤区、富矿区与贫矿区、重点开发区与限制和禁止开发区之间的区域差异问题比较突出。健全互助机制，产煤区和重点开发区要采取对口支援、社会援助等方式帮扶非产煤区、贫矿区、限制和禁止开发区；健全扶持机制，各级政府要增加对限制开发区、禁止开发区用于公共服务和生态环境补偿的财政转移支付，重点支持非产煤区、贫矿区、限制开发区、禁止开发区的公共服务设施建设和生态环境保护，逐步使当地居民享有均等化的基本公共服务，特别是教育、医疗卫生等方面，并引导限制开发区域和禁止开发区域的人口逐步自愿、平稳、有序地转移到重点开发区。

## （四）股份制：一种利益分享的新思路

煤炭资源开发涉及大量农村土地的征用。农村土地归集体经济所有，目前的做法主要是根据相关的规定给予一定的补偿，比如，根据当地农业用地三年的平均收入乘以适当的倍数。由于矿区的土地普遍较为贫瘠，土地收入较低，因此，补偿金额也很低。这种固定而偏低的补偿金额使得当地农户无法直接分享煤炭资源开发尤其是当前煤炭繁荣所带来的福利增进，反而因为不太合理的补偿制度引发了社会心态中不健康方面的凸显。

笔者认为，为了让矿区农户更直接地分享煤炭资源开发的利益，可以考虑引进股份制。改变以往只是直接给农户固定补偿的做法，而是在保障其原来生活水平不下降的基本补偿之外，农户可以凭借其土地承包权直接入股到煤炭开发企业中，将土地承包权资本化，根据所占股份分红。考虑到农村土地归集体所有以及直接与单个农户交易的高交易成本，可以由村集体来统一操作，并根据所有权而分享一定的收益比例，但是这一比例不宜超过10%，让农户享有绝大部分的红利。具体的操作方法可以借鉴当前的农村土地股份制的实践方式。

## 五、煤炭企业应当肩负起企业的社会责任

对于煤炭企业而言,其应当肩负的社会责任主要包括环境保护责任、员工权益保护责任、节约资源责任等。地方政府应当制定相关的政策,要求煤炭企业承担上述应该承担的社会责任,鼓励煤炭企业发展社会公益、慈善事业,提高煤炭资源开发地区人们的生活水平,构建煤炭企业与当地人民之间的和谐关系。

首先,要求煤炭企业加强生态环境保护的意识,把资源开发过程中的环境保护成本和资源开发后的整治成本列入企业成本,还煤炭资源开发地区人们一个宜居环境是提高这些地区人们生活质量的前提。其次,要求煤炭企业重视员工的权益保护,尤其是近年来,矿难频繁,煤炭企业的生产安全问题非常突出。所以,企业必须把安全问题纳入企业必须承担的社会责任体系当中,切实担负起保障企业员工的生命、健康和改善员工的工作环境与收入待遇的责任,这样既直接提高了企业员工的福利,又还煤炭资源开发地区人们一个和谐、稳定的社会环境。再次,要求煤炭企业提高节约资源的意识,鼓励其利用先进的技术和设备提高资源的回采率,尽可能避免资源浪费,同时也有利于生态环境的保护和整治。最后,鼓励煤炭企业进行社会捐赠,发展社会公益、慈善事业。如有些地区实行的"一矿一事一业",煤矿(一矿)都应主动在辖区境内兴办一项解决人民群众生产生活困难的社会公益事业(一事),创办或联办一个有利于带动农民增收的非煤产业(一业)。

## 六、关于征收各类煤炭基金的思考

长期以来,煤炭资源的开发没有很好地照顾地方的利益。尽管从煤炭资源的产权安排来看,从全国国有到国家和集体共有,再到探矿权和产

矿权的可交易,地方利益逐步受到重视,但是,由于煤炭价格体系形成机制不合理、资源开采成本核算框架不科学,以及现行的税收体制造成煤炭资源开发地区税负沉重,而且税收返还等地方利益难以得到保障,资源的开发使地方受益不大。与此同时,煤炭资源开发所形成的各类负外部性,如对非煤产业的排挤、生态环境的破坏、矿区农民的失地等,既无法通过市场得到补偿,也难以通过各类政策加以矫正。所以,近年来,在煤炭价格向价值回归性上升的过程中,各级地方政府纷纷采取各种措施,主要是以生态环境保护、非煤产业发展等名义,利用基金的形式对吨煤征收一定的费用。应该说,这种方式的出发点是正确的,是通过政府的手段,使资源开发者承担起应该承担的责任,将各种负外部性内部化,有助于资源的合理配置。但是,笔者认为,目前这种方式存在着两大问题。一是规范性的问题,各级地方往往出台各类土政策,所征收的费用、目的、用途各不相同;管理上也欠规范,在一些地区成了地方政府的"小金库",容易滋生贪污腐败,陷入制度型的资源诅咒。二是可持续性的问题,这种非正式的基金的征收在目前煤炭市场行情较好、煤炭企业利润较高的情况下可以被煤炭企业接受,一旦煤炭价格下降或者开发成本的上升,这种非规范化的基金就极有可能会遭到抵制。如何确定合理、合法的基金种类与提取方式,规范基金的管理办法,建立有效的监督评价体系也是目前亟待解决的问题。

(一)基金的种类

政府对吨煤征收一定费用并用于特定用途的方式是政府干预的一种形式,政府干预的合理性的理论立足点是纠正市场失败。因此,基金的种类和煤炭资源开发过程中所形成的负外部性的种类有关。从前文的分析中我们大致可以总结出两类难以避免的外部性和一类因制度问题导致的外部性。两类难以避免的外部性是指,煤炭资源开发过程中对生态环境的破坏和对非煤产业的影响;而因制度问题所导致的外部性是指,煤炭资源开发过程中对生产经营用地的占用、破坏并没有给失地农民合理的补偿所造成的一系列经济社会问题。2006年4月国务院批准山西作为煤炭工业可持续发展试点时,批准山西收取三项基金(资金):煤炭可持续发展基金、矿山环境治理恢复保证金和煤矿转产发展基金。按照规定,山西向在省域范围内从事煤炭开采的所有企业按照动用的储量征收煤炭可持续发展基金,同时,企业按吨煤销售收入的一定比例提取矿山环境治理恢复保证金和吨煤10元的转产发展资金。上述三种基金实际上是解决两类难以避免的外部性,可以归结为前文所提到的矿山生态环境保护与恢复治理专项基金、非煤产业发展基金。同时考虑到因为历史遗留问题和制度缺失,在资源开发过程中忽视了失地农民的利益(我国在城市化进程中也同样存在着这个问题,这是个通病),应当建立一个失地农民的补偿基金,从吨煤中提取10—15元用于当地农民提高生活水平的补助,如对农户迁移、住房、医疗、卫生、教育等方面的支出予以补贴。

(二)基金的提取方式

基金的提取方式有两类:一类是如现在各地方政府普遍采取的方式,从吨煤中提取一定的资金或者从煤炭销售收入中提取一定的比例;另一类是将这些基金包含在资源的首次转让价格中。对于第一类方式,适用于目前处于开发阶段的煤矿,由于早期煤炭资源往往通过划拨的方式被煤炭企业获得,或者转让价格没有考虑到上述的外部性,可以通过第一类方式补收三类基金。第二类方式应该是未来的主导方式。国家在转让煤炭资源时,转让价格必须能够弥补上述三类基金,如果无法补偿,这种资源开发必然得不偿失,不值得开发。在第二类方式的基金提取过程中,要注意矿山生态环境保护与恢复治理专项基金和失地农民的补偿基金,这些基金所需数额不会因为煤炭市场行情的变化而变化,因此不适宜选择比例制,可以根据事先确定的需要金额平摊到吨煤上。

在此,需要进一步细谈资源有偿使用的问题:

在计划经济时期，几十年来，在对矿产资源的管理上，一般是采取行政手段无偿授予矿业权，造成目前绝大多数矿山企业还是无偿占有矿业权。按照中华人民共和国《矿产资源法》第五条的规定，"矿产资源属于国家所有，由国务院行使国家对矿产资源的所有权"。但国家对矿产资源的所有权在经济上得不到体现，其收益转化为一部分部门、集体或个人的利润，造成国有资产的大量流失。自然资源的无偿使用还造成生产单位只重视开采、轻视综合利用和资源保护，使资源的回采率低下，综合利用程度不高。因此，必须实行煤炭资源的有偿使用，才能实现煤炭资源开发地区的可持续发展。

按照市场经济的一般规律，矿业权一般是通过市场拍卖取得的，国家出资进行公益性勘探，当这种公益性勘探具有商业价值后，就会拿到市场上，通过公开拍卖，获取矿业权的收益。与此同时，国家会对矿业企业的资质进行评审，包括采用什么设备、回采率是多少、有什么样的安全生产投入、矿山开采经验如何等等。只有具备这些资质后，才能允许参加竞拍，获得采矿权。虽然我国这几年也开始试行矿业权的招标拍卖，但是目前的状况是"双轨制"，在公开拍卖的同时，还有很大一部分是通过行政审批完成的，于是就使得矿业权行政审批与市场取得的方式共存。

将来，中国的矿业权也要通过市场竞标取得，对所有（包括各级财政出资勘察形成的）探矿权、采矿权有偿出让取得的收益，我们建议在分配比例上要向地方倾斜，用于矿业资源的勘探，形成良性循环。目前，矿业权已经开始实行"招拍挂"[①]制度，但是问题是行政划拨与"招拍挂"并存，这种情况下，实行"招拍挂"的阻力很大。所以我们建议，首先应尽快从煤炭行业开始，全部实行"招拍挂"制度，彻底取消行政划拨。对于新探明的矿山企业可以通过竞拍取得矿业权，对于目前无偿使用矿业权的企业，最长分10年缴纳矿业权的成本。这个矿业权的成本会根据矿产的储量、品

---

① 招标、拍卖、挂牌。

质、未来可开采年限,制定一套详细的评估方案,以此计算出企业需要补偿的矿业权成本。还有部分矿业企业,历史包袱很重,经济效益也不好,没有钱补偿以前的矿业权。没钱缴纳的企业就通过国家地勘基金[①]持有它们的股份,也就是把这些企业的采矿权变为地勘基金对其入股的股权,再根据股权份额进行分红。没有进行股份制改造的企业,也可以根据资本金进行计算。

采矿权的价款通过全国煤炭资源开发与地区发展领导小组委托中立的评估机构对煤矿现存资源量进行全面评估,确认收费标准和金额,县财政和省市级财政对半分成。对过去通过行政审批无偿取得的非国有煤矿采矿权,资源量较多、规模较大或可以进行资源整合的煤矿,政府可与采矿权人、投资者充分协商,将其剩余资源价款转为国有资本金,形成政府控股或参股的股份制企业,各市、县人民政府对国有控股、参股的煤炭企业国有股权实行集中管理,委托国有重点煤炭企业或地方国有骨干煤矿管理、经营,并依法按股收取资本收益;对资源量较少、规模较小且难以进行资源整合的煤矿采矿权,可列入资源有偿出让变现的范围,采取"资源一次划定、分期分段出让、价款随行就市"的办法出让。

根据方案的内容,采矿权的价款将通过中立评估机构对煤矿现存资源量进行评估,确定收费标准和金额。煤炭企业现有采矿权有偿出让变现的价款,由省、市、县按 3∶2∶5 比例分成;公开竞价出让的价款,由省、市、县按 2∶3∶5 比例分成。

同时,还需要将探明储量拿出来拍卖,以避免投资者以过低成本获得

---

[①] 国家建立地勘基金(周转金),其资金来源将包括:国家预算内安排支出;中央分成的矿业权有偿出让收入;矿山企业和地勘单位应缴纳的探矿权、采矿权价款折股后的股权以及股权变现和红利收入。地勘基金主要用于公益性、基础性和战略性矿产资源勘察投入、矿业权储备支出、地勘单位企业化改革支出以及矿业权管理等方面的支出等。

高储量煤矿的情形出现。而且还将在投资者获得采矿权以后的开采过程中定期进行勘测。例如,一个投资者占用了一定的煤炭储量,必须在获得开采权之前就交纳一笔资源占用费,而不是等采出煤炭以后再交纳资源补偿费。

此外,基金的征收和资源的有偿使用无疑会加重煤炭企业的经济负担,影响企业的发展,同时,基金的征收增加了地方政府的在资源开发中所获得的利益。笔者认为,在对基金收取的规范化、合法化的过程中,国家必须改革对煤炭企业的征税体制,具体的建议我们在本章的第二节有详细介绍,如将其作为第一产业,只征产品税等,从而有可能更好地照顾到中央、地方、企业三方的利益。

### (三) 基金的使用

基金的使用过程直接决定基金征收目的能否实现,而且腐败、贪污、挪用、浪费等现象也很有可能在这一过程中出现。为了有效果、有效率地实现基金征收的目的,弥补市场失灵,笔者认为在基金的使用过程中要遵循以下几条原则:

一是专款专用。每一项基金必须针对每一项事务,要对每一项基金建立专门的账户,严禁专项基金的资金流向不同基金或政府其他支出项目中,避免出现贪污、挪用等现象。如果由于事先的规划、核算不够准确或因为各类内外部环境的变化导致部分基金账户盈余而部分基金账户亏损,需要资金流动,则必须经过本级人大和上一级的煤炭资源开发与地区发展领导小组的同意。

二是科学规划。无论是矿山生态环境的保护与恢复治理、对失地农民的补偿还是非煤产业的发展,都是一个系统的工程,需要地方政府作科学的规划。而且这些项目往往涉及跨区域合作的问题,如生态环境保护和恢复治理的问题、非煤产业发展区域趋同性的问题,这需要煤炭资源开发与地区发展领导小组在各地的规划中起到领导、协调的作用。

三是重视效率。这些基金项目都由政府主导,因此,应该重视效率问题,杜绝浪费。在一些具体项目的实行过程中,可以由企业来完成的就尽量交给企业做,但是在承包过程中要实行透明的招投标制度,避免出现各类腐败问题。

四是公众参与。这三项基金都直接涉及公众的切身利益,因此需要公众的广泛参与。这一方面可以反映公众的心声和需要;另一方面可以加强监督。

### (四)监督和评价

仁慈、全能的政府只是理论的假定,在现实中,仍需要在政府征收、使用基金的过程中加以监督,对政府使用基金的效率和效果进行评价。监督和评价的主体是当地民众,具体的平台除了一般性的政府机构外,可以考虑通过当地一级的人民代表大会和上一级的煤炭资源开发与地区发展领导小组组建一个非正式的机构,负责这三类基金的监督和评价。尽管事后监督和评价在这一过程中是必不可少的一个环节,起到最终的威慑作用,但是,仅仅依赖于事后的监督评价,一旦事发,已造成的损失严重且难以补救。所以,在这一过程中要注重事前和事中的监督和评价,在一些具体的问题中,可以引入专家论证制度,使监督和评价更加科学、合理。

# 参考文献

## 中文著作

1. 厉以宁:《厉以宁经济评论集》,经济科学出版社 2005 年版。
2. 厉以宁:《区域发展新思路:中国社会发展不平衡对现代化进程的影响与对策》,经济日报出版社 2000 年版。
3. 张米尔:《市场化进程中的资源型城市产业转型》,机械工业出版社 2005 年版。
4. 张可云:《区域经济政策》,商务印书馆 2005 年版。
5. 李成军:《中国煤矿城市经济转型研究》,中国市场出版社 2005 年版。
6. 鲍寿柏、胡兆量、焦华富:《专业性工矿城市发展模式》,科学出版社 2000 年版。
7. 王青云:《资源型城市经济转型研究》,中国经济出版社 2003 年版。
8. 齐建珍:《资源型城市转型学》,人民出版社 2004 年版。
9. 史忠良、肖四如:《资源经济学》,北京出版社 1993 年版。
10. 张耀辉、路世昌:《衰退地区经济振兴战略》,中国计划出版社 1999 年版。
11. 王小强、白南风:《富饶的贫困:中国落后地区的经济考察》,四川人民出版社 1986 年版。
12. 叶普万:《贫困经济学研究》,中国社会科学出版社 2004 年版。
13. 孟继民:《资源所有制论》,北京大学出版社 2004 年版。
14. 濮洪九、陆延昌、路耀华、周小谦:《中国电力与煤炭》,煤炭工业出版社 2004 年版。
15. 中国煤炭工业协会:《中国煤炭经济研究(2001—2004)》,煤炭工业出版社 2005 年版。
16. 蔡昉、吴要武:《中国人口与劳动力问题报告 No.6》,社会科学文献出版社 2005 年版。
17. 钱纳里等著,吴奇等译:《工业化和经济增长的比较研究》,上海三联书店、上海人民出版社 1989 年版。
18. 罗斯托著,郭熙保、王松茂译:《经济增长的阶段》,中国社会科学出版社 2001 年版。

19. 魏尚进:《经济全球化:金融、贸易与政策改革》,北京大学出版社 2000 年版。
20. 付晓东、文余源:《投资环境优化与管理》,中国人民大学出版社 2005 年版。
21. 樊纲、王小鲁:《中国市场化指数——各地区市场化相对进程 2004 年度报告》,经济科学出版社 2005 年版。
22. 国家信息中心:《CEI 中国行业发展报告——2004 煤炭业》,中国经济出版社 2005 年版。
23. 都阳:《中国贫困地区农户劳动供给研究》,华文出版社 2001 年版。
24. 英格尔斯:《从传统人到现代人》,中国人民大学出版社 1992 年版。
25. 周晓虹:《传统与变迁——江浙农民的社会心理及其近代以来的嬗变》,三联书店 1998 年版。
26. 费孝通:《江村经济——中国农民的生活》,商务印书馆 2001 年版。
27. 费孝通:《乡土中国》,北京大学出版社 1998 年版。
28. 黄宗智:《华北的小农经济与社会变迁》,中华书局 2000 年版。
29. 韩跃峥:"关于农牧民的市场意识研究",载姚鸿起编:《鄂尔多斯市经济发展研究》,内蒙古大学出版社 1997 年版。
30. 国家统计局:历年《中国统计年鉴》,中国统计出版社。
31. 鄂尔多斯市统计局:历年《鄂尔多斯市市统计年鉴》,中国统计出版社。
32. 耿明斋、裴松宪:《资源型区域可持续发展探索》,社会科学文献出版社 2006 年版。
33. 魏后凯、陈耀:《中国西部工业化与软环境建设》,中国财政经济出版社 2003 年版。
34. 国家发改委:《2005 年全国煤矿核定生产能力》,内部资料。
35. 焦华富:《中国煤炭城市发展模式研究》,北京大学 1998 年博士学位论文。
36. 张辉:《阜新地区外商投资环境评价研究》,辽宁工程技术大学 2003 年硕士学位论文。
37. 董溯战:《论中国自然资源产权制度的变迁》,郑州大学 2000 年硕士学位论文。
38. 田艳敏:《煤炭城市环境资源保护法律制度若干问题研究》,郑州大学 2004 年硕士学位论文。
39. 牛玉清:《我国资源型地区产权安排及其发展》,华南师范大学 2005 年硕士学位论文。
40. 王伟光:《鄂尔多斯市市煤炭产业发展战略研究》,中国农业科学院 2004 年硕士学位论文。

## 中文论文

1. 倪荣:"国内煤炭城市分类及发展对策探讨",《建井技术》2004 年第 1 期。
2. 董亚宁:"国内煤炭城市分类及发展对策探讨",《宏观经济管理》2005 年第 4 期。

3. 刘庆志:"煤炭企业与煤炭城市协同发展的规律探讨",《中国矿业》2004年第5期。
4. 姜云:"论煤炭城市可持续发展的制约因素及策略",《中国矿业》2002年第2期。
5. 马传栋:"我国煤炭城市的可持续发展",《中国工业经济》1999年第2期。
6. 汪克夷、王雪华、王彩虹:"煤炭产业转型问题的数学模型研究",《大连理工大学学报》2000年第2期。
7. 张凤武:"煤炭城市发展接续产业的模式研究",《辽宁工程技术大学学报》(社会科学版)2004年第1期。
8. 张凤武:"煤炭城市发展接续产业的政策建议",《辽宁工程技术大学学报》(社会科学版)2004年第3期。
9. 张凤武:"煤炭城市发展非煤产业研究",《中国矿业大学学报》(社会科学版)2003年2期。
10. 张建成:"大同地区煤炭开采对水环境的影响分析和对策研究",《山西水利科技》2005年第2期。
11. 郭克莎、李海舰:"中国对外开放地区差异研究",《中国工业经济》1995年第8期。
12. 陶树人:"开发中西部地区煤炭资源若干经济政策的研究",《中国煤炭经济学院学报》1997年第4期。
13. 张守志:"延边地区矿产资源优势向经济优势转化研究",《延边大学学报》(自然科学版)2004年第4期。
14. 栗丽、霍彦立:"中西部地区矿产资源禀赋评价",《经济经纬》2003年第3期。
15. 吴巧生:"西部地区矿产资源产业发展障碍分析与对策",《江汉论坛》2001年第11期。
16. 田应奎:"认识煤炭的战略地位",《瞭望》2005年第5期。
17. 王桂强、宋卫华:"西部煤炭资源最优开发区域选择的评价研究",《内蒙古经济研究》2004年第6期。
18. 国家计委宏观经济研究院课题组:"我国资源型城市的界定与分类",《宏观经济研究》2002年第11期。
19. 耿志成:"西部煤炭工业可持续发展思路",《经济研究参考》2003年第50期。
20. 黄琦:"煤炭产业发展模式与山西区域经济的发展研究",《经济师》2004年第10期。
21. 张凤武:"从世界普遍做法看发展非煤产业",《煤炭企业管理》1999年第4期。
22. 濮洪九:"完善煤炭价格形成机制,促进煤炭工业可持续发展",《煤炭企业管理》2005年第4期。
23. 贺力平:"全球化与中国经济可持续增长",《战略与管理》2000年第3期。

24. 沈坤荣、李剑："中国贸易发展与经济增长影响机制的经验研究"，《经济研究》2003年第5期。
25. 纪万斌："煤炭城市地下水资源保护问题"，《国土经济》2002年第2期。
26. 姜云、吴立新："中国煤炭城市生态环境问题及规划对策"，《辽宁工程技术大学学报》2003年第3期。
27. 包群等："贸易开放度与经济增长：理论及中国的经验研究"，《世界经济》2003年第2期。
28. 魏后凯："外商直接投资对中国区域增长的影响"，《经济研究》2002年第4期。
29. 陈秀山、徐瑛："中国区域差距影响因素的实证研究"，《中国社会科学》2004年第5期。
30. 李实、赵人伟："中国居民收入分配再研究"，《经济研究》1999年第4期。
31. 朱农："贫困、不平等和农村非农产业的发展"，《经济学季刊》2005年第1期。
32. 张杰："农户、国家与中国农贷制度：一个长期视角"，《货币金融评论》2004年第6期。
33. 郝亚雄："合理开发秦晋蒙能源金三角的思考"，榆林市统计局网站 http://www.xiangyue.net.cn/yltongji/index.asp。
34. 朱志刚："稳步实施资源价格改革，推动增长方式根本转变"，《经济日报》2005年11月14日。
35. 李响："中国煤炭资源开采状况令人堪忧"，《中国国土资源报》2005年9月8日。
36. 陈默："山西煤矿富翁的消费路径，一掷百亿购京沪豪宅"，载《中国青年报》2004年7月16日。
37. 杨蕙馨、张圣平："中国产业结构的实证分析与产业政策"，《管理世界》1993年第5期。
38. 王文飞："煤炭工业实施循环经济的总体思路"，《煤炭经济研究》2005年第8期。
39. 任一鑫、王新华、于喜展："煤炭与其他矿物共生、伴生矿区循环经济体系建立的探讨"，《煤炭学报》2004年第10期。
40. 于立、姜春海："资源型城市产业转型：辽宁省个案"，《改革》2005年第11期。
41. 张瑛："山西煤炭：实现从无偿划拨到有偿使用"，载《中国煤炭报》2005年8月16日。
42. 刘砺平、冯丽："少数人发财，多数人遭殃——中国现行煤炭价格形成机制缺陷调查"，载《经济参考报》2005年11月29日。
43. 周玉能："贵州省征收煤炭价格调节基金的启示"，《价格与市场》2005年第2期。
44. 钱鸣高、许家林、缪协兴："煤矿绿色开采技术"，《中国矿业大学学报》2003年第4

期。
45. 汪云甲："数字矿山与矿区资源绿色开发"，《科技导报》2004 年第 6 期。
46. 辽宁工业转型课题组："区域(辽宁)煤炭产业转型的理论和实践"，载《科技日报》2002 年 7 月 19 日。
47. 国务院发展研究中心调研报告："山西居民收入的现状及对策分析"，国研网 http://report.drc.gov.cn, 2000 年 1 月 30 日。
48. 王秋君、张华钰、陆昀："煤炭富商络绎进京置业，资金肥水外流成山西心病"，载《中华工商时报》2004 年 12 月 14 日。
49. 李廷祯、马海伟："山西尝试'劝富济贫'"，载《中国商报》2006 年 1 月 10 日。
50. 沈镭、程静："大同市煤炭型矿业城市可持续发展优化研究"，《自然资源学报》1998 年第 1 期。
51. 巴延平："对妥善解决国有重点煤矿矿产资源补偿费有关政策问题的探讨"，《煤炭经济研究》1995 年第 8 期。
52. 宋玉祥、李国平："抚顺煤矿区域工业化过程的社会背景与劳动力因素研究"，《地理科学》1995 年第 8 期。
53. 唐立峰："鸡西市发展非煤产业的对策研究"，《黑龙江矿业学院学报》1999 年第 9 期。
54. 曾旗、王素玲、邓纪恩："基于自组织理论的矿区各产业协调与发展研究"，《中国矿业大学学报》2000 年第 7 期。
55. 万会、沈镭："矿业城市发展的影响因素及可持续发展对策"，《资源科学》2005 年第 1 期。
56. 沈镭、程静："矿业城市可持续发展的机理初探"，《资源科学》1999 年第 1 期。
57. 胡玉才、刘献琛、王厚伟："煤炭城市产业结构调整与发展研究"，《能源基地建设》1996 年第 3 期。
58. 贾晓冬："浅谈循环经济在煤炭工业中的发展模式"，《山西能源与节能》2005 年第 6 期。
59. 匡绪辉："构建和谐社会中的企业责任"，《江汉论坛》2006 年第 12 期。
60. 牛冲槐、白建新："山西煤炭资源型城市产业转型的思考"，《中国能源》2003 年第 7 期。
61. 伍新木、杨莹："政府对资源型城市发展的影响和作用"，《经济评论》2004 年第 3 期。
62. 程志强："对我国新兴煤炭资源开发地区经济高速增长现象的思考"，《宏观经济研究》2006 年第 9 期。

63. 徐康宁、王剑:"自然资源丰裕程度与经济发展水平关系的研究",《经济研究》2006年第1期。
64. 程志强a:"资源繁荣、人力资本形成与配置:以鄂尔多斯为例",工作论文,2007年。
65. 程志强b:"煤炭繁荣对煤炭资源丰富地区的经济冲击:兼谈'资源诅咒'",工作论文,2007年。

## 外文资料

1. Adams, R. H. J., "Non-farm Income and Inequality in Rural Pakistan: A Decomposition Analysis," *The Journal of Development Studies* 31: 110—133, 1994.
2. Angrist, J. D. and Kugler, A. D., "Rural Windfall or a New Resource Curse? Coca, Income, and Civil Conflict in Colombia," NBER Working Paper No. 11219. http://www.nber.org/papers/w11219.pdf, 2005.
3. Auty, R. M., *Sustaining Development in Mineral Economics: The Resource Curse Thesis*, London: Routledge, 1993.
4. Auty, R. M., "Industrial Policy, Sectoral Maturation, and Postwar Economic Growth in Brazil: The Resource Curse Thesis," *Economic Geography* 71: 195—217, 1995.
5. Auty, R. M., *Resource Abundance and Economic Development*, Oxford: Oxford University Press, 2001a.
6. Auty, R. M., "The Political Economy of Resource-driven Growth," *European Economic Review* 45: 839—846, 2001b.
7. Auty, R. M. and Kiiski, S., "Natural Resources, Capital Accumulation, Structural Change and Welfare," in *Resource Abundance and Economic Growth*, Auty, R. M. ed., Oxford University Press, 2001.
8. Banister, J. and Boucher, S., "Migration, Remittances and Inequality: Estimating the Effects of Migration on Income Distribution," *Journal of Development Economics* 55: 307—301, 1998.
9. Barnes, T., Hayter, R., Grass, E., Macmillan, B., *Corporate Restructuring and Employment Change in the Corporate Firm in a Changing World Economy*. London: Routledge, 1990.
10. Barro, R. and Sala-I-Martin, X., "Convergence," *Journal of Political Economy* 100: 223—251, 1992.
11. Black, Dan, McKinnish, Terra and Sanders, Seth, "The Economic Impact of the

Coal Boom and Bust," *The Economic Journal* 115: 449—476, 2005.
12. Birdsall, N., Pinckney, T. and Sabot, R., "Natural Resources, Human Capital, and Growth," in *Resource Abundance and Economic Growth*, Auty, R. M. ed., Oxford University Press, 2001.
13. Bradbury, J. H., "Towards an Alternative Theory of Resource-based Town Development," *Economic Geography* 55: 147—166, 1979.
14. Bradbury, J. H., "International Movements and Crises in Resource-oriented Companies," *Economic Geography* 61:129—143,1985.
15. Chris, Couch and Annekatrin, Dennemann, "Urban Regeneration and Sustainable Development in Britain: The Example of the Liverpool Ropewalks Partnership," *Cities* 17:137—147, 2000.
16. Dowrick, S. and Rogers, M. "Classical and Technological Convergence : Beyond the Solow-Swan Growth Model," *Oxford Economic Papers* 54: 369 —385, 2002.
17. Erwin, H. B., Richard, D. and Deacon, R. T., "Resource Abundance, Poverty and Development," Working Paper, http:// www. econ. ucsb. edu/papers/wp21-03. pdf,2004.
18. Gylfason, T., "Natural Resources, Education and Economic Development," *European Economic Review* 45: 847—859, 2001.
19. Hausman, R., and Rigobon, R., "An Alternative Interpretation of the Resource Curse: Theory and Implications for Stabilization, Saving, and Beyond," NBER Working Paper No. 9424, Cambridge, MA: National Bureau of Economic Research, 2002.
20. Hayter, R. and Barnes, T. J., "Labour Market Segmentation, Flexibility and Recession: A British Colombian Case Study," *Environment and Planning* 10:333—353,1992.
21. Heckman, J. J., "Sample Selection Bias as a Specification Error," *Econometrica* 47: 153—161, 1979.
22. Hirschman, A. O., *The Strategy of Economic Development*, New Haven: Yale University Press, 1958.
23. Isham, J., Pritchett, L., Woolcock, M. and Busby, G., "The Varieties of the Resource Experience: How Natural Resource Export Structures Affect the Political Economy of Economic Growth," *The World Bank Economic Review* 19: 141—174, 2003.

24. Jackson, R. T., "Commuter Mining and the Kidston Gold Mine: Goodbye to Mining Town," *Geography* 243:159—170,1987.
25. Kruger, A. O. and Tuncer, B., "An Empirical Test of the Infant Industry Argument," *American Economic Review* 72: 1142—1152, 1982.
26. Kuznets, P. W., "An East Asian Model of Economic Development: Japan, Taiwan and South Korea,"*Economic Development and Cultural Change* 36(Supplement): 223—251, 1988.
27. Laird, John, "Environmental Accounting: Putting a Value on Natural Resources," *Our Planet* 3:17, 1991.
28. Leite, C. and Weidmann, M., "Does Mother Nature Corrupt? Natural Resources, Corruption and Economic Growth," IMF Working Paper WP/99/85, Washington D. C., 1999.
29. Macfarlan, Maitland,"Growth and Institution," Chapter 3, *World Economic Outlook*, April, 2003.
30. Manzano, Osmel and Rigobon, Roberto, "Resource Curse or Debt Overhang?" NBER Working Papers 8390, Cambridge, MA: National Bureau of Economic Research, 2001.
31. Matsuyama, K., "Agricultural Productivity, Comparative Advantage and Economic Growth," *Journal of Economic Theory* 58: 317—334,1992.
32. Murshed, S. Mansoob, "When Does Natural Resource Abundance Lead to a Resource Curse?" EEP Discussion Paper 04—01. International Institute for Environment and Development, London, 2004.
33. Papyrakis, E. and Gerlagh, R., "Natural Resource Abundance and Economic Growth in the U. S.," FEEM Working Paper No. 6204, 2004.
34. Pearson, C., *Down to Business: Multinational Corporations, the Environment and Development*, Washington D. C.: World Resources Institute,1985.
35. Prebisch, R., *The Economic Development of Latin America and Its Principal Problems*, Lane Success, NY: United Nations,1950.
36. Randall, J. E. and Ironside, R. G., "Communities on the Edge: An Economic Geography of Resource-dependent Communities in Canada," *The Canadian Geographer* 47:17—35, 1996.
37. Reardon, T. and Taylor, J. E., "Agroclimatic Shock, Income Inequality and Poverty: Evidence from Burkina Faso," *World Development* 24: 901—914, 1996.

38. Robinson, J. A., Torvik, R. and Verdier, T., "Political Foundations of the Resource Curse," CEPR WP Series No 3422, London: Centre for Economic Policy Research, 2002.
39. Rodríguez, F., and Sachs, J. D., "Why Do Resource-abundant Economies Grow More Slowly?" *Journal of Economic Growth* 4: 277—303, 1999.
40. Sachs, J. D. and Warner, A. M., "Economic Reform and the Process of Global Integration," *Brookings Papers on Economic Activity* 1995:1—118, 1995.
41. Sachs, J. D. and Warner, A. M., "Natural Resource Abundance and Economic Growth," NBER Working Paper Series, WP 5398, Cambridge: National Bureau of Economic Research,1995.
42. Sachs, J. D. and Warner, A. M., "The Curse of Natural Resources," *European Economic Review* 45: 827—838,2001.
43. Sachs, J. D. and Warner, A. M., "The Big Push, Natural Resource Booms and Growth,"*Journal of Development Economics* 59: 43—76, 1999.
44. Sala-I-Martin, X. and Subramanian, A., "Addressing the Natural Resource Curse: An Illustration from Nigeria," NBER Working Paper Series, WP 9804, Cambridge, MA: National Bureau of Economic Research,2003.
45. Skoufias, E., "Using Shadow Wage to Estimate Labor Supply of Agricultural Households," *American Journal of Agriculture Economics* 176: 256—273, 1994.
46. Stephen, R. K., "Assessing Wildlife and Environmental Values in Cost-Benefit Analysis," *Journal of Environment Management* 18 :36—56 ,1984.
47. Stijns, Jean-Philippe C., "Natural Resource Abundance and Economic Growth Revisited," Economics Working Paper Series 05—002. Northeastern University, Boston, MA, 1—35, 2005.
48. Stijns, Jean-Philippe C., "Natural Resource Abundance and Human Capital Accumulation," Economics Working Paper Series 04—006. Northeastern University, Boston, MA, 1—35, 2004.
49. Torvik, R., "Learning by Doing and the Dutch Disease," *European Economic Review* 45: 285—306,2001.
50. Torvik, R., "Natural Resources Rent Seeking and Welfare," *Journal of Development Economics* 67: 455—470, 2002.
51. WCED,*Our Common Future*,Oxford University Press,1987.

# 后　　记

　　本书是在我的导师厉以宁先生的精心指导下,在我博士论文的基础上进一步修改和完善的成果。能够成为厉先生的学生,可以说是我人生的一大幸事。近年来,厉先生对解决中国的贫富差距问题关注很多,颇费心血。他多次到贵州毕节、甘肃定西等贫困地区考察调研,并担任贵州毕节实验区专家顾问组组长,帮助当地制定经济社会发展战略。本书的选题就是厉先生根据我的专业和工作背景确定的。记得开题的时候厉先生就说,这篇论文就是要回答两个问题:一是煤炭资源开发为什么没有很好带动地方经济发展;二是以后应该怎么办。高屋建瓴、一针见血地指出了论文所要回答的核心问题。可以说,这篇论文从选题到拟定提纲到最后定稿,无不浸透了他的心血。他渊博的知识,使我在学习的过程中总能得到及时的指导;他仁慈的态度,使我既学到了专业知识,也悟出了许多做人的道理;他负责的精神,督促着我在学习和工作中殚精竭虑,勤勉而为;他谦和的作风,激励着我永远努力,丝毫不敢懈怠。几年的学习生活,我对导师充满了深深的感谢和敬意！同时,感谢师母何玉春老师,她时常关心我的工作和学习情况,每次和她交谈,总有如沐春风的感觉;她在生活上也给我们这些学生无微不至的关怀,待我们如同亲生儿女，令我终生难忘。特别是我在生活和工作中遇到困难时，他们总是鼓励着我。在此，衷心祝愿厉先生和何师母身体健康，合家幸福！

在此，还要非常感谢董辅礽先生，是他引领着我步入经济学研究的殿堂，其间未料他罹患不治之症，驾鹤西去，留下诸多遗憾，亦使生者徒增无尽的怀念。还要特别感谢的是刘蔼年师母，她十分关心我们这些学生，并按照老师的遗嘱都作了精心妥善的安排。虽然她现在身在海外，却一直心系我的学习和工作。她是一位很伟大的母亲，也是一位伟大的师母，我们永远爱戴着她，祝她健康长寿！

感谢我的硕士导师邹恒甫教授，他严谨的治学态度令我感动，并在我求学的道路上给我指明了方向和目标。

在武大和北大求学期间，石万鹏先生、刘经南院士、欧阳钟灿院士、庄子健先生、苏顺虎先生、吴翰飞先生、许之敏先生、李仰哲先生、屈丙军先生、芦艳萍女士、王宏伟先生、丁美霞女士、周叶中教授、伍新木教授、姜良铎教授、张宇教授、于鸿君教授、朱善利教授、姚先国教授、邹薇教授、龚六堂教授、杨东宁教授、王建国教授、梁鸿飞教授、李九兰老师等在我的专业课程学习和论文写作方面给了极大的帮助，他们的指导令我获得了宝贵的知识，予我以很大的启迪，让我终身受益。在此，向他们表示我最诚挚的谢意！

感谢陈东升、关敬如、华生、王忠明、杨云龙、邢莹莹等师兄（姐）弟的关照。感谢罗青博士、黄国华博士、刘玉铭博士、滕飞博士、蒋承博士、于宏霞博士、赵锦勇博士和尹博、尹俊和郭学阳等同学，与他们的讨论总是使我获益匪浅。他们的博学与热心令我难忘。

在本书的写作过程中，得到了北京大学光华管理学院、武汉大学、内蒙古鄂尔多斯市人民政府、陕西省榆林市人民政府、国家统计局、国家发改委经济运行局、铁道部运输局等单位的帮助和支持，在此深表谢意！

感谢我的父母及岳母，他们总是无怨无悔地支持着我；无论何时何地，他们总是鞭策和鼓励我做一个真诚的人、勤奋的人、正直的人。

感谢我的妻子徐卫女士，她对我的工作和学习总是那么理解和支持，这几年，她过多地承担着家务和照顾孩子的义务，使我能够安心地学习，而且，每当我在学习、工作和生活中遇到困惑的时候，和她的讨论总是使我茅塞顿开。她不仅是我的贤内助，而且还是我的益友。

感谢我的儿子，繁重的工作和学习压力难免使我身心疲惫，但只要一见到天真调皮的儿子，我就感到生活无比美好，心中洋溢着幸福，充满了希望。

程志强

2008年5月8日夜于北京